普通高等职业院校交通运输类“十三五”规划教材
普通高等职业院校交通运输类“互联网+教育”创新规划教材

# 铁路桥梁与隧道工程

主　编　杨维国　许红叶
副主编　罗荣凤　刘　娜
参　编　罗世干　符雪峰
　　　　贺常元　刘德辉

中南大学出版社
www.csupress.com.cn

## 高等院校交通运输类十三五规划教材

# 编审委员会

# 总　序

交通运输业是国民经济体系的重要组成部分，也是促进国民经济发展的重要基础产业和推动社会发展的先决条件。在最近的30年里，我国交通运输业整体上取得飞速发展，交通基础设施、现代化运输装备、客货运量总量和规模等都迅猛扩展，大量的新技术、新设备在铁路等交通运输方式中被投入应用。同时，大量的交通基础设施建设，特别是近年来我国高速铁路的不断投入使用，使我国的交通供需矛盾得到一定的缓解，我国交通运输网络的结构也得到了明显改善，颇具规模的现代化综合型交通运输网络已经初步形成。

我国交通运输业日新月异的发展，不仅对专业人才提出了迫切的需求，更使其教材建设成为专业建设的重点和难点之一。为解决当前国内高职院校交通运输类专业教材内容落后于专业与学科科技发展实际的难题，由中南大学出版社组织国内交通运输领域内的一批专家学者，协同编写了这套普通高等职业院校交通运输类“十二五”规划教材。参与规划和编写这套教材的人员都是长期从事交通运输专业的科研、教学和管理实践的一线专家学者，他们不仅拥有丰富的教学和科研经验，同时还对我国交通运输相关科学技术的发展和变革也有深入的了解和掌握。这套教材比较全面、系统地介绍了目前国内交通运输领域尤其是高速铁路和城市轨道交通的客货运输管理、运营技术、车站设计、载运工具、交通信息与控制、道路与铁道工程等方面的内容，在编写时也注意吸收了国内外业界最新的实践和理论成果，突出了实用性和操作性，适合大中专院校交通运输类以及相关专业的培养目标和教学需求，是较为系统和完整的交通运输类系列教材。该套教材不仅可以作为普通高等职业院校交通运输专业课程的教材，同时还可以作为各类、各层次学历教育和短期培训的首选教材，也比较适合作为广大交通运输从业人员的学习参考用书。

由于我们的水平和经验所限，这套教材的编写也有不尽如人意的地方，敬请读者朋友不吝赐教。编者在一定时期之后会根据读者意见以及学科发展和教学等的实际需要，再对教材认真进行修订，以期保持这套教材的时代性和实用性。

最后衷心感谢参加这套教材编写的全体同仁，正是由于他们的辛勤劳动，编写工作才得以顺利完成。我们还应该真诚感谢中南大学出版社的领导和同志们，正是由于他们的大力支持和认真督促，这套教材才能够如期与读者见面。

田红旗

中国工程院院士

# 前　言

铁路桥梁与隧道工程是高等职业教育交通运输大类的一门重要的专业课，也是一门非常重要的职业岗位技术课，内容覆盖铁道工程技术、铁路桥梁与隧道工程、城市轨道交通工程技术、高速铁路工程及维护技术和桥隧检测与加固工程技术等专业方向。“互联网＋教育”是当前教育信息化发展的新高度，本书结合了许多“互联网＋教育”元素，将其融入到教材中，适应智慧教育的发展。

本书专为高职高专教育编写，内容坚持职业教育教学以“必需、够用”为度，按照应用可成长技能型人才培养的要求，针对高职、高专院校注重实践、注重应用的特点，以掌握概念和结构的基本原理为重点，侧重理解及知识应用，重点加强应用知识能力的培养和强化学生分析问题、解决问题水平的提高。

本书以模块为导向，按铁路桥梁和铁路隧道两大模块开展情景教学。

通过2个模块的学习，28个项目、82个学习任务的训练，学生能够掌握铁路桥梁与铁路隧道的基本结构、构造，熟悉其原理、施工、病害和养护，从而掌握工程技术人员必备的核心技能。

本书由湖南高速铁路技术学院杨维国、许红叶主编，罗荣凤、刘娜任副主编，罗世干、符雪峰、贺常元和刘德辉参编，具体分工为：杨维国（项目1～3、22～23、26～28）、许红叶（项目8、13～15、19～21）、罗荣凤（项目4、10～12）、刘娜（项目16～18）、罗世干（项目5～6）、符雪峰（项目24～25）、贺常元（项目7）、刘德辉（项目9）。全书由杨维国、许红叶统稿。

本书在编写过程中，参考了很多专家、学者的论著，在此向他们表示衷心的感谢。本书提供的网址，只涉及查询浏览，不涉及下载及商业用途。由于时间仓促，编者水平和经验有限，书中难免有欠妥和不足之处，恳请读者批评指正。

编　者

2016年12月于湖南衡阳

# 目 录

# 模块 1

# 铁路桥梁

## 项目1　桥梁概论

### 任务1.1　桥梁简述

在修建一条铁路时，常常会碰到江河、山谷、公路或者与另外一条铁路交叉的情况，为了让铁路跨越这些地形上的障碍，就需要修建各种各样的铁路桥梁。

铁路桥梁专供铁路列车行驶，因为铁路桥梁要承受很重的铁路车辆荷载，每线约为80 kN每延米，相当于线公路荷载10 kN 每延米的8 倍。桥梁的跨度和宽度都有限，铁路桥梁对平顺度要求很高，梁高也比较大。按现代中国铁路的情况，铁路分为普通铁路、客货共线铁路和高速铁路，这些线路中桥梁的结构形式和桥梁长度所占线路里程比例也不相同。高速铁路中桥梁长度占线路总长比例要大一些，一般可达45% 以上。

#### 一、国内典型桥梁

**1. 钱塘江大桥**

钱塘江大桥位于浙江省杭州市西湖之南、六和塔附近的钱塘江上，由桥梁专家茅以升主持设计，是我国自行设计、建造的第一座双层铁路、公路两用桥。横贯钱塘江南北，是连接沪杭甬铁路、浙赣铁路的交通要道。大桥于1934 年8 月8 日开始动工兴建，1937 年9 月26 日建成，历时三年零一个月，总投资540 万银元。截至2017 年1 月1 日，“79 岁”的钱塘江大桥已经实现了行车安全和人身安全22668 天，被网民热捧为“桥坚强”，如图1－1 所示。

百度百科查询网址：http：//baike. baidu. com/view/139752. htm

二维码

图1－1　钱塘江大桥

**2. 武汉长江大桥**

武汉长江大桥位于湖北省武汉市武昌蛇山和汉阳龟山之间的长江江面上，是万里长江上的第一座大桥，也是新中国成立后在长江上修建的第一座复线铁路、公路两用桥，被称为“万里长江第一桥”。大桥建成伊始即成为武汉市的标志性建筑。

武汉长江大桥是苏联援华156项工程之一，于1955年9月动工，1957年10月15日正式通车，全长约为1670 m。上层为公路桥（107国道），下层为双线铁路桥（京广铁路），桥身共有8墩9孔，每孔跨度为128 m，桥下可通万吨巨轮，8个桥墩（除第7墩外）都采用“大型管柱钻孔法”施工，这是由我国首创的新型施工方法，凝聚着我国桥梁工作者的智慧和精湛的工艺。

武汉长江大桥将武汉三镇连为一体，极大地促进了武汉的经济社会发展。同时，大桥串起被长江分隔的京汉铁路和粤汉铁路，从而形成了完整的京广铁路，对促进中国南北经济的发展起到了重要的作用。

1956年6月毛泽东题写的“一桥飞架南北，天堑变通途”，正是对武汉长江大桥沟通中国南北交通这一重要作用的真实写照。作为中国第一个五年计划中的主要成就，大桥图案入选1962年4月发行的第三套人民币，成为新中国国家建设的重要标志。

武汉长江大桥是中国著名的旅游景点之一。2013年5月3日，武汉长江大桥成为第七批全国重点文物保护单位，大桥如图1-2所示。

百度百科查询网址：http://baike.baidu.com/view/16154.htm

二维码

图1-2 武汉长江大桥

**3. 重庆白沙沱长江大桥**

白沙沱长江大桥位于靠近重庆西南郊的白沙沱和江津区珞璜镇之间，是一座双线铁路桥，开工时间为1958年6月，于1960年12月竣工，是继武汉长江大桥后的第二座长江大桥。

重庆白沙沱长江大桥北接成渝铁路，南接川黔铁路，全长为820.3 m，由中铁大桥局承建。大桥共16孔，主跨为4孔80 m一联下承铆接连续钢桁梁，北3孔、南9孔均为40 m上承式钢板梁，如图1-3所示。

百度百科查询网址：

http://baike.baidu.com/link?url=wzGklXeYz8VYNuYPqHRjZfAHAcPpn4Jhf59Z uclqwz_ qxu1rFZAcDacAKZjJpDzcWannWHqEm_9MIa0LuV45aK

二维码

图1－3　重庆白沙沱长江大桥

**4. 京沪高铁丹昆特大桥**

京沪高速铁路丹阳至昆山段特大铁路桥（丹昆特大桥），全长为164.851 km，是世界第一长桥，由4000多个孔。900 t箱梁构成，2008年4月7日开始灌注首根桩，2009年5月24日完成桥梁架设，2010年11月6日完成铺轨工作，2011年6月30日全线正式开通运营，如图1－4所示。

百度百科查询网址：

http：//baike.baidu.com/link？url＝qh_Y－N0tQ7jt8W9OXYaDuv8BWVPARPRvaW vgN-nyQJMsHMKJazcN3HvEO2B0WRfC6ffyJh7xIt9KJ3kIy_dFds_

二维码

图1－4　京沪高铁丹昆特大桥

**5. 中国桥梁集锦**

中国桥梁网站网址（老百晓在线）：http：//www.lbx777.com/z_ql/ql.htm

## 二、国外典型桥梁

**1. 福斯铁路桥**

福斯铁路桥是世界上第一座钢铁桥，1889年建成于苏格兰，该桥主跨达521.2 m，总长为 1620 m，支承处桁高达 110 m。铁路桥由一条中平衡悬臂梁和两条悬跨组成。悬臂梁属于桁架钢梁，是由厚钢管连接而成的，如图 1－5 所示。

百度百科查询网址：

http：//baike. baidu. com/link？url = L_vhMKRcmx5Q8J3jPcDFTINo5XajBFwPelVkyi WuS-PIAem4oSpo5EDEph8_YdhNKla_TYFh7yEYlBw95rP7Zoq

二维码

图 1－5　福斯铁路桥

**2. 悉尼海港大桥**

悉尼海港大桥号称世界第一单孔拱桥，是悉尼早期的代表建筑。这座大桥 1857 年开始设计，于 1932 年竣工，是连接港口南北两岸的重要桥梁。

整个悉尼大桥桥身长度(包括引桥)为 1149 m，从海面到桥面高 58. 5 m，从海面到桥顶高达 134 m，万吨巨轮可以从桥下通过。桥面宽 49 m，可通行各种汽车，中间铺设有双轨铁路，两侧人行道宽均为 3 m。

百度百科查询网址：

http：//baike. baidu. com/link？url = qD4iFqcOPGPJ － Myoo － HIYKUMqmwofH － vKeM00nSdnUJM － fl0PBMumaLkspLa7KFXrjtdFIJLweXMjBbBTKRHMgvZtCUUlb5w1z1t8cqp67qgIDEa － LQRonzQTVpKrt5pQPJEFbNtx5jpWL7oKZhSiJgUmTuNroscpLOdpXBFmLLGYUnwEyCoGiRjGHp9uCBnu － Kc5q9 － xHkuF3Txp7nHDtyN3HObpdnscp9 mtolRJYixkJq696HnUgyaL － Mdpf_X

二维码

图 1－6　悉尼海港大桥

## 任务1.2　作用与要求

### 一、桥涵的作用

(1)桥涵是桥梁与涵洞的统称，即跨越障碍物的通道。

(2)基本作用：既能排泄洪水，又能保持线路的连续性。

(3)桥梁与涵洞的区别：有无填土。一般桥上没有填土，而涵洞上面有一定厚度的填土。净跨度在6 m以上时，不论上面有无填土均称为桥。

### 二、对桥涵的要求

为了保证列车的正常运行，对桥涵建筑物有下列要求：

(1)具有规定的强度、刚度、稳定性和耐久性(力学、安全)；

(2)保证洪水、流水、泥石流及漂浮物畅通无阻；立交桥和跨越通航河道的桥，必须满足桥下水陆交通的要求(交通)；

(3)经济合理，尽量就地取材(经济)；

(4)造型美观，与周围的环境协调(环境)。

## 任务1.3　桥梁的组成与分类

### 一、桥梁的组成

桥梁一般由上部结构、下部结构(五大部件)和附属构件(五小部件)组成。

**1. 上部结构**

上部结构又称为桥跨结构，用来跨越桥孔，如梁、拱等。上部结构由桥跨结构、支座系统组成。

(1)桥跨结构。

桥跨结构，是桥梁中跨越桥孔的、支座以上的承重结构部分。按受力图示不同，桥跨结构分为梁式、拱式、刚架和悬索等基本体系，并由这些基本体系构成各种组合体系。它包含主要承重结构、纵横向联结系、拱上建筑、桥面构造和桥面铺装、排水防水系统，变形缝以及安全防护设施等部分。

(2)支座系统。

支座是设置在桥梁上、下结构之间的传力和连接装置，其作用是把上部结构的各种荷载传递到墩台上，并适应荷载、温度变化，混凝土收缩和徐变等因素所产生的位移，使桥梁的实际受力情况符合结构计算图示，一般分为固定支座和活动支座。

**2. 下部结构**

用于支撑桥跨结构，并把上部结构传来的荷载连同自重及所受外力，一起传给下面的地基。下部结构由桥墩、桥台、墩台基础几部分组成。

(1)桥墩、桥台。

桥墩与桥台是在河中或岸上支承两侧桥跨上部结构的建筑物。桥台设在桥两端，桥墩则在两桥台之间。除此之外，桥台还要与路堤衔接，并防止其滑塌。为保护桥台和路堤填土，桥台两侧常做一些防护和导流工程。

(2)墩台基础。

墩台基础是保证桥梁墩台安全并将荷载传至地基的结构部分。

**3. 附属构件**

附属构件主要包括伸缩缝、灯光照明、桥面铺装、排水/防水系统、栏杆(或防撞栏杆)等部分。

(1)伸缩缝。

在桥跨上部结构之间，或桥跨上部结构与桥台端墙之间，设有缝隙以保证结构在各种因素作用下的变位。为使桥面上行驶顺直，无任何颠动，此间要设置伸缩缝构造。特别是大桥或城市桥的伸缩缝，不但要结构牢固、外观光洁，而且需要经常扫除深入伸缩缝中的垃圾、泥土，以保证它的功能作用。

(2)灯光照明。

现代城市中标志式的大跨桥梁都装配了多变幻的灯光照明，为城市增添了光彩夺目的晚景。

(3)桥面铺装。

桥面铺装或称行车道铺装，铺装得平整、耐磨性好、不翘壳、不渗水是保证行车舒适的关键。特别是在钢箱梁上铺设沥青路面，其技术要求甚严。

(4)排水/防水系统。

应迅速排除桥面上的积水，并使渗水可能性降低至最小限度。此外，城市桥梁排水系统应保证桥下无滴水和结构上的漏水现象。

(5)栏杆(或防撞栏杆)。

栏杆(或防撞栏杆)既是保证安全的构造措施，又是有利于观赏的最佳装饰件。人行栏杆是保护行人的，防撞栏杆是保护车辆的。

## 二、桥梁的分类

**1. 按桥梁的长度分**

(1)特大桥，桥长 500 m 以上；

(2)大桥，桥长 100 ~ 500 m；

(3)中桥，桥长 20 ~ 100 m；

(4)小桥，桥长 20 m 及以下。图 1 –7 所示为元曲《天净沙 · 秋思》的配图。

《天净沙 · 秋思》是元曲作家马致远创作的小令，是一首著名的散曲作品。同学们可从中体会小桥流水人家的意境。

百度百科查询网址：

http：//baike. baidu. com/link？ url = dyoxHOx91zflf3B9ScWo91OkW8jOR88tRH95O0iGRPjqZlMOe89eXEObSiBUwh0LcmFA_rNnXqXJiQY8s4C3nz – gxBLkJ0qgQ_2S5wDnqtS

**附注** 桥长的概念：梁桥桥长是指两桥台挡砟前墙之间的长度；拱桥桥长是指拱上侧墙与桥台侧墙间两伸缩缝外墙之间的长度；刚架桥桥长是指刚架顺跨度方向外侧之间的长度。

**2. 按受力特征(结构体系)分**

(1)梁桥——在竖直荷载作用下，支座只有竖向反力。

二维码

**图1－7　天净沙·秋思配图**

梁桥以主梁为主要承重构件，其受力特点为主梁受弯矩作用。梁桥的主要材料为钢筋混凝土、预应力混凝土，多用于中、小跨径桥梁。简支梁桥最大合理跨径约为20 m，悬臂梁桥与连续梁桥适宜的最大跨径为60～70 m。

优点：采用钢筋砼建造的梁桥能就地取材、工业化施工、耐久性好、适应性强、整体性好且美观；这种桥型在设计理论及施工技术上都发展得比较成熟。

缺点：结构本身的自重大，占全部设计荷载的30%～60%，且跨度越大其自重所占的比例越大，大大限制了其跨越能力。

（2）拱桥——在竖直荷载作用下，支座上有竖直反力和水平反力，无铰拱和支承弯矩。

拱桥以拱肋为主要承重构件，其受力特点为拱肋承压、支承处有水平推力。拱桥的主要材料是圬工、钢筋砼，适用范围视材料而定。跨径从几十米到三百多米都有，目前我国最大跨径的钢筋砼拱桥为170 m。

优点：跨越能力较大；与钢桥及钢筋砼梁桥相比，可以节省大量钢材和水泥；能耐久，且养护、维修费用少；外型美观；构造较简单，有利于被广泛采用。

缺点：由于它是一种推力结构，对地基要求较高；对多孔连续拱桥，为防止其中一孔被破坏而影响全桥，要采取特殊措施或设置单向推力墩以承受不平衡的推力，增加了工程造价；在平原区修拱桥，由于建筑高度较大，使两头的接线工程和桥面纵坡量增大，对行车极为不利。

（3）刚架桥——桥跨结构和墩台连成刚性的整体。在竖直荷载作用下，墩台底部有水平反力和竖直反力，桥跨与墩台连接处还有弯矩。

刚架桥是一种桥跨结构和墩台结构整体相连的桥梁，支柱与主梁共同受力，其受力特点为支柱与主梁刚性连接，在主梁端部产生负弯矩，减少了跨中截面正弯矩，而支座不仅提供竖向力还承受弯矩。刚架桥的主要材料为钢筋砼，适用于中、小跨度桥梁，常用于需要较大的桥下净空和建筑高度受到限制的情况，如立交桥、高架桥等。

优点：外形尺寸小，桥下净空大，桥下视野开阔，混凝土用量少。

缺点：基础造价较高，钢筋的用量较大，且为超静定结构，会产生次内力。

（4）斜拉桥：梁索组合体系，抗风性能优于悬索桥。

斜拉桥以梁、索、塔为主要承重构件，利用索塔上伸出的若干斜拉索在梁跨内增加了弹性支承，减小了梁内弯矩而增大了跨径。其受力特点为外荷载从梁传递到索，再到索塔。斜拉桥的主要材料为预应力钢索、混凝土、钢材，适用于中等或大型桥梁。

优点：梁体尺寸较小，使桥梁的跨越能力增强；受桥下净空和桥面标高的限制小；抗风稳定性优于悬索桥，且不需要集中锚锭构造；便于无支架施工。

缺点：由于是多次超静定结构，计算复杂；索与梁或塔的连接构造比较复杂；施工中高空作业较多，且技术要求严格。

(5)悬索桥(吊桥)——荷载通过桥面系传给缆索，缆索又支承于两端塔架上。

悬索桥(吊桥)以主缆为主要承重构件，其受力特点为外荷载从梁经过系杆传递到主缆，再到两端锚锭。悬索桥(吊桥)的主要材料为预应力钢索、混凝土、钢材，适用于大型及超大型桥梁。

优点：由于主缆采用高强钢材，受力均匀，具有很大的跨越能力。

缺点：整体刚度小，抗风稳定性不佳；两端需要极大的锚锭，费用高，难度大。

接下来，我们介绍世界桥梁跨度之最，如表1－1所示。

**表1－1 世界桥梁跨度之最**

| 序号 | 桥型 | 桥名 | 跨度/m | 国家 | 世界排名 |
|---|---|---|---|---|---|
| 1 | 拱桥 | 朝天门大桥 | 552 | 中国 | 1 |
| 2 | 拱桥 | 卢浦大桥 | 550 | 中国 | 2 |
| 3 | 刚架桥 | 安康汉江斜腿刚架桥 | 176 | 中国 | 1 |
| 4 | 斜拉桥 | 俄罗斯岛大桥 | 1104 | 俄罗斯 | 1 |
| 5 | 斜拉桥 | 昂船洲大桥 | 1018 | 中国 | 2 |
| 6 | 斜拉桥 | 多多罗大桥 | 890 | 日本 | 3 |
| 7 | 悬索桥 | 明石海峡大桥 | 1991 | 日本 | 1 |
| 8 | 悬索桥 | 舟山西堠门大桥 | 1650 | 中国 | 2 |

**3. 按桥面所在位置分**

(1)上承式桥：桥面在桥跨结构的顶部。

(2)下承式桥：桥面在桥跨下缘。

(3)中承式桥：桥面在桥跨结构的中部。

**4. 按桥跨所用材料分**

按主要承重结构所用的材料来划分，有木桥、钢桥、圬工桥(包括砖、石、混凝土桥)、钢筋混凝土桥和预应力钢筋混凝土桥。

(1)木桥。

木桥是桥跨结构用木料建造的桥梁。

优点：可就地取材，构造简单，制造方便；小跨度多做成梁式桥，大跨度可做成行架桥或拱桥。

缺点：容易腐朽、养护费用高、消耗木材、且易引起火灾；多用于临时性桥梁或林区桥梁。

(2)钢桥。

钢桥是桥跨结构用钢材建造的桥梁。

优点：钢材强度高，性能优越，表观密度与容许应力比值小，故钢桥跨越能力较强；钢桥的构件制造最易于工业化，运输和安装均较为方便，架设工期较短，破坏后易修复和更换。

缺点：钢材易锈蚀，养护困难。

(3)圬工桥。

圬工桥是用砖、石或素混凝土建造的桥。这种桥常做成以抗压为主的拱式结构，有砖拱桥、石拱桥和素混凝土拱桥等。由于石料抗压强度高，且可就地取材，故在公路和铁路桥梁中，石拱桥应用较为广泛。

(4)钢筋混凝土桥。

钢筋混凝土桥是桥跨结构采用钢筋混凝土建造的桥梁。

优点：砂石骨料可以就地取材，维修简便，行车噪声小，使用寿命长；可采用工业化和机械化施工；与钢桥相比，钢材用量与养护费用均较少。

缺点：自重大，对于特大跨度的桥梁，在跨越能力与施工难易度和速度方面，常不及钢桥优越。

(5)预应力钢筋混凝土桥。

预应力钢筋混凝土桥是桥跨结构采用预应力混凝土建造的桥梁。这种桥梁利用钢筋或钢丝(索)预张力的反力，可使混凝土在受载前预先受压，在运营阶段不出现拉应力(称全预应力混凝土)，或有拉应力而未出现裂缝或控制裂缝在容许宽度内(称部分预应力混凝土)。

优点：能合理利用高强度混凝土和高强度的钢材，从而可节约钢材，减轻结构自重，增大桥梁的跨越能力；改善了结构受拉区的工作状态，提高结构的抗裂性，从而可提高结构的刚度和耐久性；在使用荷载阶段，具有较高的承载能力和疲劳强度；可采用悬臂浇筑法或悬臂拼装法施工，不影响桥下通航或交通；便于装配式混凝土结构的推广。

缺点：施工工艺较复杂、质量要求较高且需要专门的设备。

## 三、桥梁总体设计常用名词

这类名词有计算跨径、桥梁全长、桥梁总长、净跨径、总跨径、设计水位、桥下净空高度、建筑高度等，如图1-8所示。

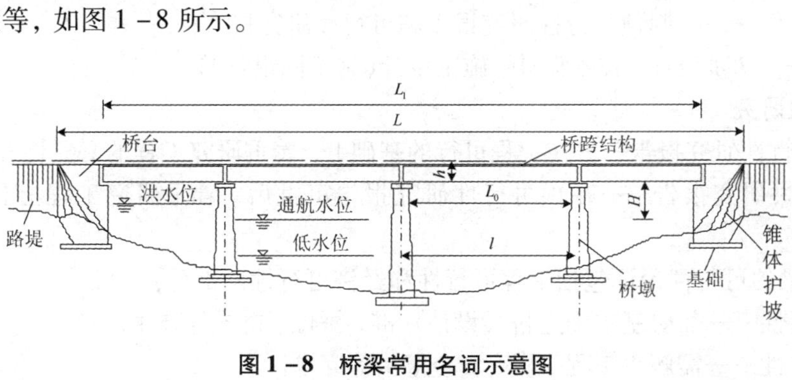


**图1-8　桥梁常用名词示意图**

### 1. 计算跨径

桥跨结构两支点间的距离 $l$，称为计算跨径。桥跨结构的力学计算是以计算跨径为准的。

**2. 桥梁全长**

对于梁式桥而言，桥梁两个桥台侧墙或八字尾端间的距离 $L$，称为桥梁全长(无桥台的桥梁为桥面系行车道长度)。

**3. 桥梁总长**

通常把两桥台台背前缘间距离 $L_1$ 称为桥梁总长。

**4. 净跨径**

设计洪水位线上相邻两桥墩(或桥台)的水平净距 $L_0$ 称为桥梁的净跨径。

**5. 总跨径**

各孔净跨径的总和，称为桥梁的总跨径。桥梁的总跨径反映它排泄洪水的能力。

**6. 设计水位**

对应于设计洪水频率的洪峰流量水位，即设计流量的水位，用标高表示设计水位的高低。

**7. 桥下净空高度**

设计洪水位或设计通航水位与桥跨结构最下缘的高差 $H$，称为桥下净空高度。它不得小于排洪所要求的，以及对该河流通航所规定的净空高度。

**8. 建筑高度**

桥面与桥跨结构最低边缘的高差 $h$，称为桥梁的建筑高度。桥梁的建筑高度不得大于它的容许建筑高度，否则不能保证桥下的通航或排洪要求。

## 任务1.4　桥梁设计的程序与一般原则

### 一、桥梁设计的程序

**1. 基本程序**

(1)一座桥梁的建设程序包括：①审批项目建议书，进行工程立项；②审批可行性研究报告，确定设计任务书；③在初步设计基础上形成招标文件并进行工程施工设计招投标；④工程施工等。

(2)大桥的设计阶段：

①前期工作——编制预可行性研究报告和可行性研究报告；

②设计——初步设计、技术设计、施工设计(施工图设计)。

**2. 可行性研究**

(1)预可行性研究报告——在工程可行的基础上，着重研究工程的必要性和经济合理性。

(2)可行性研究报告——在预可行性研究报告审批后，着重研究工程上和投资上的可行性。

**附注** 桥梁的可行性论证包括工程可行性和经济可行性两部分：

工程可行性——需要基本确定桥梁设计标准、桥位、桥式等技术问题；

经济可行性——需解决工程投资、资金筹措等问题。

(3)桥梁标准的制订。

①确定线路等级；

②确定容许车速、桥梁纵坡和曲线半径；

③确定航运标准、航运水位、航运净空、船舶吨位以及要求的航道数量及位置等。

(4)桥位选择。

原则：大方向上，应服从桥梁所在线路的走向；大范围内，应服从路网规划的要求；小范围内，桥位可作适当挪动以便比较。

观点：从线路的观点来看，既要降低桥梁的建筑和养护费用，又要避免或减少因车辆绕道而增加的投资和运输费用；从桥梁的观点来看，应尽可能把桥位选择在河道顺直、河槽固定、水流平稳、河面较窄、地质良好、河床冲淤变化较小、可基本正交跨越的河段，以降低造价，保证结构的安全性和稳定性。

(5)桥式方案比较(一般选择三个方案)。

①在可行性研究报告阶段进行桥式方案比较，其目的在于评估方案的技术可行性；

②在编制桥式方案时，应根据水文、地质及航运条件，研究正桥、引桥长度及跨度，并以各种结构形式及不同材料的上部结构进行同等深度的比较，研究它们的可行性，并提供各个方案的工作量。以工程量中适当偏高、技术先进并且可行的方案作为一个桥位的桥式参选方案。

(6)调查工作(应在实地调查的基础上进行)。

①地形测量(草测、现场核查)；

②地质勘探(以收集资料为主，两岸钻孔验证)；

③水文资料(设计流量，历史最高、最低水位，百年一遇洪水位，常水位情况及流速)；

④外部条件(调查、了解其他与建桥有关的情况)：当地的砂、石、水、电等的供应情况；当地及附近的运输条件；施工场地的占用；有无文物、古迹或不能拆迁的建筑物；桥梁高度是否在机场航空范围之内；附近有无码头、过江电缆航运锚地等。

**3. 初步设计**

(1)初步设计的依据：设计任务书(在桥梁可行性研究报告的基础上，经建设主管部门审查后确定)。

(2)初步设计的目的：在设计任务书的技术范围内提交一份供比选的建桥项目文件。具体内容如下：

①说明本桥梁工程的特点和要求；

②提出若干可行的比较方案；

③推荐准备采用的较好方案；

④估算实现推荐方案所需的费用、工期、技术措施等。

(3)初步设计的内容：

①设计任务的来源和要求；

②桥址处自然条件的基本资料；

③技术条件的选定；

④桥位方案的比选，上、下部结构方案的研究、比较和确定；

⑤推荐方案及其理由；

⑥推荐方案的指导性施工组织，包括施工方法、进度安排、场地布置，主要机具、材料和劳力配置等。

**4. 技术设计(新型、复杂、重要、大型的桥梁结构)**

技术设计阶段的内容：是对选定的桥式方案中的各个结构总体的、细部的技术问题进行进一步研究和解决，包括结构断面、配筋、构造细节处理、材料清单及工程量等。

**5. 施工设计**

(1)施工设计阶段的内容：结构设计计算、施工详图。

(2)标准设计图或定型图。

**附注** 铁路标准设计图分为标准图、通用图及参考图三种。

## 二、桥梁设计的基本原则

桥梁结构是土木工程的一种，具备土木工程结构的基本属性。这些基本属性包括以下几方面：

(1)结构都是用当时常用的建筑材料建成，具有特定的形式和构造，能满足一定的功能；同时，为保持其自身存在，它还应该能安全地承受自然界和人类活动所施加的各种荷载。

(2)结构的功能，对社会具有很大作用，而结构的损毁或破坏会使社会受到巨大损失，因此，保证结构安全是十分重要的。可是社会所能为结构支付的人力、物力和财力都是有限的，所以又必须讲求经济性。

(3)结构功能不同、构造各异、形体庞大，固定在不同位置，其规划、设计和施工的构造需因时因地而异，逐个进行。

(4)结构散布在社会各处，与人类活动密切相关，且使用寿命长，其外形是否美观，是否与环境协调，均必须受到重视，所以，在设计时要考虑美学的因素。

因此，桥梁工程的设计应满足技术先进、安全可靠、适用耐久、经济合理的要求，简言之，应遵守安全、适用、经济和美观的基本原则。

# 任务1.5 桥梁的设计荷载

## 一、荷载的种类

(1)桥涵荷载包括主力(恒载和活载)、附加力和特殊荷载，见表1－2。

(2)在设计时，应按可能发生的“最不利组合情况”进行计算。

**表1－2 桥涵荷载**

| 荷载分类 | | 荷载名称 |
|---|---|---|
| 主力 | 恒载 | 结构构件及附属设备自重，土压力、预加力、基础变位的影响，混凝土收缩和徐变的影响，静水压力及水浮力 |
| | 活载 | 列车竖向静活载、离心力、列车竖向动力作用、活载土压力、公路活载(需要时考虑)、人行荷载、横向摇摆力、长钢轨纵向水平力(伸缩力和挠曲力) |
| 附加力 | | 制动力或牵引力、风力、流水压力、冰压力、冻胀力、温度变化的作用 |
| 特殊荷载 | | 船只或排筏的撞击力、地震作用、施工临时荷载、列车脱轨荷载、汽车撞击力、长钢轨断轨力 |

## 二、荷载的计算

**1. 恒载**

(1)由支座传来的梁及桥面的重量。

①梁的总重量可查有关标准;

②桥面按均布荷载计算(单线道砟槽桥面和单线明桥面)。

(2)圬工自重。

圬工自重是各部分体积乘所用材料的容重，一般常用材料的容重可查《铁路桥涵设计基本规范》(TB 10002.1—2005)。

(3)基础襟边上土壤重量。

按其体积与容重相乘来计算。对桥台可不考虑锥体填土的横向变坡影响。

(4)土压力。

①作用于墩台上的土的侧压力，可按库仑理论推导的主动土压力计算，详见《铁路桥涵设计基本规范》(TB 10002.1—2005);

②对于土壤，只考虑土颗粒本身的水浮力。

**2. 活载**

(1)列车竖向静活载。

①采用中华人民共和国铁路标准活载，即“中 - 活载”，标准活载的计算图示见图1 - 9。加载时可在计算图示中任意截取，或采用特种荷载;

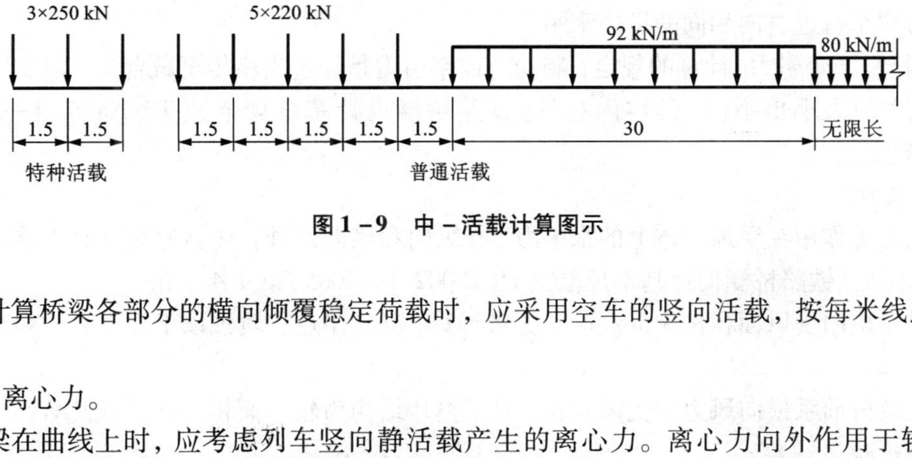


**图1 - 9　中 - 活载计算图示**

②计算桥梁各部分的横向倾覆稳定荷载时，应采用空车的竖向活载，按每米线路10 kN计算。

(2)离心力。

桥梁在曲线上时，应考虑列车竖向静活载产生的离心力。离心力向外作用于轨顶以上2 m处，其值按下式计算[详见《铁路桥涵设计基本规范》(TB 10002.1—2005)]:

对集中荷载 $N$

$$F = \frac{v^2}{127R}(f \times N) \tag{2-1}$$

对分布荷载 $q$

$$F = \frac{v^2}{127R}(f \times q) \tag{2-2}$$

式中：$F$——离心力(kN);

$v$——设计行车速度(kN/h);

$R$——曲线半径(m);

$f$——竖向活载折减系数;

$N$——"中-活载"图式中的集中荷载(kN);

$q$——"中-活载"图式中的分布荷载(kN/m)。

(3)列车竖向动力作用。

列车竖向动力作用时的活载，等于列车静活载乘以动力系数$(1+\mu)$，对于钢筋混凝土、混凝土、石砌的桥跨结构及涵洞、钢架桥顶上填土厚度$h\geqslant1$ m(从轨底算起)及实体墩台的情况均不考虑列车竖向动力作用。

(4)活载土压力。

①活载土压力：桥台后破坏棱体范围内因活载引起的侧向土压力。

②按列车静活载换算为当量均布土层厚度来计算。

**3. 附加力**

(1)制动力或牵引力。

①制动力(牵引力)的大小与作用点：

a. 制动力与牵引力的大小近似相等，其值按竖向静活载重量(对于桥墩台而言，是梁上或台上列车重量)的10%计算。

b. 制动力或牵引力的作用点在轨顶以上2 m处，但在计算墩台时须移到支座铰中心处，计算台顶时移至轨底，均不计算由于移动作用点而产生的竖向力或力矩。

**注：** 制动力为刹车时产生的与列车行进方向相反的纵向水平力。牵引力为起动或加速时产生的与列车行进方向相同的纵向水平力。

②制动力(牵引力)计算的规定：制动力或牵引力是经过支座传至墩台的，但支座种类不同，传递力的大小也不同[具体内容见《铁路桥涵设计基本规范》(TB 10002.1—2005)第5.3.5条规定]。

(2)风力。

①风力是作用在受风物体上的水平力，有纵向和横向两种，其值为受风面积乘以风荷载强度$W$，详见《铁路桥涵设计基本规范》(TB 10002.1—2005)第4.4.1条。

②列车横向受风面积按3 m高的长方带计算，其作用点在轨顶以上2 m处；列车纵向风力不予计算。

③梁及桥面系横向风力的受风面积，对于整片结构为轮廓面积，对于桁式结构则按轮廓面积适当折减。

④桥墩的纵、横向风力分别按两个方向的受风面积计算；对于桥台，其本身所受风力不予计算。

⑤当桥上有车时，风荷载强度采用$W$的80%计算，并不大于1250 Pa；当桥上无车时，按原$W$计算。其余计算详见《铁路桥涵设计基本规范》(TB 10002.1—2005)第4.4.1条。

(3)流水压力。

作用于桥墩的流水压力$P$(kN)，可按下式计算，单位均采用国际标准单位：

$$P=KA\frac{\gamma v^2}{2g_n} \tag{2-3}$$

式中：$K$——桥墩形状系数；

$A$——桥墩阻水面积；

$\gamma$——水的重度；

$v$——计算时采用的流速；

$g_n$——标准自由落体加速度。

流水压力的分布为倒三角形，其着力点在水位线以下1/3水深处。

**4. 特殊荷载**

（1）地震作用。

按规定，地震作用不与其他附加力同时计算。地震作用的计算方法，详见《铁路工程抗震规范》（GB 50111—2006）。

（2）其他荷载。

在一般情况下不控制检算。

## 习　题

1. 什么是梁的计算跨度、净跨度、桥梁孔径、桥下净空和桥梁建筑限界？
2. 简述桥梁设计的基本原则。

# 项目2 桥梁墩台的构造与设计

## 任务2.1 墩台的类型

### 一、概述

桥墩、桥台及其基础是桥梁的下部结构。图2－1所示为梁式桥的立面布置示意图，根据梁跨的类型和孔数、线路情况（平道或坡道）及墩台类型等因素，就可得出一个桥梁立面布置图，然后进行详细的墩台设计。

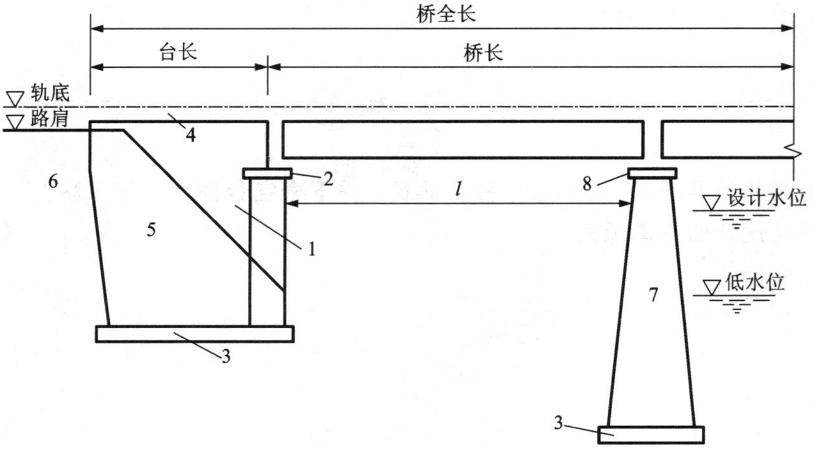


**图2－1 桥梁立面布置图**

1—台身；2—台帽；3—基础；4—道砟槽；5—锥体护坡；6—路堤；7—墩身；8—墩帽

**1. 桥墩的组成**

桥墩两侧都支撑着桥跨。桥墩由墩身、顶帽及基础三部分组成。

墩身的平面形状主要决定于水文情况、通航情况、地质情况及线路情况（单线或复线、直线或曲线）等因素。

**2. 桥台的作用**

桥台的作用是连接桥跨与路堤，它一方面将桥跨荷载和桥台本身自重传给地基，另一方面还要承受桥头路堤填土的压力，起挡土的作用。

**3. 桥台的组成**

桥台由台顶、台身和基础三部分组成，其中台顶又包括台帽及道砟槽，此外桥台还有防水、排水、检查台阶和锥体护坡等附属设备。桥台的组成（以T形桥台为例）见图2－2。

桥台的结构形式决定于路提填土高度、桥跨结构的类型、基底地质、水文条件及河岸地形等因素。在选定墩、台位置与形式时，还必须考虑到施工和养护上的方便。

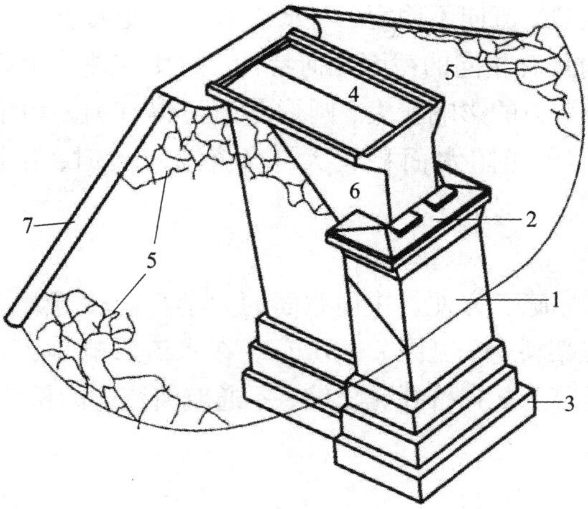


**图 2－2 T 形桥台**

1—台身；2—台帽；3—基础；4—道砟槽；5—锥体护坡；6—台顶；7—检查台阶

## 二、桥墩

桥墩按其截面形状和施工方法可分为实体墩、轻型墩和空心高墩等。本任务只介绍实体墩的几种形式。

实体墩为就地建造的桥墩，可用混凝土或片石、块石砌筑。墩身截面形状常用的有矩形、圆端形和圆形等 3 种，如图 2－3 所示。

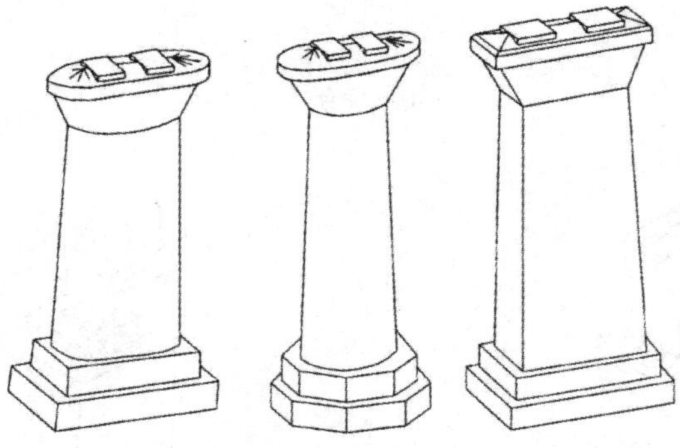

(a)圆端形桥墩　(b)圆形桥墩　(c)矩形桥墩

**图 2－3 常见的几种实体桥墩**

### 1. 圆端形桥墩

这是水中桥墩使用最广泛的一种类型，适用于水流斜交角度小于 15°的桥梁，见图 2－3(a)。当桥跨结构的跨度超过 16 m 时通常采用圆端形桥墩。此种桥墩的特点是具有较大的截面模量并有利于减轻墩周的局部冲刷，实际工程(例如衡州大道跨湘江大桥)中的“花瓶式桥墩”就属于这一类。

**2. 圆形桥墩**

此种桥墩适用于河流急、流向不固定、与水流斜交角度大于15°的桥梁，见图2－3(b)。由于圆形截面横向与纵向具有相同的截面几何特性，故用在曲线上墩身圬工较为浪费；而在直线高墩上，由于纵向水平力的影响较大，圆形截面显得有利。为了减少圬工体积，一般在桥墩顶部设有托盘。圆形桥墩阻水面积较大，当流速较大时，桥墩下游产生的漩涡比较严重。

**3. 矩形桥墩**

此种桥墩的外形简单、施工方便，并且截面的力学性能较好，可以节省圬工，故广泛地用于无水或流量较小的谷架桥上，见图2－3(c)。在水流影响小、不受流冰撞击、靠近岸边的桥墩，以及建在基本岩层上并且桥孔无压缩、不通航河流上的桥墩也可采用这种形式。

## 三、桥台

常用的桥台有矩形、U形、T形、耳墙式、埋式等类型，如图2－4所示。

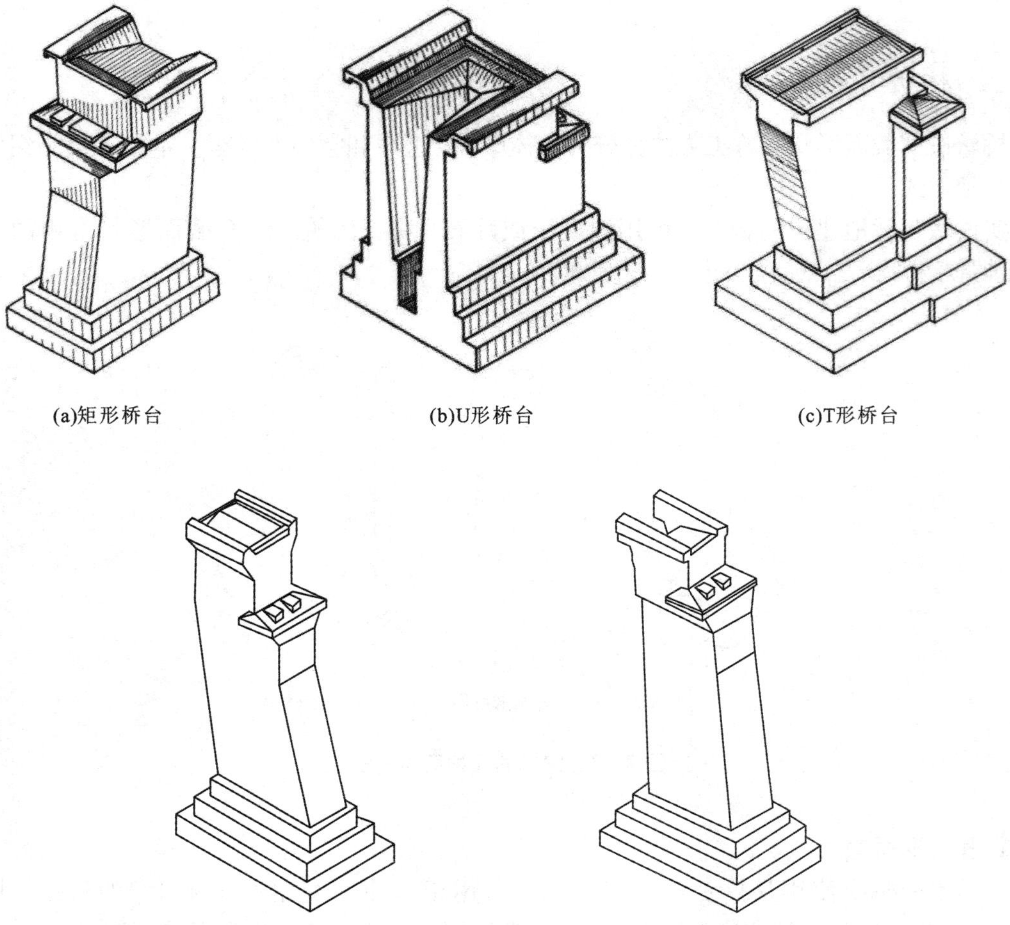

(a)矩形桥台　(b)U形桥台　(c)T形桥台

(d)埋式桥台　(e)耳墙式桥台

**图2－4　常用桥台类型**

**1. 矩形桥台(适用于低高度填土)**

当桥台台身横截面为矩形时，称为矩形桥台。这种桥台费圬工，一般在跨度较小、填土高小于4 m时采用，见图2－4(a)。

**2. U形桥台(适用于低高度填土)**

此种桥台是将矩形台挖去一部分，台身截面是U形。台身由支承桥跨的前墙与连接路堤的两翼墙组成，见图2－4(b)。

此种桥台的优点是节省圬工，台身较轻，基底应力较低。其主要缺点为：①U形中间填土部分容易积水，受冻结膨胀及其填土压力的作用，易使墙身产生裂纹，影响使用寿命。故在严寒地区使用时，须选用良好的渗水填料及完善的排水设备。②构造比较复杂，棱角较多，增加施工难度。

(3)适用范围。一般常用于小桥，通常适用于单线填土高度在6.0 m以下，双线填土高度在4.0 m以下，跨度在6.0 m以下的小跨度桥梁上。车站内多线桥，有时亦常采用此种形式作特别设计，避免分建多个T形桥台。

**3. T形桥台(适用于中等高度填土)**

这是一般大、中及复线桥梁上使用最广泛的一种桥台形式，见图2－4(c)。此种桥台节省圬工，并克服了U形桥台中间积水的缺点。通常配合跨度为5.0～20.0 m的钢筋混凝土梁及跨度为8.0～32.0 m的预应力钢筋混凝土梁使用，一般用于填土高度为4～12 m的情况。其缺点是道砟槽需要的钢筋较多。

**4. 耳墙式桥台(适用于中等高度填土)**

为了缩短台长节省圬工，避免锥体过多侵入桥孔，可采用两片耳墙代替一部分台尾与路堤相连接，此种桥台称为耳墙式桥台，见图2－4(d)。

此种桥台的优点是节省圬工，缺点是耳墙施工较困难，并且需要较多的钢筋，当填土较高时，锥体坡脚伸出前墙，需加固坡脚或加设挡土墙，桥台基底应力较大。

**5. 埋式桥台(适用于高填土)**

当路基填土较高时，桥台往往又长又高，很不经济。如能压缩桥孔，使部分台身埋在锥体中，就可以缩短桥台长度，此种桥台称为埋式桥台，见图2－4(e)。

当路基填土很高并且桥跨结构为上承式时可考虑采用埋式桥台。埋式桥台圬工数量少，但锥体护坡伸入河中，缩小了过水面积，故常用在跨越深谷的高桥上。

## 任务2.2　墩台的构造和尺寸

铁路桥梁墩台多用混凝土建造。在石料丰富的地区，也常采用石砌墩台。有时为了满足结构要求也采用钢筋混凝土墩台。只有在特殊情况下(例如应急抢修、临时便桥)才按照实际情况采用钢材或木材修建。建造墩台的圬工材料应保证结构具有一定的强度和耐久性。

### 一、桥墩的构造与尺寸

**1. 顶帽**

(1)分类：顶帽有两种形式，即飞檐式[图2－5(a)]和托盘式[图2－5(b)]。

(2)组成：顶帽由墩帽、托盘、支承垫石和支座锚栓组成。

(3)墩帽。

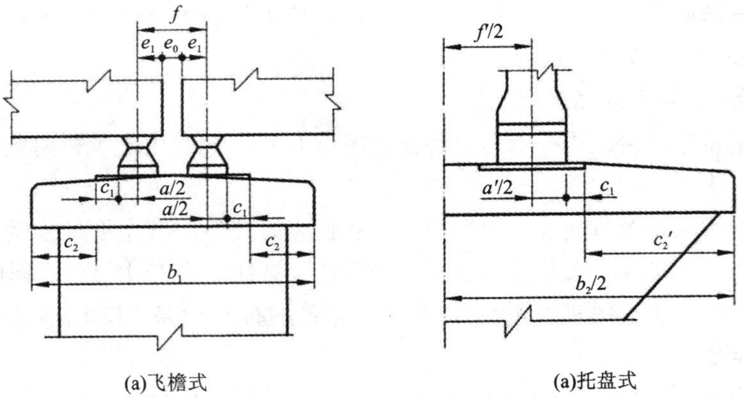


**图 2-5 顶帽尺寸**

墩帽应采用不低于 C20 的混凝土，其厚度不应小于 40 cm，一般均设置钢筋。

墩帽上应设有不小于 3% 的排水坡及突出墩身 10～20 cm 的飞檐以便排除墩帽上的雨水，并增加美观。墩帽的最小尺寸(图 2-5)必须满足安放支座的需要，并应符合下式：

①纵向：

$$b_1 \geqslant f + a + 2c_1 + 2c_2 \qquad (2-1)$$

式中：$f$——邻跨两支座中心距；

$a$——支座底板的纵向尺寸；

$c_1$——支承垫石边缘到支座底板边缘的距离，其值为 15～20 cm；

$c_2$——支承垫石边缘距墩帽边缘的纵向距离。

②横向：

$$b_2 \geqslant f' + a' + 2c_1 + 2c'_2 \qquad (2-2)$$

式中：$f'$——同一桥孔的两支座中心距；

$a'$——支座底板横向尺寸；

$c'_2$——若墩帽为圆弧形，支承垫石角至墩帽最近边缘距离不小于纵向值；若墩帽为矩形，距离最小为 50 cm。

(4)托盘。

当墩帽横向宽度较大，而墩身顶面宽度较小时，为节省圬工，一般在墩帽下设置托盘过渡，这种顶帽称为托盘式顶帽。

托盘式顶帽，缩颈处的横向宽度 $B$ 不得小于下支座板外缘的间距 $b$。托盘的高度和坡度线视顶帽宽度而定，应符合下列要求(图 2-6)：

①托盘坡度线与铅垂线间的夹角 $\beta$ 不大于 45°；

②支承垫石边缘外侧 50 cm 处，顶幅下缘点(即图 2-6 中 $E$ 点)与墩颈边缘点(即 $F$ 点)之连接线(即线 $EF$)与铅垂线的夹角 $\alpha$ 不大于 30°。

(5)支承垫石。

①概念：墩帽顶面在安装支座的地方做成小平台，叫做支承垫石。

②构造规定：支承垫石的顶部铺设网状钢筋一层，钢筋直径一般是 10 mm，间距是

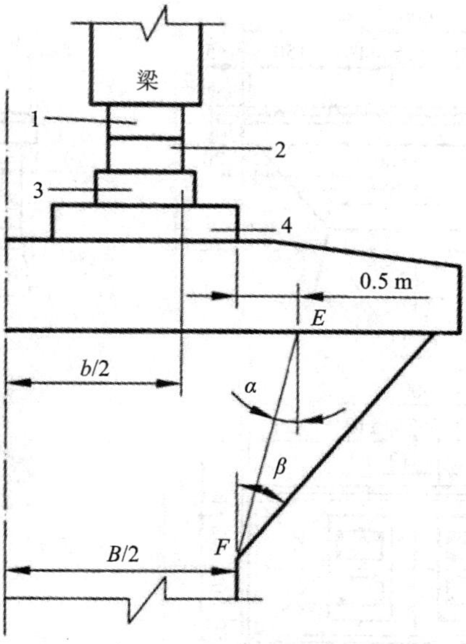


**图2-6　托盘式顶帽**

1—上支座板；2—下支座板；3—垫板；4—支承垫石

10 cm。支承垫石的顶面应高出墩帽排水坡的上棱。为保证支承垫石和支座接触处有足够的局部承压能力，要求支承垫石尺寸比支座底板每边长15~20 cm。

由于曲线上的梁成折线布置，使曲线外侧梁缝加宽，故曲线上桥墩支承垫石外侧的纵向宽度可在直线的基础上适当加宽。垫石平面形状可做成梯形，但为简化施工，也可将垫石按曲线布置，适当加宽、加长而成矩形，保证符合支承垫石比支座底板每边长15~20 cm的要求。

(6)支座锚栓。

支座锚栓是锚固在支承垫石上的支座螺栓，起固定上、下支座的作用。施工时一般先预留孔位，架梁时再固定，以保证位置准确。

(7)顶帽构造。

托盘式顶帽的构造实例如图2-7所示。

(8)曲线上的桥墩。

①预偏心的概念：曲线上的桥墩，由于离心力产生较大力矩，使墩身截面加大，为了减少桥墩所承受的弯矩，节约圬工，曲线桥可将桥墩中心线向曲线外侧移动一定距离，使梁中心线对桥墩中心线有一偏心，称为预偏心，一般为35~50 cm。

②预偏心的作用：使梁重及竖向活载对桥墩中心线产生力矩，以抵消一部分离心力的力矩，见图2-8。

(9)异形墩帽。

①异形墩帽的概念：不同于一般类型的墩帽，其形状多变化。

②异形墩帽的构造措施：如桥墩上相邻两跨的建筑高度不同时(例如两边跨度不相等，或者一边为上承式，另一边为下承式)，桥墩顶帽可采用如图2-9所示的异形墩帽。为使两

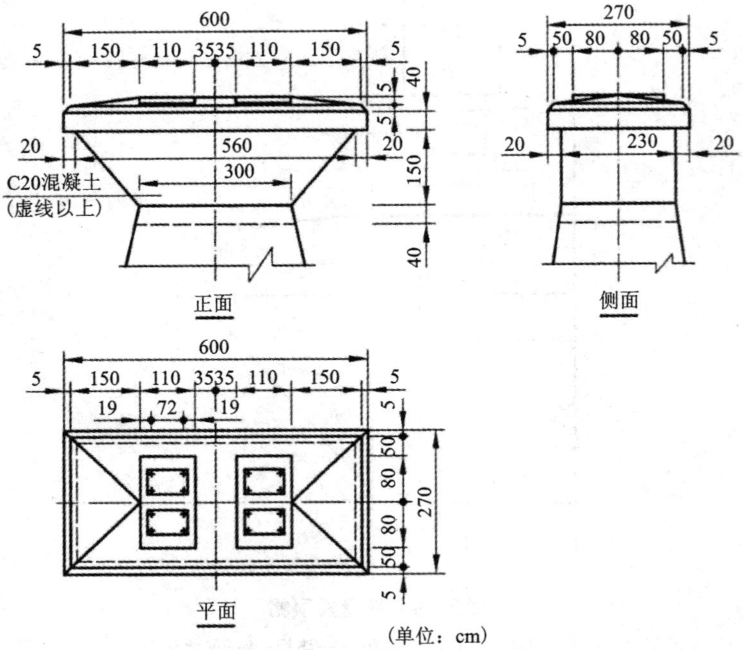


图 2－7 托盘式顶帽构造

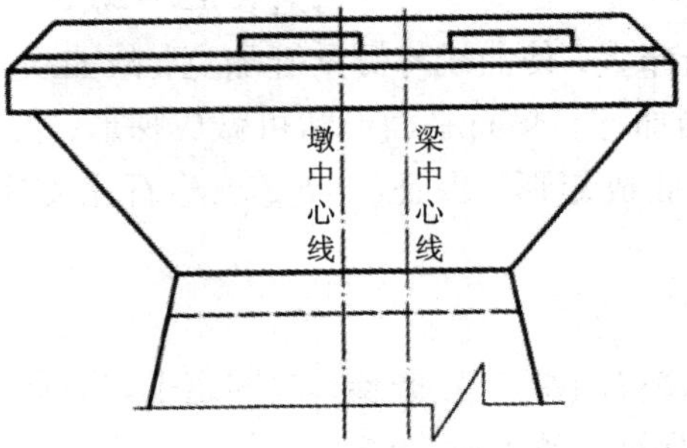


图 2－8 曲线上的桥墩

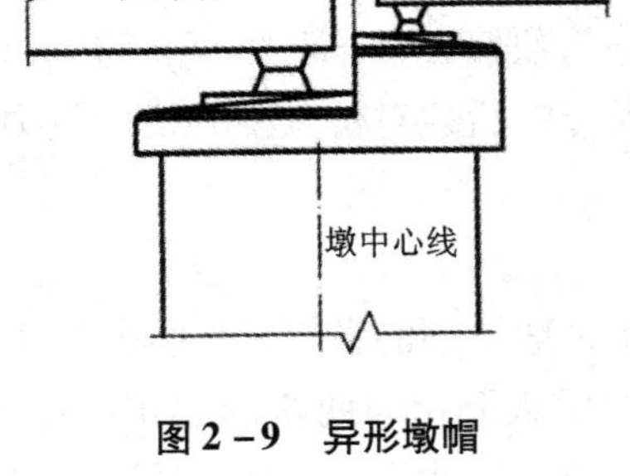


图 2－9 异形墩帽

个不相等跨度梁支座反力的合力尽可能接近桥墩中心轴线，以减少垂直力的偏心，宜将大跨的支座靠近桥的中心线。为了适应不同的梁高，在小跨度一端加高墩帽做成小支墩，两相邻梁的梁缝为 10 cm（对于曲线桥指内侧），小跨度梁的梁端至小支墩的背墙距离为 5 cm，使小支墩背墙线位于梁缝的中心。顶帽（包括支墩加高部分）均应设置钢筋。

**2. 墩身**

墩身是一个受压力和弯矩联合作用的构件。墩身的侧面可设置一定的坡度，但若高度不大（6 m 以内），因墩顶与墩底受力相差不大，为了施工方便也可不设坡度。

用以上方法初步决定了墩身截面的尺寸，然后再按所受外力进行检算。若检算结果必须增加墩身截面尺寸，可增加墩身侧面坡度（可达 20∶1），而不必修改顶帽尺寸。若这样仍不符合要求，则只好增加其顶部尺寸，即增大图 2－5 中的 $c_2$ 值。这是因为缓于 20∶1 的坡度有损桥墩外形的美观，模板的架立或镀面的设置也将有难度。

## 二、桥台的构造

**1. 台顶**

（1）概念：桥台顶帽底面线以上部分叫台顶，由台帽和道砟槽组成。

（2）构造：①台帽，直接承受梁传来的荷载，并把它传到台身。②道砟槽，是台顶铺设道砟的地方，其顶面应做成斜坡以利排水。道砟槽两侧有挡砟墙，挡砟墙内预埋 U 形螺栓以便设置栏杆。道砟槽顶宽不应小于 3.9 m，轨底应高出挡砟墙顶不小于 20 cm。轨底道砟厚度不应小于 25 cm。

**附注** （1）胸墙：道砟槽前端的挡砟墙又称胸墙。

（2）台长：胸墙至道砟槽后端（台尾）的距离称为台长（或桥台长）。

**2. 台身**

（1）概念：台身指桥台顶帽底面线以下，基础顶面以上的部分。

（2）构造：因为桥台两侧有锥体填土可以帮助抵抗横向荷载，故台身的侧面常做成竖直的。在纵向上，台身后面稍向后仰。

**附注** 台身前面称为前墙，一般都是竖直的，但有时由于受力的要求，必须做成斜坡，以加大台身底部的面积。

**3. 桥台的附属设备**

（1）防水层：为了避免圬工受到侵蚀，桥台道砟槽上和台身被土掩埋的表面，应按规定铺设防水层或作适当处理。

①钢筋混凝土道砟槽上的防水层见图 2－10。

②设置方法：先用素混凝土铺设垫层，做成流水坡，然后在已经凝固并清刷干净的垫层上涂沥青漆两次，涂完后 2～3 h 即可敷设防水层。防水层为两层石棉沥青中间夹一层沥青浸制的麻布。在防水层上再铺 30 mm 厚的沥青混凝土或 10 m 厚的沥青砂胶作为保护层。在西北雨水极少的地区及其他类似地区，在防水材料缺乏的情况下，可仅在垫层上铺 10 mm 厚沥青砂胶一层，不作其他处理。

③构造：无钢筋的道砟槽仅在垫层上铺 10 mm 厚的沥青砂胶一层。桥台被土掩埋部分的表面，不应有凹入存水的缺点，石砌圬工的砂浆缝应密实平贴，不另做防水层。

（2）台后排水：为排除台后积水，保证桥台稳定，锥体及台后填方（下方不小于 2 m，上

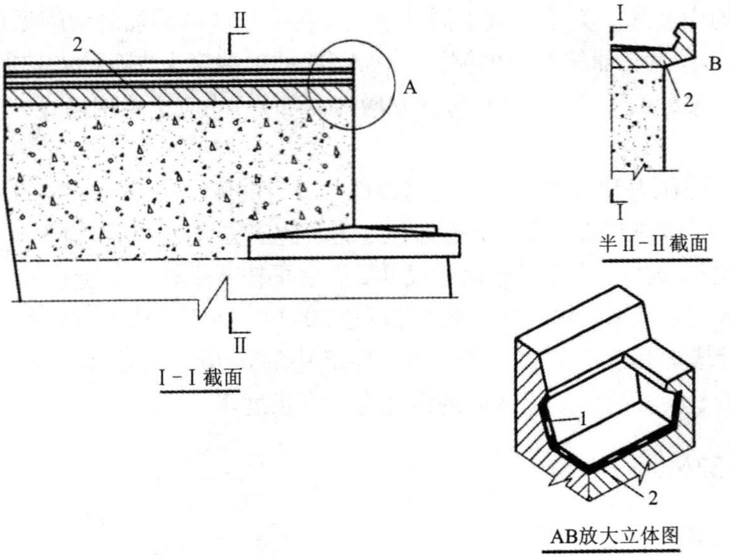


**图 2－10　道砟防水层**

1—防水层；2—C10 混凝土垫层

方不小于 2 m 加桥台高度范围内，如图 2－11 所示）均应以渗水土壤填筑；如确有困难时，除严寒地区外，可用胶黏性土壤填筑。

（3）锥体填土及其护坡。

①概念：路基前方填土伸入桥台部分呈锥体形状，称为桥台锥体填土。

②作用：加强桥台和路基的连接并包裹桥台，增加桥台的横向稳定性。

③锥体填土宜用渗水土填筑。锥体填方的坡面，一般以全高防护，并根据流速、流冰、流木等情况决定防护标准。

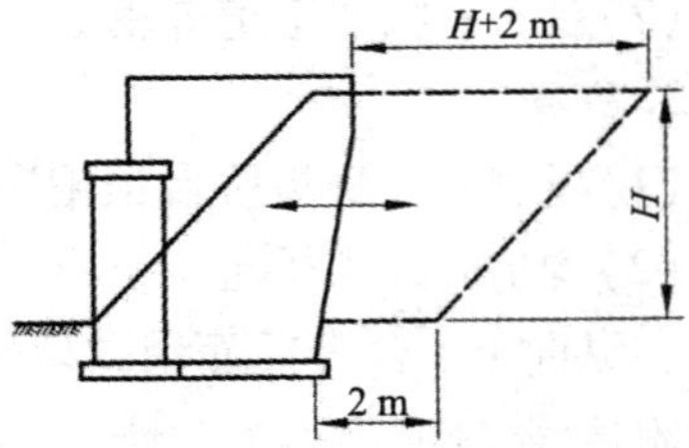


**图 2－11　台后填土渗水土填筑范围**

④锥体护坡的纵、横向坡度规定如下：

纵向坡度，路肩下 0～6 m 不陡于 1∶1，6～12 m 不陡于 1∶1.25，大于 12 m 不陡于1∶1.5（图 2－12），如用最小边长大于 25 cm 的石块分层适当码砌时，全坡可采用不陡于 1∶1 的坡度。

横向坡度应与路堤坡度一致。

（4）检查台阶：当 $H>4$ m 时，为便于检查桥台及护坡，在桥台台尾路堤与锥体填土交界处的边坡上修筑检查台阶，台阶可用混凝土或浆砌片石砌筑，如图 2－13 所示。

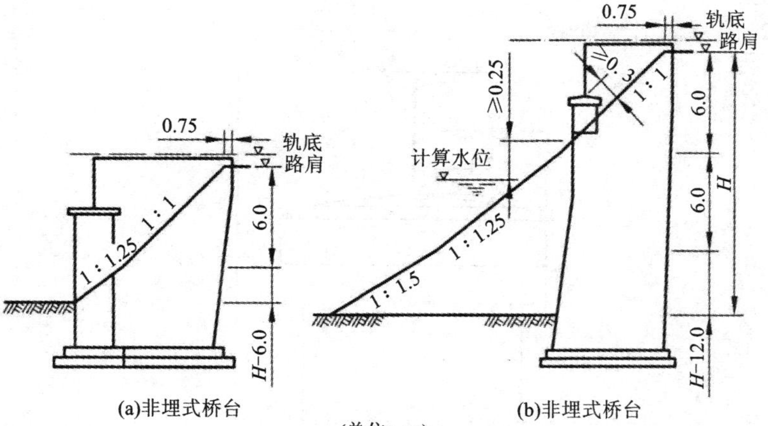


图 2-12　桥台纵向尺寸的拟定

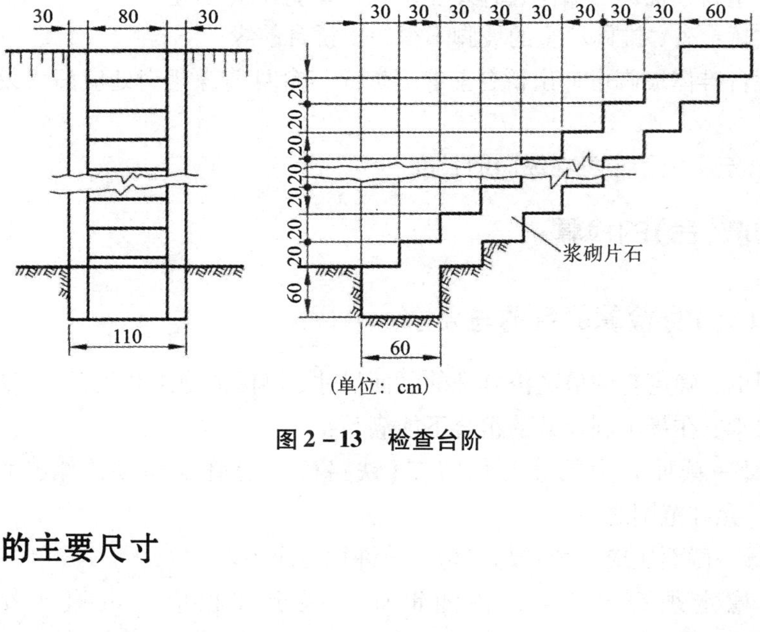


图 2-13　检查台阶

## 三、桥台的主要尺寸

### 1. 顶帽

前述关于拟定桥墩项帽尺寸的规定，同样适用于拟定桥台顶帽。桥台顶帽在纵向的尺寸(图 2-14)为：

$$c \geqslant \frac{a}{2} + e_0 + e_1 + c_1 + c_2 \qquad (2-3)$$

式中：$a$、$e_0$、$e_1$、$c_1$、$c_2$ 均按前述墩帽纵向尺寸的规定值取用。台帽的横向尺寸应不小于两支承垫石外侧之间的距离加上 $c'_2$。

### 2. 台身

台身纵向尺寸的拟定应满足下述要求(参阅图 2-12)：

(1)台尾上部伸入路肩部分最少为 0.75 m，以保证路堤与桥台的良好连接。

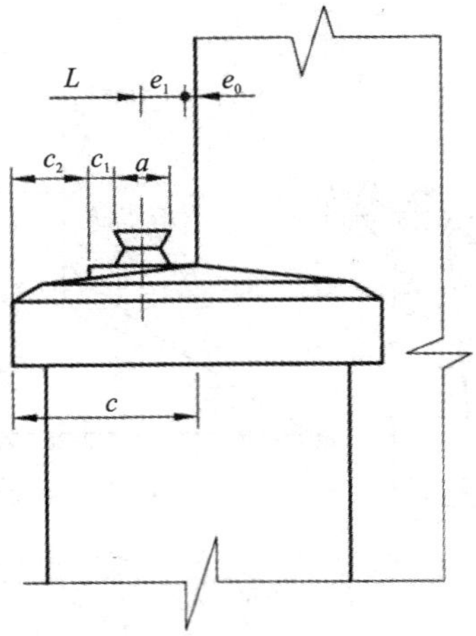


**图 2-14 桥台顶帽纵向尺寸**

(2)自支承垫石顶面的后缘至锥体填土坡面的垂直距离不应小于 0.3 m。

(3)除埋式桥台外，锥体填土的坡脚不得超出桥台前缘。

(4)埋式桥台锥体坡脚可伸出桥台前缘但坡面与台身前缘相交处应高出设计水位不少于 0.25 m。

以上各项规定决定了台身在纵向的长度。

## 任务2.3 桥墩(台)的检算

### 一、桥墩(台)身检算的目的与要求

(1)检算目的：确定它的最经济合理的断面尺寸，以保证施工和运营。

(2)检算要求：在最不利荷载的组合下能满足：

①墩台身每一截面合力的偏心均需在《铁路桥涵混凝土和砌体结构设计规范》(TB 10002.4—2005)允许范围之内。

②墩台身每一截面压应力均不超过圬工允许承压应力。

③桥墩台稳定须符合《铁路桥涵钢筋混凝土和预应力混凝土结构设计规范(TB 10002.3—2005)》要求。

④墩顶弹性水平位移须符合《铁路桥涵钢筋混凝土和预应力混凝土结构设计规范(TB 10002.3—2005)》要求。

⑤高墩、空心墩及其他轻型墩(台)还应考虑局部稳定、抗裂性、振动、温度及混凝土收缩的影响。

### 二、桥墩的计算荷载及其组合

**1. 桥墩的计算荷载**

桥墩受力情况如图 2-15 所示，它受到 3 个方向外力(计算荷载)的作用：

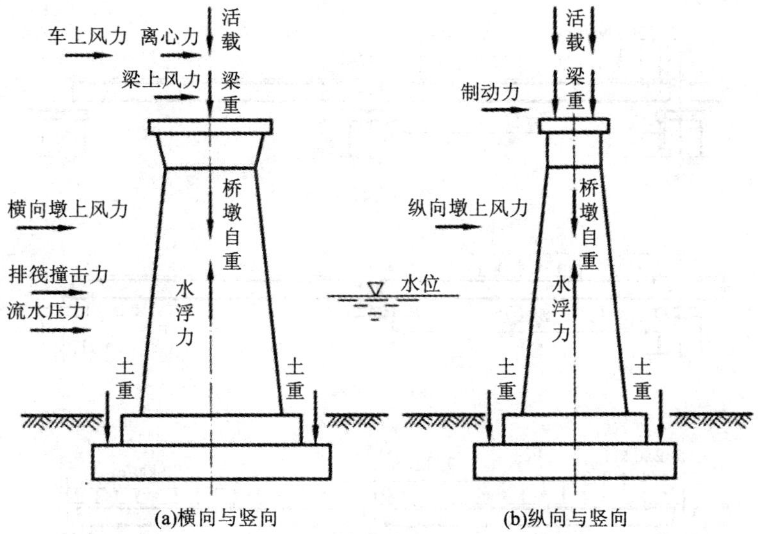


**图2－15　桥墩受力情况**

竖向荷载：恒载(结构自重、土重、水浮力)及活载。

纵向荷载：制动力(或牵引力)及风力等。

横向荷载：横向风力、离心力、水流冲击力及排筏撞击力等。

**2. 计算荷载的组合**

(1)概述。

①上面列举了桥墩可能承受的荷载，其中除桥跨的恒载压力和桥墩自重外，其他各项荷载的数值都是变化的，并且不一定同时发生。于是在计算墩台时就产生了荷载的组合问题，也就是要考虑哪些荷载同时发生才是最不利情况。

②有些荷载之间具有依附性，即某些荷载随另一种荷载而出现，如离心力、制动力随列车荷载而出现。

③有些荷载则不应同时计算，如列车横向摇摆力不应与离心力、也不应与风力同时计算。

④还有些荷载同时计算时则要折减，如制动力(牵引力)与离心力同时计算，则按静活载重量的7%而不是按静活载重量的10%计算。

⑤由于以上原因，根据荷载变化情况，桥墩计算荷载常见的组合有以下3种：

a. 主力(同时出现的主力之间的组合)；

b. 主力＋纵向附加力(同时出现的主力和相应的纵向附加力的组合)；

c. 主力＋横向附加力(同时出现的主力和相应的横向附加力的组合)。

对于桥墩检算来说在上述荷载组合中必然有一种荷载组合对于所核算的项目最为不利，称为计算荷载的最不利组合。在检算时应以荷载可能出现的最大值和择其最不利组合来计算。但究竟哪一种受力情况最为不利，往往不能一眼看出。如前所述，恒载是固定不变的，故只需考虑什么情况下的活载与恒载及附加力组合后最为不利。

(2)活载布置图式。

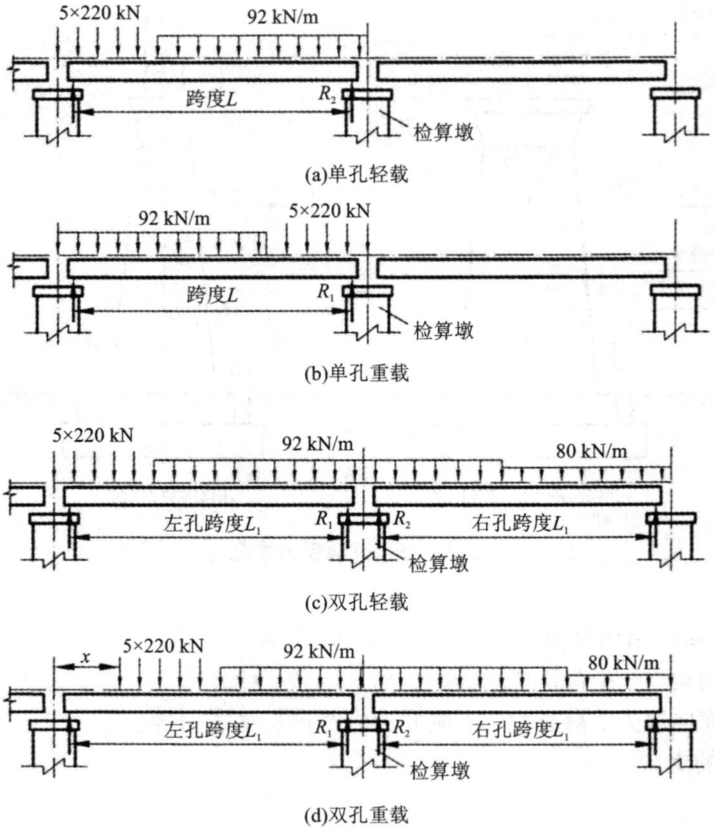


(a)单孔轻载

(b)单孔重载

(c)双孔轻载

(d)双孔重载

**图 2－16　活载布置图式**

①单孔轻载：单跨满布活载，机车置于非检算墩。检算纵向偏心距的控制荷载，如图 2－16(a)所示。

②单孔重载：单跨满布活载，机车置于检算墩。检算桥墩纵向压应力、纵向弯曲稳定和墩顶位移，如图 2－16(b)所示。

③双孔轻载：检算曲线桥桥墩偏心情况，如图 2－16(c)所示。

④双孔重载：检算桥墩偏心、应力与纵向弯曲稳定情况，如图 2－16(d)所示，$x$ 值见表 2－1。

**表 2－1　等跨度梁 $x$ 值表**

| 跨度/m | 5 | 6 | 8 | 10 | 12 | 16 | 20 | 24 | 32 |
|---|---|---|---|---|---|---|---|---|---|
| $x$/m | 2.56 | 2.06 | 4.06 | 4.56 | 4.74 | 4.74 | 4.81 | 5.58 | 7.43 |

⑤双孔空车：检算桥墩横向最大偏心，按每米线路 10 kN 计算。对于不等跨桥的桥墩，按机车重轮在大跨或在小跨两种情况分别检算。

(3)起控制作用的荷载组合。

一般说来对墩身检算起控制作用的荷载组合如下：

①一般均系主力与附加力合并计算起控制作用；

②检算桥墩纵向偏心时，是单孔轻载控制；

③检算桥墩纵向压应力时是双孔重载或单孔重载控制；

④检算桥墩横向偏心时，如桥梁在直线上，为双孔空车控制；如桥梁在曲线上，为双孔重载控制；

⑤检算桥墩横向压应力时，不论桥梁在直线上或曲线上，均为双孔重载控制；

⑥在小桥的墩台检算中，需要考虑特种活载的作用，但此时不计特种活载的制动力或牵引力；

⑦检算墩顶弹性水平位移时，纵向用单孔重载，横向(曲线桥)用双孔重载。

## 三、墩身核算内容

**1. 偏心检算(控制裂缝)**

(1)检算偏心。

$$e=\frac{\sum M}{\sum N} \tag{2-4}$$

式中：$e$—— 偏心距；

$\sum M$—— 作用于桥墩(台) 身任一截面重心的力矩；

$\sum N$ ——作用于桥墩(台)身任一截面重心的竖直力。

① $e=0$，应力图形为矩形，如图 2－17(a)所示；

② $e$ 逐步增大，应力图变为梯形，如图 2－17(b)所示；

③ $e$ 继续增大到某一数值时，应力图变为三角形，如图 2－17(c)所示；

④ $e$ 再增大截面受拉开裂，如图 2－17(d)所示，应力图为双三角形；

⑤ $e$ 再继续增大，裂缝也随着继续扩大，直到整个截面断裂。

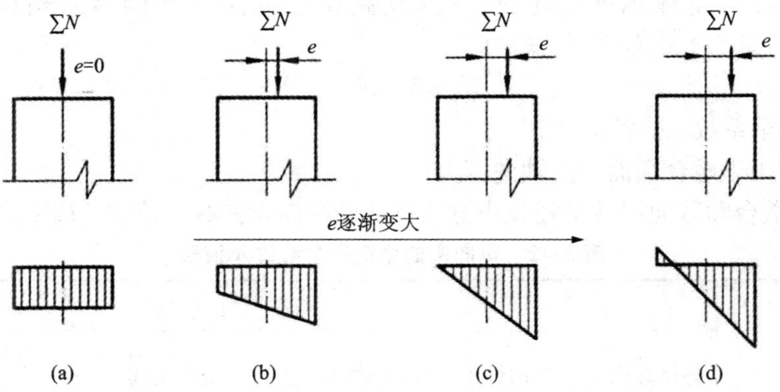


**图 2－17　截面应力图形与偏心距 $e$ 的关系**

从以上分析可知，裂缝发生变化只与偏心距 $e$ 的大小有关，因此，只要对偏心距加以限制，就可以控制裂缝。

(2)容许偏心。

在各种荷载组合下，混凝土和石砌桥墩(台)身截面上合力的偏心距 $e$ 不应超过下列规定：

①主力 $e \leqslant 0.5S$

②主力+附加力(圆形截面) $e \leqslant 0.5S$

③主力+附加力(其他形状截面) $e \leqslant 0.6S$

④主力+施工荷载 $e \leqslant 0.7S$

⑤主力+船只或排筏撞击力 $e \leqslant 0.7S$

式中：$S$ 为截面重心至最大压应力边缘的距离。如为双向偏心受压时，$S$ 由截面重心至合力作用点之连线上量取，为截面重心至该连线与截面外包轮廓线的交点距离。如图2-18所示，在此情况下，$e$ 值按下式计算：

$$e = \frac{1}{N}\sqrt{M_x^2 + M_y^2} \tag{2-5}$$

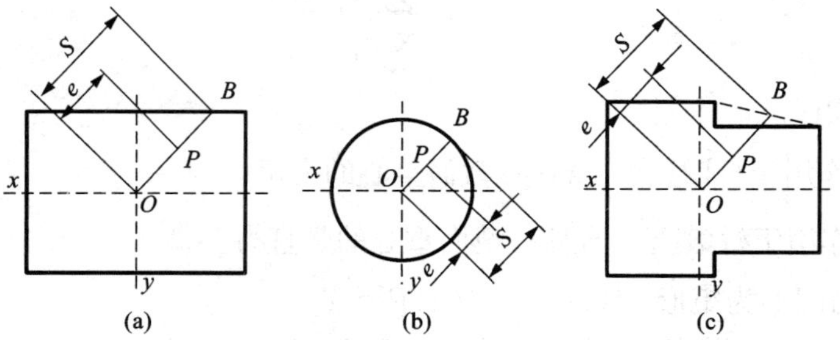


**图2-18 截面合力偏心距示意图**

**2. 整体纵向稳定**

对于混凝土和石砌的墩台，可以看作是压弯杆件，故存在纵向弯曲稳定问题。中心受压及偏心受压构件的整体纵向稳定性，按《铁路桥涵混凝土和砌体结构设计规范》(TB 10002.4—2005)第5.1.2条用下式检算：

$$KN = N_{cr} \tag{2-6}$$

式中：$K$——安全系数，见表2-2；

$N$——作用于墩台顶面处的轴向压力；

$N_{cr}$——墩台顺截面回转半径较小方向弯曲的纵向弯曲临界荷载，按下式计算。

**表2-2 纵向弯曲稳定安全系数 $K$ 值表**

| 荷载组合 | 构件类型 | | | |
|---|---|---|---|---|
| | 整体灌筑混凝土构件 | 片石砌体 | 块石砌体 | 混凝土块砌体或粗料石砌体 |
| 主力 | 2.0 | 3.0 | 2.7 | 2.5 |
| 主力+附加力 | 1.6 | 2.5 | 2.2 | 2.0 |

$$N_{cr}=\alpha\frac{4\ mE_0I_d}{l_0^2}\left(\frac{1}{1+\alpha\frac{4\ mE_0I_d}{l_0^2}\cdot\frac{1}{1.1R_cA_0}}\right) \tag{2-7}$$

式中：$\alpha$——刚度修正系数；

$m$——变截面影响系数；

$E_0$——圬工的受压弹性模量；

$I_d$——桥墩底截面绕垂直弯曲方向重心轴的全截面惯性矩；

$l_0$——整个墩台计算长度；

$R_c$——墩台身的抗压极限强度；

$A_0$——墩台平均截面的全面积。

**3. 应力**

(1)截面应力。

墩(台)身横截面上的强度按下式检算：

$$\sigma=\frac{N+G}{A}\pm\frac{M_y\eta_x\cdot x}{I_y}\pm\frac{M_x\eta_y\cdot y}{I_x}\leqslant[\sigma] \tag{2-8}$$

式中：$\sigma$——墩台任一检算截面上的压应力；

$N$——作用于墩台顶面的轴向压力；

$G$——检算截面以上顺轴向的墩台自重；

$A$——检算截面的全面积；

$M_x$，$M_y$——检算截面上对重心轴 $x$ 和 $y$ 的弯矩；

$\eta_x$，$\eta_y$——检算截面上的弯矩 $M_y$ 和 $M_x$ 的增大系数；

$x$，$y$——重心轴 $x$ 和 $y$；

$I_x$，$I_y$——检算截面绕重心轴 $x$ 和 $y$ 的的全截面惯性矩；

$[\sigma]$——墩台的中心受压或偏心受压容许压应力。

$$\eta_x=1+\frac{\left[\frac{1}{1-\frac{KN}{N_{crx}}\cdot B_x}-1\right]u'}{\frac{l_0}{2}} \tag{2-9}$$

$$\eta_y=1+\frac{\left[\frac{1}{1-\frac{KN}{N_{cry}}\cdot B_y}-1\right]u'}{\frac{l_0}{2}} \tag{2-10}$$

$$B_x=\frac{1.1R_cA_0-N_{crx}}{1.1R_cA_0-KN} \tag{2-11}$$

$$B_y=\frac{1.1R_cA_0-N_{cry}}{1.1R_cA_0-KN} \tag{2-12}$$

式中：$u'$——计算位置(m)，对于上端自由、下端固定的构件，为墩台顶面至检算截面的距离；

$B_x$，$B_y$——计算系数；

$N_{crx}$，$N_{cry}$——墩台顺重心轴 $x$ 方向和 $y$ 方向的纵向弯曲临界荷载。

$$N_{crx}=\alpha\frac{4mE_0I_{dy}}{l_0^2}\left(\frac{1}{1+\alpha\frac{4mE_0I_{dy}}{l_0^2}\cdot\frac{1}{1.1R_cA_0}}\right) \tag{2-13}$$

$$N_{cry}=\alpha\frac{4mE_0I_{dx}}{l_0^2}\left(\frac{1}{1+\alpha\frac{4mE_0I_{dx}}{l_0^2}\cdot\frac{1}{1.1R_cA_0}}\right) \tag{2-14}$$

式中：$I_{dx}$，$I_{dy}$——墩台底截面绕其重心轴 $x$ 和 $y$ 的惯性矩。

(2)应力重分布。

若按上式计算所得的最小应力为负值，截面上将出现拉应力，于是发生“应力重分布”的问题，此时截面上只有受压区这部分面积承受压应力，不考虑截面受拉应力。应力重分布的计算公式为：

$$\sigma'_{max}=\frac{N+G}{A}\lambda \tag{2-15}$$

式中：$\lambda$——应力重分布系数。

对于矩形截面单向偏心受压时

$$\lambda=\frac{2d}{3\left(\frac{d}{2}-e\right)}$$

式中：$d$——计算截面在水平力作用方向的尺寸。

## 四、桥台的计算荷载及组合

### 1. 桥台的受力及其特点

桥台与桥墩相比，其受力状态较为复杂，它要承受土压力，包括：台后填土、锥体填土以及活载对台后填土的作用而产生的水平和竖直土压力。此外桥台顶帽承受梁跨部分的荷载，桥台道砟槽部分还直接承受活载及由此而产生的其他荷载作用。

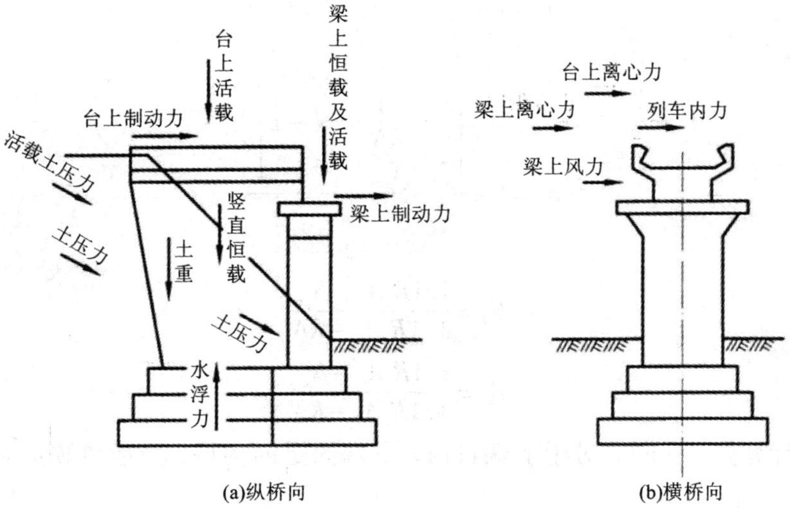


图 2-19 桥台受力情况

**2. 计算荷载的组合**

(1)常用的荷载组合形式。

对桥台各主要截面(如台底和基底)通常按下列荷载组合进行核算:

①恒载;

②恒载 + 竖向活载;

③恒载 + 竖向活载 + 制动力或牵引力。

第①种荷载组合仅用于核算在恒载作用下基底应力和合力对基底的偏心(应尽量近基底的重心)。由于对桥台而言增加了土压力的作用,此力也是恒载,故在检算基底应力和偏心时,恒载有可能控制设计。

第②种和第③种组合往往控制桥台台身应力和偏心。

(2)检算桥台台身应力和偏心时的荷载组合。

由于桥台结构构造与受力的纵向不对称性,桥台前端或后端都有可能产生最大应力和偏心,所以桥台需按前端和后端两种情况分别检算。

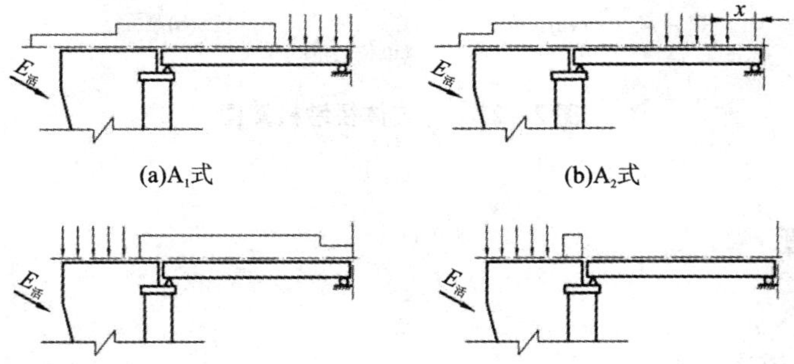


(a)$A_1$式　(b)$A_2$式

(c)$C_1$式　(d)$C_2$式

**图 2-20　桥台荷载加载图式**

① $A_1$式检算直线桥桥台前端应力与偏心。

② $A_2$式检算曲线桥桥台前端应力与偏心。

③ $C_1$式检算曲线桥桥台后端应力与偏心。

④ $C_2$式检算直线桥桥台后端应力与偏心。

# 任务2.4　实体桥墩检算算例

## 一、设计资料及检算要求

(1)图 2-21 所示为一实体矩形桥墩。桥跨结构为等跨 $L=24$ m 道砟桥面预应力混凝土梁,梁上设双侧人行道(直线梁桥面系重量为 38 N/m),梁长 24.70 m,梁高 2.10 m,轨底至梁底 2.60 m,轨底至墩顶 3.00 m,支座铰中心至墩顶 0.31 m,每孔梁重 1568 kN;

(2)桥上线路为直线、单线、平坡;

(3)平时桥下无流水,无冰冻,基底是良好岩层;

(4)风力:有车时,风荷载强度 $W=1$ kPa;无车时,风荷载强度 $W=2.1$ kPa;

(5)建筑材料：墩帽为C20钢筋混凝土，托盘为C15混凝土，墩身为C15混凝土；

(6)检算要求：检算墩顶以下15 m及基顶处墩身截面(即 $h=13$ m与 $h=28$ m处截面)。

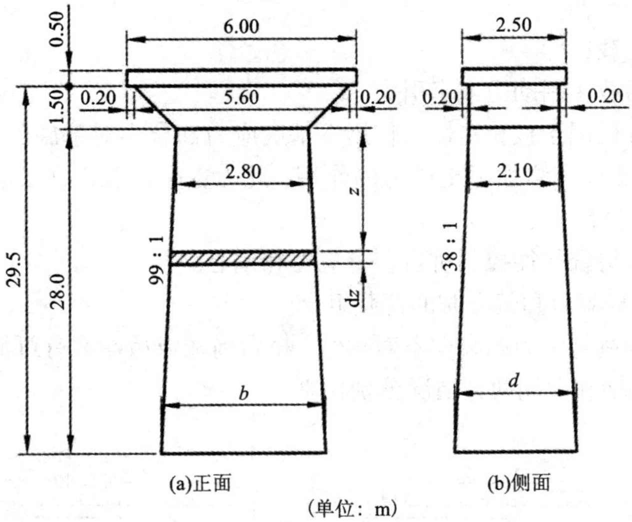


**图2-21 实体桥墩检算图**

## 二、荷载计算

### 1. 恒载

(1)梁桥面系(道床)重。

$$N_1 = 1568 + 38 \times 24.7 = 2506.6(\text{kN})$$

(2)墩帽重。

$$N_2 = 2.5 \times 6.0 \times 0.5 \times 25 = 187.5(\text{kN})$$

(3)托盘重。

$$N_3 = \left(\frac{5.6 + 2.8}{2}\right) \times 1.5 \times 2.1 \times 23 = 304.3(\text{kN})$$

(4)墩身重。

墩身体积：

$$\begin{aligned} V_4 &= \int_0^h \left(2.1 + \frac{2z}{38}\right)\left(2.8 + \frac{2z}{99}\right)\mathrm{d}z \\ &= \int_0^h \left[2.1 \times 2.8 + 2\left(\frac{2.8}{38} + \frac{2.1}{99}\right)z + \frac{4z^2}{38 \times 99}\right]\mathrm{d}z \\ &= 2.1 \times 2.8h + \left(\frac{2.8}{38} + \frac{2.1}{99}\right)h^2 + \frac{4h^3}{3 \times 38 \times 99} \\ &= 5.88h + 0.095h^2 + \frac{2}{5643}h^3 \end{aligned}$$

则 $N_4 = V_4 \times 23$ kN，计算结果见表2-3。

表 2-3　检算截面处（$h=13$ m，$h=28$ m）墩身重

| $h$/m | $V_4$/$m^3$ | $N_4$/kN |
|---|---|---|
| 13 | 93.274 | 2145 |
| 28 | 246.900 | 5678 |

**2. 活载**

（1）单孔轻载（图 2-22）。

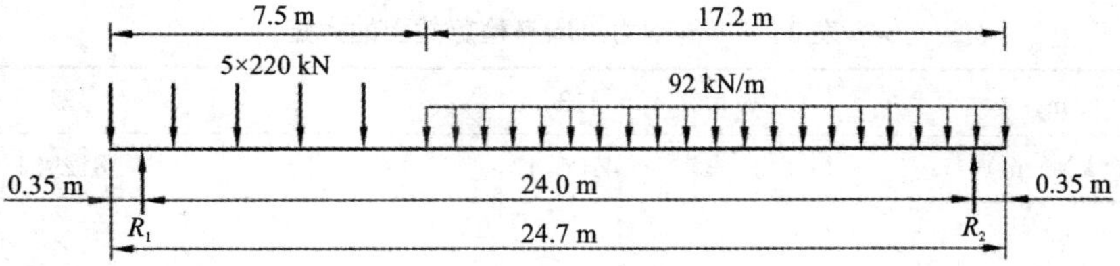


图 2-22　单孔加载（轻载/重载）

$R_1$—单孔重载；$R_2$—单孔轻载

$$R_2=\frac{1}{24}\left[5\times220\times(3-0.35)+92\times17.2\times\left(7.5-0.35+\frac{17.2}{2}\right)\right]=1160(\text{kN})$$

$$M_{R_2}=1160\times0.35=406(\text{kN}\cdot\text{m})$$

（2）单孔重载（图 2-22）。

$$R_1=(5\times220+92\times17.2)-1160=1522.4(\text{kN})$$

$$M_{R_1}=1522\times0.35=532.7(\text{kN}\cdot\text{m})$$

（3）双孔重载（图 2-23）。

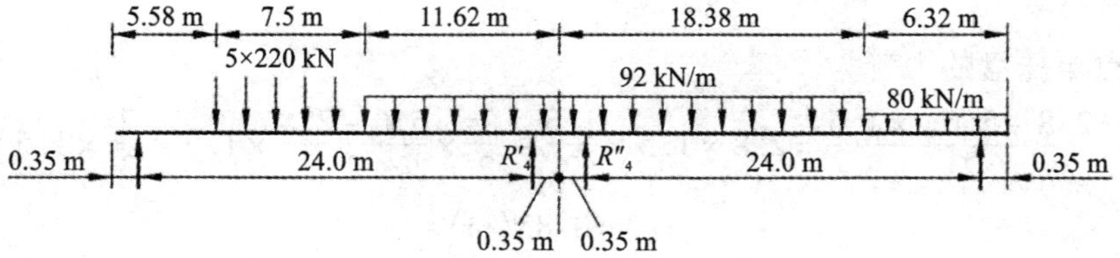


图 2-23　双孔重载

查表 2-1 知 $x=5.58$ m，可计算支座反力如下：

$$R'_4=\frac{1}{24}[5\times220\times(5.58-0.35+3)+92\times11.62\times(5.58-0.35+7.5+0.5\times11.62)]$$

$$=1038(\text{kN})$$

$$R''_4=\frac{1}{24}\left[80\times6.32\times\left(\frac{6.32}{2}-0.35\right)+92\times18.38\times\left(5.97+\frac{18.38}{2}\right)\right]=1127.3(\text{kN})$$

$$R_4 = R_4' + R_4'' = 2330(\text{kN})$$

活载竖直力对桥墩中心的偏心力矩为：

$$M_{R_4} = (1203 - 1127.3) \times 0.35 = 26.5(\text{kN} \cdot \text{m}) = 32.4(\text{kN})$$

**3. 附加力**

(1)制动力(牵引力)。

①单孔加载：$P_z = 0.1 \times (5 \times 220 + 92 \times 17.2) = 268.2(\text{kN})$

$$M_z = 268.2 \times (0.31 + 1.5 + 0.5 + h) = 619.5 + 268.2h$$

制动力对墩身检算截面的力矩见表2-4。

**表2-4 制动力对墩身检算截面的力矩**

| $h$/m | 13 | 25 |
|---|---|---|
| $M_z$/(kN·m) | 4106.1 | 8129.1 |

②双孔重载：

$$\begin{aligned} P_z &= 0.1 \times (5 \times 220 + 92 \times (11.62) \times 1 + 0.1 \times (80 \times 6.32 + 92 \times 18.38) \times 0.25 \\ &= 271.8(\text{kN}) > 268.2(\text{kN}) \end{aligned}$$

因已大于一孔梁跨的固定支座水平力，故采用单孔加载的制动力 $P_z = 268.2$ kN。

(2)风力(只考虑纵向)。

①墩帽风力：

$$P_{x1} = 6 \times 0.5 \times 1.2 = 3.60(\text{kN})$$

作用点至托盘的力臂为

$$C_{x1} = \frac{1}{2} \times 0.5 + 1.5 = 1.75(\text{m})$$

②托盘风力：

$$P_{x2} = \frac{(5.6 + 2.8)}{2} \times 1.5 \times 1.2 = 7.56(\text{kN})$$

其作用点至托盘的力臂为

$$C_{x2}\frac{(2.8 + 5.6) \times 1.5}{2} = 2.8 \times 1.5 \times \frac{1.5}{2} + \frac{1}{2} \times \frac{5.6 - 2.8}{2} \times 1.5 \times \frac{2}{3} \times 1.5 \times 2$$

$$C_{x2} = 0.83(\text{m})$$

③墩身风力：

墩身受风面积是梯形，可分成中间一个矩形加上两侧的三角形，则墩身风力对检算截面的力矩为

$$M_P = 2.8 \times h \times W \times \frac{h}{2} + \frac{h^2}{99} \times W \times \frac{h}{3} = 2.8 \times 1.2 \times \frac{h^2}{2} + \frac{h^3 \times 1.2}{3 \times 99}$$

风力矩($M_p$)的计算见表2-5。

表2－5　检算截面处桥墩各部分风力矩($M_p$)　kN·m

| 受风结构 | $h$/m | |
|---|---|---|
| | 13 | 28 |
| 顶帽：$3.6\times(h+1.75)$ | 53.1 | 107.1 |
| 托盘：$7.56\times(h+0.83)$ | 104.6 | 218.0 |
| 墩身：$1.68h^2+0.004h^3$ | 292.7 | 1404.9 |
| 合计 | 450.4 | 1730.0 |

## 三、墩身截面检算

### 1. 合力偏心检算

(1)墩身截面几何性质计算(表2－6)。

表2－6　墩身截面几何性质计算

| 参数 | $h$/m | | |
|---|---|---|---|
| | 0 | 13 | 28 |
| $d=2.1+\frac{2}{38}h$/m | 2.10 | 2.78 | 3.57 |
| $b=2.8+\frac{2}{99}h$/m | 2.80 | 3.06 | 3.37 |
| $A$/m$^2$ | 5.88 | 8.51 | 12.03 |
| $I_x$/m$^4$ | 2.16 | 5.47 | 12.78 |
| $W_x$/m | 2.06 | 3.94 | 7.16 |

(2)单孔轻载作用下，墩身截面纵向偏心检算(表2－7)。

表2－7　墩身截面纵向偏心检算

| 检算项目 | 截面位置 $h$/m | |
|---|---|---|
| | 13 | 28 |
| 恒载$(N_1+N_2+N_3+N_4)$/kN | 5144 | 8676 |
| 活载$R_2$/kN | 1160 | 1160 |
| 垂直力合计$\sum N$/kN | 6304 | 9836 |
| 垂直力偏心力矩$M_{R_2}$/(kN·m) | 406 | 406 |
| 水平力矩$(M_z+M_P)$/(kN·m) | 4557 | 9859 |
| 力矩合计$\sum M$/(kN·m) | 4963 | 10265 |
| 偏心距$e=\sum M/\sum N$/m | 0.787 | 1.04 |
| 容许偏心距$[e]=0.6S$/m | 0.834 | 1.071 |

检算结论：根据计算结果，偏心符合要求。

**2. 整体纵向稳定性计算**

(1)计算数据。

查《铁路桥涵混凝土和砌体结构设计规范》(TB 10002.4—2005)：$E_0=24\times10^6$ kPa。

查表2－6：$I_{ox}=2.16\ \mathrm{m}^4$，$I_{dx}=12.78\ \mathrm{m}^4$，则有 $I_{ox}/I_{dx}=2.16/12.78=0.169$。

查《铁路桥涵混凝土和砌体结构设计规范》(TB 10002.4—2005)表5.1.2或表2－8，可得 $m=1.414$。

查《铁路桥涵混凝土和砌体结构设计规范》(TB 10002.4—2005)：$R_c=10.5\times10^3$ kPa；根据同规范表5.1.2，$A_0$为构件平均截面的全面积。本题采用 $h=13$ m处的面积，由表2－6查得：$A_0=8.51\ \mathrm{m}^2$，按《铁路桥涵钢筋混凝土和预应力混凝土结构设计规范》(TB 10002.3—2005)表5.2.3－2的“注”，构件一端固定，另一端为自由端时，$l_0=2l$，则 $l_0=60$ m($l$ 为实际墩高)。

**表2－8 变截面影响系数**

| $I_o/I_d$ | 0.1 | 0.2 | 0.3 |
|---|---|---|---|
| $m$ | 1.20 | 1.51 | 1.71 |

(2)计算临界荷载。

整体纵向稳定性检算如表2－9所示。

**表2－9 整体纵向稳定性检算**

| 检算项目 | 单孔重载 | 双孔重载 |
|---|---|---|
| 梁及桥面系重 $N_1$/kN | 2507 | 2507 |
| 支座反力 $R_1$ 或 $R_4$/kN | 1522 | 2330 |
| 墩顶垂直力 $N=N_1+R_1$ 或 $N_1+R_4$/kN | 4029 | 4837 |
| 墩顶水平力 $P_z$/kN | 268.2 | 268.2 |
| 支点反力矩 $M_R$/(kN·m) | 532.7 | 26.5 |
| 制动力矩或牵引力矩/(kN·m) | 83.1 | 83.1 |
| 墩顶外力矩/(kN·m) | 615.8 | 109.6 |
| $\frac{e_0}{h}=\frac{M/N}{2.78}$ | 0.0550 | 0.0082 |
| 刚度修正系数 $\alpha\approx\frac{0.1}{0.2+e_0/h}+0.16$ | 0.552 | 0.640 |
| $\beta=\alpha\frac{4mE_0I_{dx}}{l_0^2}$ | 266004 | 308410 |

**续表 2-9**

| 检算项目 | 单孔重载 | 双孔重载 |
|---|---|---|
| 临界荷载 $N_{cry}=\beta\dfrac{1}{1+\beta\dfrac{1}{1.1R_cA_0}}$/kN | 71771 | 74536 |
| $KN$[查表(2-2)主+附时安全系数 $K=1.6$]/kN | 6446 | 7739 |

由表2-9可知，单孔重载、双孔重载时荷载均小于 $N_{cry}$，故整体纵向稳定检算合格。

**3. 强度检算**

(1)$B_y$ 的计算。

按式计算可得：单孔重载时 $B_y=\dfrac{1.1R_cA_0-N_{cry}}{1.1R_cA_0-KN}=0.2887$，双孔重载时 $B_y=0.2623$。

(2)计算弯矩增大系数 $\eta_y$(见表2-10)。

**表 2-10　弯矩增大系数计算**

| 项目 | | 单孔重载 | 双孔重载 |
|---|---|---|---|
| $\eta_y\approx1+\dfrac{\left(\dfrac{1}{1-\dfrac{KN}{N_{cry}}\cdot B_y}-1\right)u'}{\dfrac{l_0}{2}}$ | $u'=15$ | 1.0133 | 1.0140 |
| | $u'=27$ | 1.0266 | 1.0280 |

(3)强度检算(见表2-11)。

**表 2-11　强度检算**

| 项目 | 单孔重载 | | 双孔重载 | |
|---|---|---|---|---|
| $h$/m | 13 | 28 | 13 | 28 |
| $N+G=N_1+N_2+N_3+N_4+R_1$(或 $R_4$) | 6666 | 10198 | 7474 | 11006 |
| $M_x=M_R+M_z+M_P$/(kN·m) | 5089 | 10392 | 4583 | 9886 |
| $\eta_y$ | 1.0133 | 1.0266 | 1.0140 | 1.0280 |
| $\sigma_{max}=\dfrac{N+G}{A}+\dfrac{\eta_yM_x}{W_x}$/kPa | 2092 | 2338 | 2057 | 2334 |
| $\sigma_{min}=\dfrac{N+G}{A}-\dfrac{\eta_yM_x}{W_x}$/kPa | -525 | -642 | -301 | -505 |

从以上计算结果可看出，本例墩身单孔重载应力大，因截面出现拉应力，故按单孔重载做应力重分布计算，见表2-12。

**表 2－12　应力重分布计算**

| 项目 | 检算截面 | |
|---|---|---|
| $h$/m | 13 | 28 |
| $d$/m | 2.78 | 3.57 |
| $e_y=\eta_y M_x/(N+G)$/m | 0.774 | 1.046 |
| $\lambda=\dfrac{2d}{3\left(\dfrac{d}{2}-e_y\right)}$ | 3.01 | 3.22 |
| $\dfrac{N+G}{A}$/kPa | 783.3 | 847.7 |
| $\sigma'_{\max}=\dfrac{N+G}{A}\cdot\lambda$/MPa | 2.358 | 2.730 |

墩身混凝土弯曲受压及偏心受压容许应力$[\sigma_b]=5.0$ MPa，有附加应力时，容许应力可以提高30%，即$[\sigma_b]_{主+附}=1.3\times5.0=6.5$ MPa，以上计算最大压应力$\sigma_{\max}$均在容许范围以内。

## 任务2.5　轻型墩台

### 一、柔性桥墩

**1. 概述**

(1)柔性墩的力学原理。

柔性墩根据减小墩顶水平力，以便向轻型化发展的特点，把大部分桥墩的支座改为固定支座，通过梁与刚性墩(台)串联以后，形成一个共同受力体系，则作用在桥上的纵向水平力，将按各墩的抗剪刚度来分配。刚性墩台承受了大部分的水平力，柔性墩台只承受了2%～3%的微小水平力，见图2－24。

(2)联的定义。

图2－25所示为一柔性墩桥式布置的示意图。两活动支座之间或第一个活动支座与刚性桥台之间的墩、台、梁组成一联，形成一个共同的受力体系。

**2. 使用柔性墩的条件**

(1)梁：柔性墩桥上的梁部结构，以采用钢筋混凝土梁为宜。

(2)刚性墩(台)：布置桥孔时，应尽可能将刚性墩(台)置于地基较好并且墩(台)身较低处。

①刚性墩一般可用实体墩，当高度较大时亦可用空心墩。

②由于桥台尺寸较大，和柔性墩串联后所增加的水平力一般不致成为设计的控制因素，故常可用普通桥台。

(3)柔性墩：为使纵向水平力尽量传递至刚性墩台，在保证结构刚度、稳定及架梁安全的前提下，应尽量减少柔性墩纵向抗剪刚度，布置墩位时一般应置于墩身较高处。

(4)基础：由于柔性墩所受纵向水平力很小，基础受力条件大为改善，基底面积可相应

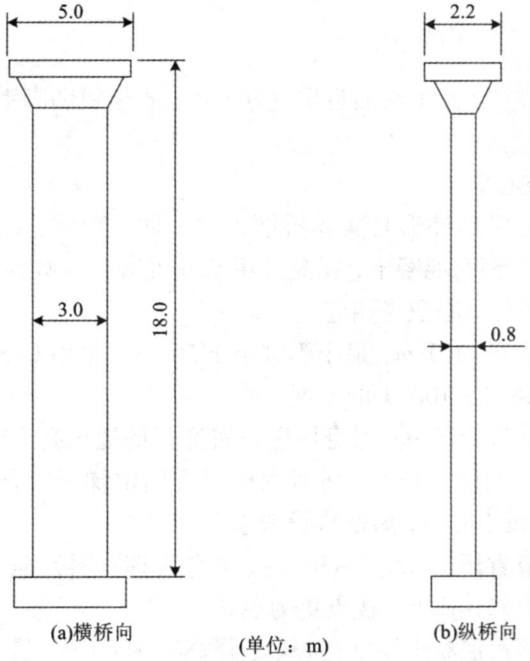


**图 2－24　板壁式柔性桥墩**

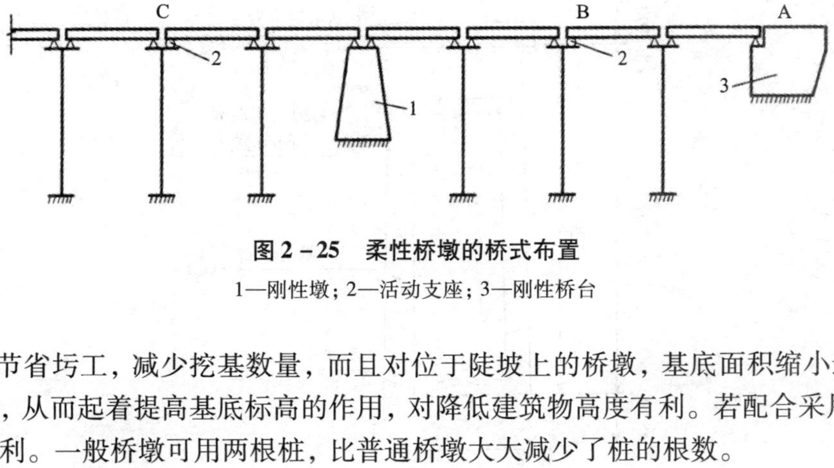


**图 2－25　柔性桥墩的桥式布置**

1—刚性墩；2—活动支座；3—刚性桥台

缩小，不仅节省圬工，减少挖基数量，而且对位于陡坡上的桥墩，基底面积缩小还可以减少其悬空程度，从而起着提高基底标高的作用，对降低建筑物高度有利。若配合采用钻（挖）孔桩则更为有利。一般桥墩可用两根桩，比普通桥墩大大减少了桩的根数。

## 二、空心墩

### 1. 概述

(1)分类。

①按使用材料分类有素混凝土厚壁（图 2－26）和钢筋混凝土薄壁（图 2－27）；

②按横截面形状分类有矩形、圆形和圆端形；

③按侧面边坡分类有不带坡（直坡）和带坡的。

(2)优点。

①节省圬工;

②节省劳动力;

③混凝土可以连续灌注,速度快而且质量好,并节省模板和脚手架。

**2. 构造**

(1)素混凝土厚壁空心墩。

①素混凝土厚壁空心墩的外形与实体桥墩大致相同。顶帽、托盘的尺寸也与实体墩相同。顶帽采用 C20 或 C25 钢筋混凝土,托盘采用 C20 混凝土。墩颈以下 1.5 ~ 2.0 m 仍为实体,并以钢筋混凝土盖板与空心墩身相连。

②墩身壁厚一般为 0.6 ~ 1.1 m,最小不宜小于 50 cm,采用 C15 混凝土。内壁为 1∶0 坡度,外壁可做成 1∶0 或 25∶1 ~ 100∶1 的坡度。

③空心墩离地面 5 m 以上部分,墩身周围设置适量的通风孔,直径不小于 20 cm。墩顶设有带门的进入孔和相应的检查设备,墩身内壁设有固定梯子。有些高墩为加强墩身稳定性,空心墩内每 5 ~ 6 m 设横隔板,墩底应设泄水孔。

④厚壁空心墩具有节省圬工(20% ~ 30%)、充分发挥材料性能、施工便利等优点,特别在地基承载力低的地基上修建高墩,优点更为显著。

我国成昆铁路有多座素混凝土厚壁空心墩,最高墩为 40 m,最大梁跨为 64 m 上承式栓焊钢梁。图 2 - 26 所示为该线某车站双线大桥的桥墩,是厚壁空心墩的一个实例。

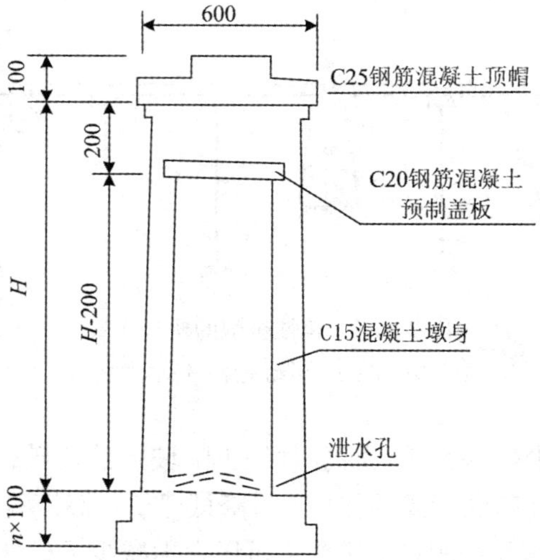


**图 2 - 26 素混凝土厚壁空心墩**

(2)钢筋混凝土薄壁空心墩。

①按横截面形式有单筒式圆形、单筒式圆端形、双筒式圆端形 3 种,如图 2 - 27 所示。

a. 单筒式圆形施工简单,适用于中、小跨度的桥墩。

b. 单筒式圆端形对曲线上的大跨度桥墩比较适合。

c. 双筒式圆端形适用于大跨度钢梁，要求在横向宽度较大的桥墩上。

②空心墩按立面形式有台阶式及等截面立柱式两种。

③构造要求：内壁为直立式的，外壁也可带坡。因墩身壁有钢筋形成一空间壳体结构，使结构有足够的强度和刚度。壁厚一般为0.5～0.7 m，为满足施工工艺要求最小不小于0.3 m。筒内每隔6～8 m设有加劲横隔板，增加墩身刚度，限制墩身变形。墩身应采用C30钢筋混凝土，墩顶厚度一般不小于1.5 m。薄壁空心高墩最宜采用滑动式钢模施工，它具有节约材料、改善施工条件、加快施工进度的优点，并且不受墩高的限制，可以一次连续灌注钢筋混凝土，提高了工程质量。

一般钢筋混凝土薄壁空心墩与实体墩比较可节约圬工50%，如用于地震区则经济效果更为显著。

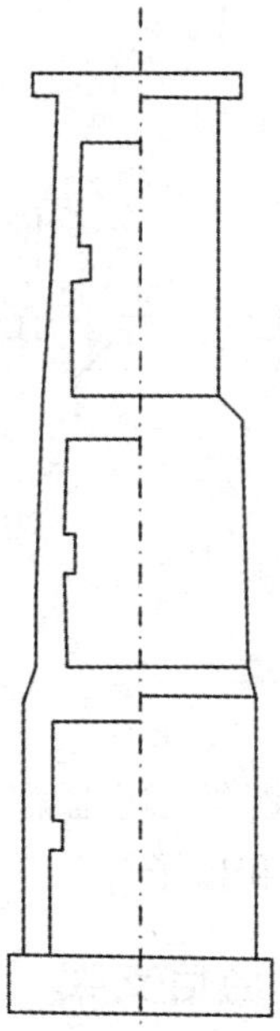

**图2－27　钢筋混凝土薄壁空心墩**
（单筒式圆形）

## 任务2.6　桥梁附属设备

### 一、防火设备

为了在桥上发生火灾时能及时抢救，有巡守工的明桥面钢桥应设置防火水桶及砂箱。防火水桶可放在桥头、避车台或特制的防火设备台上，见表2－13。

**表2－13　水桶砂箱数量表**

| 桥梁类别 | 桥梁全长 | 水桶或砂箱数量及安设位置 |
|---|---|---|
| 明桥面钢桥 | 30～60 m | 桥头设置1个 |
| | 60～120 m | 桥两头各设置1个 |
| | 120 m及以上 | 除桥两头各设置1个外，每隔60 m交错设置1个 |

钢梁基本轨之间的桥面，应全部或部分铺设防火碎石层或镀锌铁皮。桥下和上下游各30 m范围内，应将干枯树枝及易燃物扫除干净。

长大与重要的桥梁，视实际情况再装备化学灭火器、水枪、抽水机等防火用具。

### 二、检查设备

为了保证维修养护人员的正常工作及操作安全，桥涵应设置必要的检查设备。

（1）为了便于到涵洞、锥体护坡、桥下进行检查，当桥涵处路堤高度超过3 m时，应在路堤边坡上设置简易台阶。

（2）当梁跨大于10 m、墩台顶帽面至地面的高度大于4 m时，或经常有水的河流，墩台顶应设围栏、吊篮（桥墩设双侧），如图2－28所示。桥面下到墩台顶应设梯子。如墩台处设有避车台，可利用避车台的支柱设置检查梯。

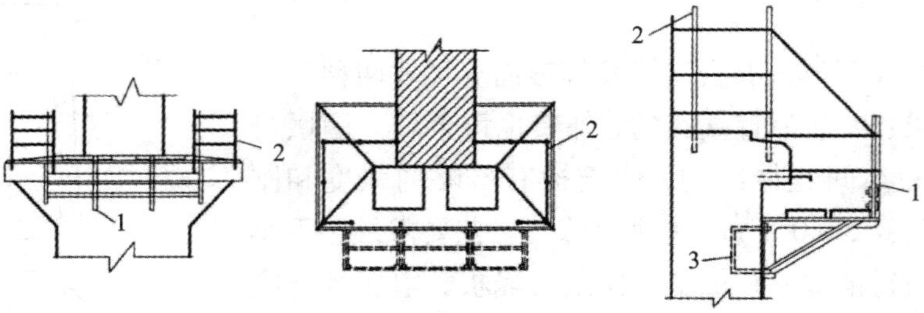


**图 2-28 桥台检查设备(适用于台帽宽 6 m 时)**

1—吊篮；2—围栏；3—预埋 U 形螺栓

(3)钢梁、圬工梁、拱等，应根据结构形式和需要，分别安装吊篮、检查板、活动检查小车、栏杆和梯子等。

## 三、通信支架

跨河通信线的杆距大于 150 m，应在桥上设置通信支架，桥上通信支架应设在桥墩台上。在特殊困难情况下，方可将个别支架架在钢梁上，但不宜设在钢筋混凝土梁或预应力混凝土梁上。原则上应使通信线路成直线通过。

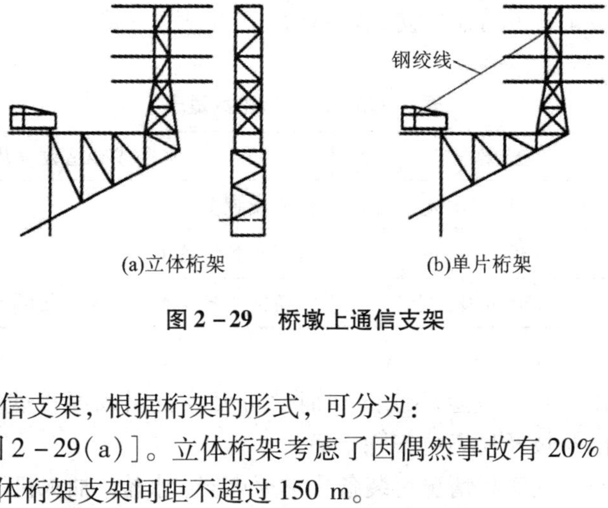


**图 2-29 桥墩上通信支架**

设在桥墩上的通信支架，根据桁架的形式，可分为：

(1)立体桁架[图 2-29(a)]。立体桁架考虑了因偶然事故有 20% 电线折断时所产生的不平衡拉力作用，立体桁架支架间距不超过 150 m。

(2)单片桁架[图 2-29(b)]。单片桁架则不考虑因偶然事故而发生的电线折断的影响，单片桁架支架间距一般为 50 m。

## 四、接触网支架

在电力牵引或预定为电力牵引的铁路上，当桥长在 40 m 以上时，应在桥墩台上设置或预留设置接触网支架的位置，如图 2-30 所示。

曲线地段一般设在外侧；直线地段，根据桥梁两端连接情况确定其左右侧。

接触网支架最大跨距，根据线路曲线半径及风力作用，视受电弓中心容许风力偏移量的

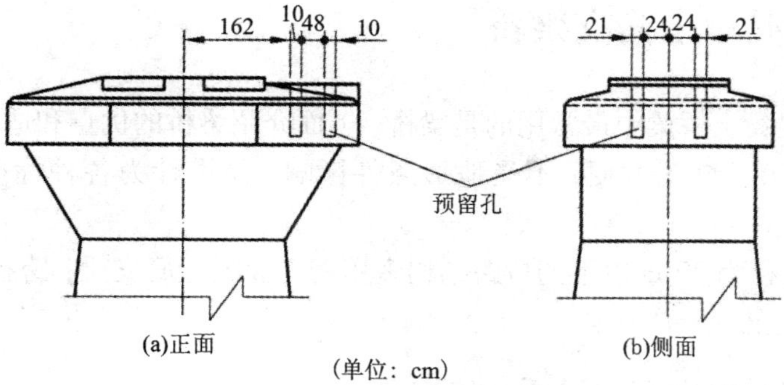


**图 2－30　接触网支架预留孔**

大小等因素而定，其最大间距根据现有气象条件，一般采用表 2－13 所列值。

**表 2－13　接触网支架最大间距**

| 线路曲线半径/m | 300 | 400 | 500 | 600 | 800 | ≥1000 | 直线 |
|---|---|---|---|---|---|---|---|
| 支架最大间距/m | 42 | 47 | 52 | 57 | 62 | 65 | 65 |

## 习　题

1. 常用的桥墩、桥台有哪些形式？分析各自的适用范围。
2. 何谓异形桥墩？简述其构造。

# 项目3　钢筋混凝土简支梁桥

在现代钢筋混凝土桥梁中最常用的是梁桥，下面介绍梁桥的优点和适用范围。

优点：构造简单、施工方便，不受地形条件影响，易设计为各种标准跨径的装配式结构等。

适用范围：跨径为20 m以下的桥跨结构多用钢筋混凝土简支梁；跨径超过20 m才考虑采用预应力混凝土梁。

## 任务3.1　钢筋混凝土简支梁桥的构造

我国铁路桥跨度在20 m及以下的桥跨结构普遍采用混凝土简支梁，且多用装配式结构。主梁分两片预制，每片梁重适应架桥机的起吊能力，每片尺寸应满足运输限界要求。当装吊或运输条件受限制时，也采用就地灌注式结构。

### 一、梁的截面形式

梁的截面形式主要有板式、Π形和T形3种。

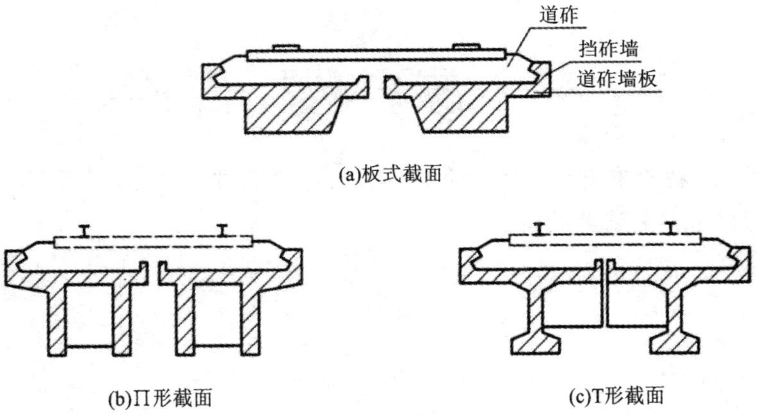


**图3－1　铁路钢筋混凝土简支梁截面形式**

梁的截面形式主要由受力要求决定，同时又要考虑到使用和施工两方面的要求，并力求节省。

跨度≤6 m的梁，跨度小，梁高低，为了使截面形式简单，便于施工制作，选择板式截面。

跨度≥8 m的梁，用肋式截面如T形或Π形截面。Π形梁每片有两个肋，两肋之间设有横隔板以保证共同受力，稳定性较好。

### 二、主要技术指标

**1. 主梁高度**

在梁体的主要尺寸方面，主梁高度是主梁尺寸中最主要的一项，它取决于使用条件和经济条件。在建筑高度受限制的桥梁中，建筑高度控制梁高。对普通高度梁，梁高与跨度之比为1/9～1/6；对受建筑高度控制而设计的低高度梁则为1/15～1/11。

**2. 梁肋厚度**

跨中梁肋厚度取决于梁内最大主拉力和主筋布置的要求。简支梁支座处剪力大，故中间区段可以减薄。梁肋厚还必须考虑到主筋按规定距离能布置开。

**3. 梁肋间距**

在标准设计中，为使构造尺寸标准化，各种跨度的梁肋间距均为1.8 m。

## 任务3.2　钢筋混凝土简支梁的设计

### 一、概述

钢筋混凝土梁按容许应力法计算，并在计算强度时，不考虑混凝土承受拉力(除主拉应力检算外)，拉力完全由钢筋承受。

**1. 容许应力法**

将梁作为在荷载作用下处于弹性工作状态的构件，运用“平截面假定”和材料力学的方法确定其中的应力，且该应力不得超过容许值。

**2. 钢筋混凝土简支梁的设计与计算**

内容包括：

(1)选定梁的截面形式、高度和其他各主要部分的尺寸；

(2)应力检算；

(3)裂缝开展度及挠度检算；

(4)倾覆稳定性检算。

### 二、梁的截面形式的分类

桥梁的截面形式主要取决于受力状态的特点，同时要考虑施工和使用的要求以及便于养护、维修、运输和架设等。

(1)从整体性来分：整孔式和分片式；

(2)从截面形式来分：板式、T形、工字形、∏形和箱形。

### 三、截面各部分尺寸的拟定

**1. 梁的高度**

(1)比例：

①钢筋混凝土简支梁的梁高一般为跨度的1/9～1/6；

②高度需加以压低以适应某些线路的桥梁要求的梁，其高度可降低为梁跨的1/15～1/11。

**附注** 梁高与跨度的比值通常是随跨度的增大而变小。

(2)考虑因素：

①根据所能达到的工艺水平而选用混凝土强度等级和采用的钢筋种类；

②配合线路高程和桥下净空的要求；

③满足运梁和架梁的要求；

④考虑同一截面形式的各种跨度的梁的高度变化规律，应尽量做到模数化、标准化，以利模板的互用；

⑤考虑既有梁的高度；

⑥考虑战备的要求，使能与同跨度钢梁互换，为此梁的建筑高度不能小于同跨度钢梁所采用的值；

⑦满足规范所规定的挠度要求。

**2. 上翼缘的宽度和厚度**

(1)钢筋混凝土梁的上翼缘是作为桥面以承托桥上线路的。

(2)宽度和厚度应考虑复线并修时梁的安装，上翼缘的总宽度不应超过3.9 m。

**3. 腹板中心距和腹板厚度**

(1)梁的腹板中心距亦即支座的横向中心距。对于同一跨度的梁，该值应尽量一致，并应根据截面形式，将有关跨度的梁的腹板中心距归类，采用相同的数值。

(2)梁的腹板厚度，主要应根据钢筋布置的要求和混凝土容许主拉应力值来确定，同时考虑到灌注混凝土时混凝土通路问题和钢筋弯起以承受主拉应力的可能。

**4. 下翼缘的有关尺寸**

(1)下翼缘的宽度，应根据主钢筋的布置和梁本身的稳定性来确定。对于跨度较大、高度较高的梁，下翼缘的宽度宜采用50～70 cm。

(2)下翼缘的高度，应根据施工立模要求以及装运和架设过程中移梁时避免混凝土剥落等方面来考虑，其尺寸一般不应小于15 cm。

(3)下翼缘与腹板相交处，为便于模板的拆除和混凝土的灌注，建议设置坡度为1∶0.7的梗肋。

**5. 横隔板**

(1)梁的两主梁之间，应根据梁模板的腹板的高度和厚度，在支点上、跨中和腹板厚度变化处设置横隔板。

(2)中间横隔板的厚度可采用15～20 cm，端横隔板由于两片梁连接的需要可用40～50 cm。

## 任务3.3 预应力混凝土简支梁

### 一、概述

**1. 预应力混凝土梁的起源**

钢筋混凝土梁由于混凝土抗拉强度低、受拉极限变形小，在一般荷载作用下，受拉区混凝土不可避免会产生裂缝。当裂缝超过一定宽度时，湿气的侵入将引起钢筋锈蚀。因此，钢筋混凝土梁是按受拉区混凝土开裂不承受拉力，同时又对裂缝开展的宽度加以限制进行设计的。因为限制裂缝宽度也就限制了受拉主钢筋充分发挥其应变值的可能性，所以在普通钢筋混凝土梁小无法采用高强度钢筋时，为了避免梁体开裂、改进结构物理力学性能和采用高强度钢筋以节省钢材降低造价，出现了预应力混凝土梁。

**2. 预应力混凝土梁和钢筋混凝土梁的比较**

与钢筋混凝土梁相比，预应力混凝土梁有以下优点：

(1)采用高强钢材，可节约钢材用量20%～40%；

(2)预加压应力大大提高梁体的抗裂性，并增加了梁的耐久性；

(3)由于利用高强混凝土，截面尺寸减小，梁体自重减轻，可以扩大跨越能力，也有利于运输和架设；

(4)混凝土全截面受压，充分发挥了混凝土抗压性能的优势，也提高了梁的刚度。

## 二、预应力混凝土简支梁的构造

**1. 先张法预应力混凝土简支梁的构造**

(1)概念。

先张法预应力混凝土梁，是在灌注混凝土前利用张拉台座等设备先张拉预应力钢筋(钢丝或钢绞线)使其达到设计应力后，临时锚固在台座上，随后灌注混凝土，待混凝土达到一定强度后，放松预应力钢筋，通过钢筋与混凝土之间的黏结力或通过预设于混凝土内的锚具将预应力传给混凝土(图3－2)。

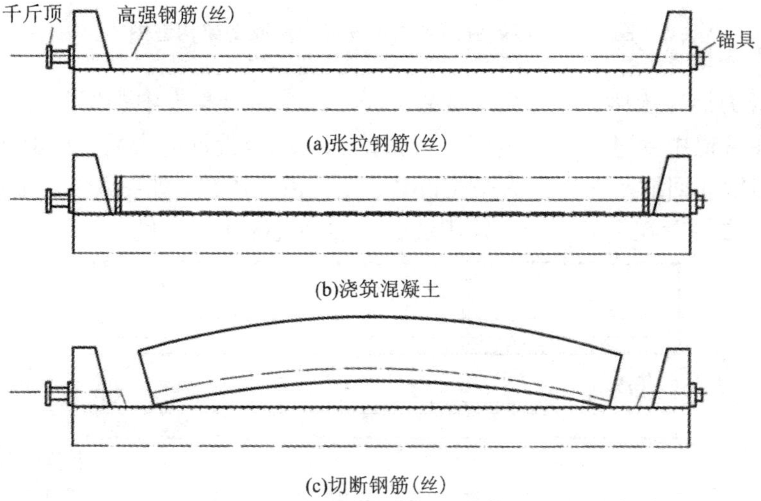


**图3－2　先张法施工过程示意图**

(2)构造示例。

图3－3所示为道砟桥面先张法预应力混凝土梁，跨度为16.00 m，全长16.50 m，混凝土强度等级为C40(直线梁)、C50(曲线梁)。预应力钢筋为7根$\phi5$钢绞线，直径15 mm，每片梁重44.3 t，分片架设就位后，将两片梁间的横隔板联结起来使其成为一个整体。

**2. 后张法预应力混凝土简支梁的构造**

(1)概念。

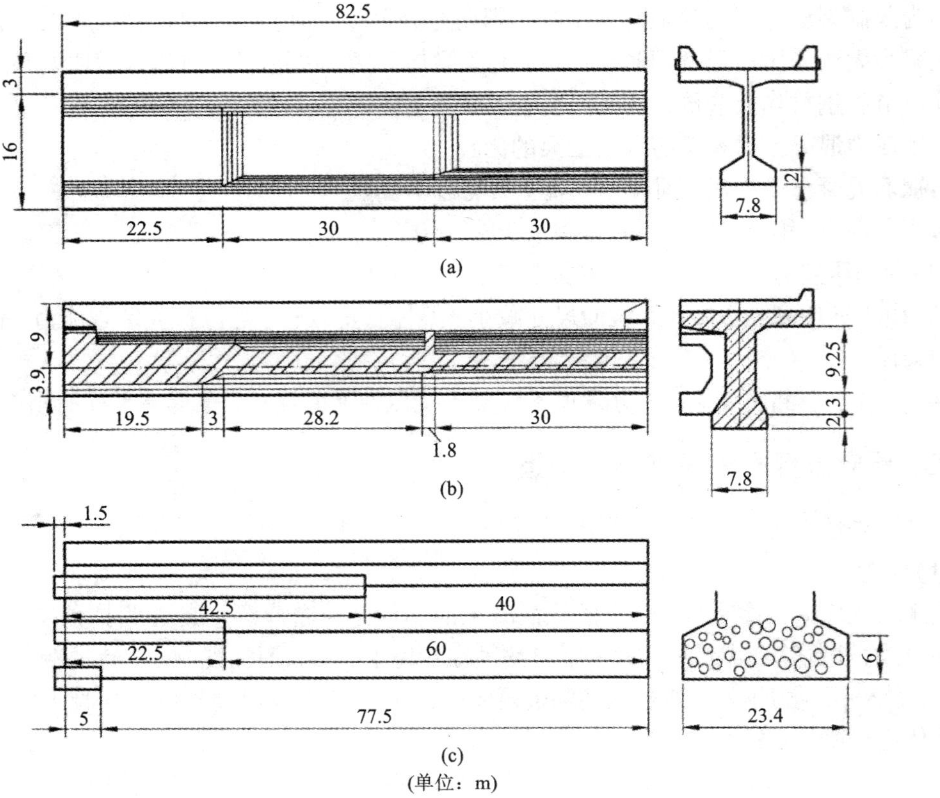


**图 3－3　道砟桥面先张法预应力混凝土梁构造图**

后张法预应力混凝土梁，是先灌注梁的混凝土，并在混凝土中预留管道，待混凝土达到设计强度后，在管道中穿进预应力钢筋进行张拉。张拉至设计应力后，在钢筋两端用锚具锚住，阻止预应力钢筋回缩。然后撤去张拉设备，在孔道内压浆，如图 3－4 所示。因此，后张法中的预应力是靠设置在钢筋两端的锚固装置传递到混凝土中去的。

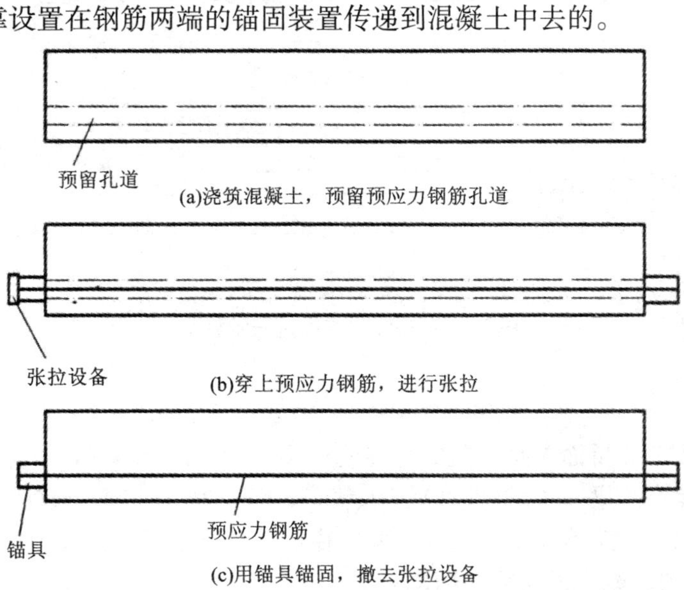


**图 3－4　后张法施工过程示意图**

(2)构造示例。

图3－5所示为跨度32 m的预应力混凝土梁概图。梁高2.5 m，约为计算跨度的1/12.8。上翼缘宽1.92 m，最小厚度120 mm。上翼缘与腹板相交处厚度为260 mm，大于梁高的1/10。

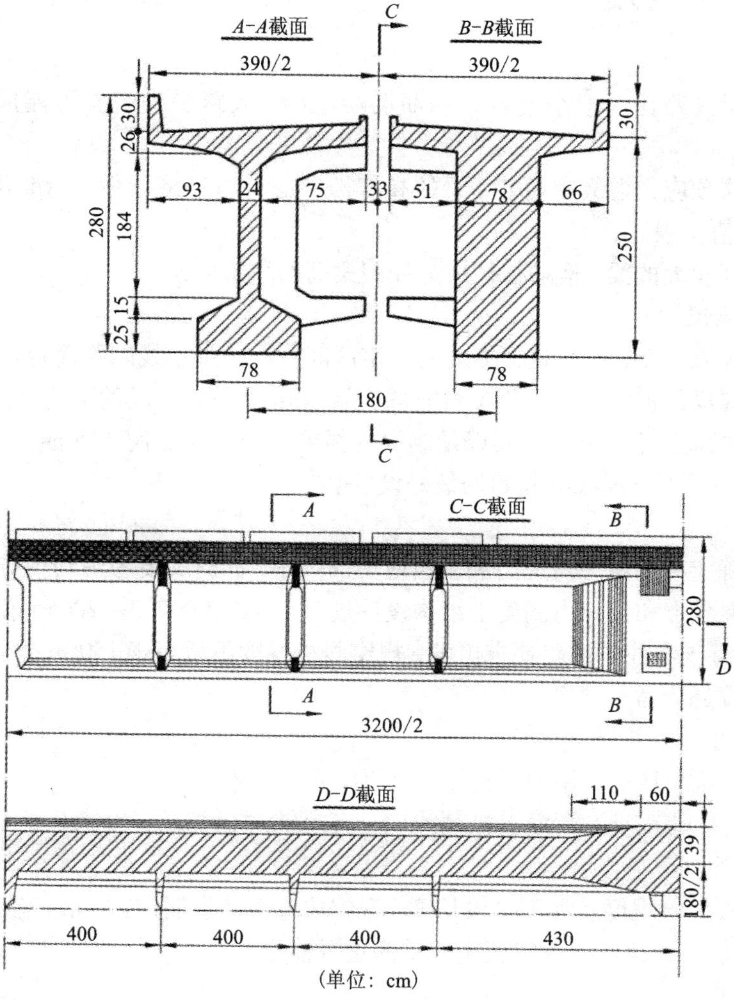


(单位：cm)

图3－5　跨度32 m的预应力混凝土梁概图

## 任务3.4　预应力混凝土简支梁的设计

### 一、预应力混凝土简支梁设计步骤

(1)假定梁体截面尺寸，计算各截面的弯矩和剪力；

(2)选定跨中截面的预应力筋数量和排列形式，计算跨中正截面的强度并初步检算跨中抗裂性；

(3)进行全梁预应力筋的布置，以确定预应力钢筋沿跨长的位置，计算截面特性；

(4)计算各项预应力损失；

(5)计算各有关截面在运营状态下的正应力、剪应力和主拉力以及斜截面的抗裂性；

(6)计算锚具下直接承压部位的抗裂性和强度；

(7)计算运营状态下梁的挠度和张拉完毕传力锚固阶段的上拱度。

## 二、截面尺寸的拟定

**1. 梁高**

(1)预应力梁高跨比一般小于普通钢筋混凝土梁，故跨中挠度有可能成为控制梁高的条件；

(2)对后张法预应力混凝土而言，梁的高度需考虑材料经济指标、标准化的要求以及梁端部分锚具是否值得限制；

(3)对于跨度较大的梁，运输往往成为控制梁高的一个因素。

**2. 上、下翼缘尺寸**

(1)梁的上翼缘宽度，主要是根据线路规定区间直线段最小线间距而定；

(2)梁的下翼缘的尺寸，则受预应力筋的布置及传力锚固阶段的应力状态控制，还应考虑混凝土灌注时的通路和顶梁、移梁以及制梁的要求，一般不宜小于15 cm，为灌注混凝土方便，在腹板较后的梁下下翼缘的起始处最好设“喇叭口”。

**3. 腹板尺寸**

(1)厚度的确定主要考虑剪应力和主拉应力的大小，同时又要考虑到预应力钢筋的布置；《铁路桥涵钢筋混凝土和预应力混凝土结构设计规范》(TB 10002.3—2005)第6.5.20条从腹板局部稳定和混凝土灌注的通路要求出发，规定腹板厚度不得小于150 mm。

(2)腹板厚度还应考虑梁高。

**4. 梁端部尺寸**

(1)构造上，需满足所选用的锚具、千斤顶尺寸的需要；

(2)设计上，应使锚具在端面上排列均匀，有足够的保护层，以满足锚下混凝土抗裂性的要求。

(3)端部腹板加厚程度及加厚区段长度，视端块应力状态而定，一般长度为1.5～1.8 m。下翼缘垂直高度加高区段的长度需视钢束抬高位置而定。

**5. 梁梗中心距**

(1)考虑梁体本身的倾覆稳定及桥面板的受力状态。

(2)标准化，以便统一模板构造和桥墩台顶帽尺寸。

**6. 横隔板尺寸**

(1)规范规定：在工字形截面或T形截面的分片式结构中，横隔板间距不应大于腹板厚度的30倍，并不得大于6 cm。

(2)厚度：跨间的最小为14 cm，端部的最小为18～20 cm。

**附注** 横隔板的主要作用是将两片梁联结在一起以加强结构的空间整体性。

## 三、正截面强度计算

计算应力小于容许应力。

## 四、预应力钢筋

(1)选定预应力筋在预加应力过程中的锚下控制应力；
(2)计算预应力损失值；
(3)进行各阶段应力分析；
(4)预应力钢筋的布置。

## 五、截面特性计算

(1)换算截面：将预应力筋的截面面积，乘以预应力筋的弹性模量与混凝土弹性模量之比 $n$ 折算成的混凝土截面；
(2)计算方法：节线法、电算法。

## 七、剪应力及主应力检算

### 1. 运营荷载下的剪应力检算

(1)由计算荷载引起的剪应力检算；
(2)由预应力筋引起的预剪应力检算；
(3)混凝土最大剪应力检算。

### 2. 裂缝荷载下的主应力检算

为了使梁体在出现竖直裂缝前，不致出现斜截面，规范规定对预应力梁跨结构的斜截面要和正截面具有同样的抗裂安全系数。

## 八、挠度及上拱度计算

(1)梁自重产生的挠度——采用净截面的惯性矩，按理论支点计算；
(2)由道砟线路设备产生的挠度——采用换算截面的惯性矩进行计算；
(3)由净活载产生的挠度——采用换算截面的惯性矩进行计算；
(4)张拉时的上拱度——采用换算截面的惯性矩进行计算。

# 任务3.5　桥梁支座

## 一、支座的作用和布置

### 1. 支座的作用

支座是桥跨结构的支承部分。它的作用是将桥跨结构的支承反力传递给墩台，并保证桥跨结构在荷载作用和温度变化的影响下，具有设计所要求的静力条件。对于梁式桥，是指支承处能自由伸缩和自由转动，反力集中。在满足上述要求的同时，支座还必须保证桥跨结构在墩台上的位置充分固定，不致滑落。

### 2. 支座的布置原则

简支梁的一端设固定支座，另一端设活动支座。在墩台上，固定支座与活动支座的布置，应根据以下原则确定：

(1)对桥跨结构而言，最好使梁的下弦在制动力的作用下受压，使其能抵消一部分竖向荷载在下弦产生的拉力；

(2)对桥墩而言，最好让制动力的作用方向指向桥墩中心，桥墩顶圬工在制动力作用下受压而不是受拉；

(3)对桥台而言，最好让制动力的作用方向指向河岸，使桥台顶部圬工受压，并能平衡一部分台后填土压力。

**3. 支座的布置方法**

根据上述原则，固定支座按下列要求布置：

(1)在坡道上，设在较低一端；

(2)在车站附近，设在靠近车站一端；

(3)在区间平道上，设在重车方向的前端。

在上述条件互相抵触时，应先满足坡道上的要求。此外还规定，除特殊情况外，不许将相邻两孔的固定支座设在同一个桥墩上。

另外，铁路桥梁一般桥面较窄，支座横向变化很小，一般只需设置单向活动支座(即纵向活动支座)。

## 二、支座的类型和构造

**1. 简易垫层支座**

对于跨度≤6 m的铁路板梁桥，为简单起见，可不设专门的支座结构，只需在支承处垫上一层石棉板或油毛毡。

**2. 钢支座**

(1)平板支座。

平板支座由上、下两块平面钢板组成。这种支座构造简单、加工容易，但位移量有限，所以只适应 $l \leqslant 8$ m的钢筋混凝土桥。

(2)弧形支座。

弧形支座是将平板支座上、下两块钢板的平面接触改为弧面接触，其他全同平板支座。

这样梁端能自由转动，但伸缩时仍要克服较大的摩阻力，所以只适应于 $8\ \text{m} < l < 20$ m的钢筋混凝土桥梁。

(3)摇轴支座。

铁路桥梁跨度大于或小于20 m时，可采用铸钢摇轴支座。摇轴支座有活动支座和固定支座之分。活动支座由底板、摇轴和直接与梁底相连的顶板组成，其摇轴的顶面和底面均做成圆曲面形，能自由转动，并由摇轴转动顶面、底面的位移差，以适应梁体位移的需要。固定支座由顶板、摇轴两部分组成，而摇轴的底面改为水平面，直接和墩台连接，因此支座只能转动，不能位移。

**3. 橡胶支座**

(1)板式橡胶支座。

桥梁板式橡胶支座由多层橡胶片与薄钢板硫化黏合而成，它有足够的竖向刚度，能将上部构造的反力可靠地传递给墩台，有良好的弹性，以适应梁端的转动；又有较大的剪切变形能力，以满足上部构造的水平位移要求。

(2)盆式橡胶支座。

盆式橡胶支座是钢构件与橡胶组合而成的新型桥梁支座，与同类的其他型号盆式支座和铸钢辊轴支座相比，具有承载能力大、水平位移量大、转动灵活等特点，且重量轻、结构紧凑、构造简单、建筑高度低、加工制造方便、钢材用量小、造价低等，是适宜于大跨桥梁使用的较理想的支座。

## 习　题

1. 装配式梁主梁有哪些截面形式？它们各有何特点？
2. 横隔板的作用是什么？
3. 支座的作用主要表现在哪几个方面？

# 项目4　预应力混凝土连续梁桥概述

## 一、概述

预应力混凝土简支梁桥，由于构造简单，预制和安装方便，在桥梁建设中得到了广泛使用。然而当这种简支体系跨径超过40 m时，跨中恒载弯矩和活载弯矩将会迅速增大，致使梁的截面尺寸和自重显著增加，这样不但材料耗用量大，并且也给施工带来困难。因此，对于较大跨径的桥梁，就宜采用在内力分布方面较为合理的其他结构体系，如拱桥、悬臂梁桥、连续梁桥等。本项目即讨论预应力混凝土连续梁桥，有2点需要注意：

(1)桥梁的平面造型取决于线路的方向与河道或立交线路的方向，并受桥址和地物的制约。

(2)连续梁是由若干跨梁组成一联，常见的连续梁桥每联由4～8跨组成。

## 二、预应力混凝土简支梁桥与连续梁桥性能比较

为了进一步了解连续梁桥的力学特征，我们将其在荷载作用下产生的梁体截面内力与简支梁作一比较。从恒载弯矩图来分析(图4－1)，当跨径和恒载集度相同的情况下，连续梁内力的分布要比同跨度的简支梁合理。这是由于连续梁支点负弯矩的存在，使跨中正弯矩值显著减小。

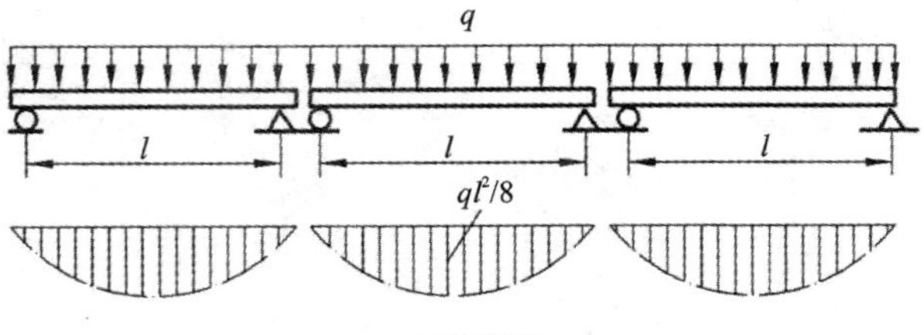


(a)简支梁

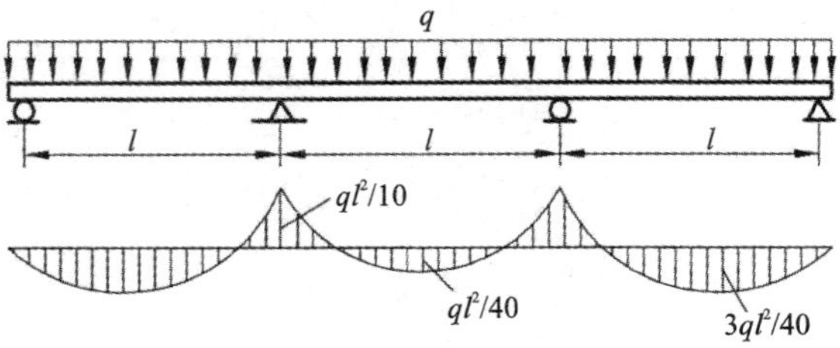


(b)连续梁

**图4－1　连续梁与等跨度简支梁弯矩图**

## 三、立面布置

**1. 布置形式分类**

预应力混凝土连续梁桥立面布置常见形式见图4－2。

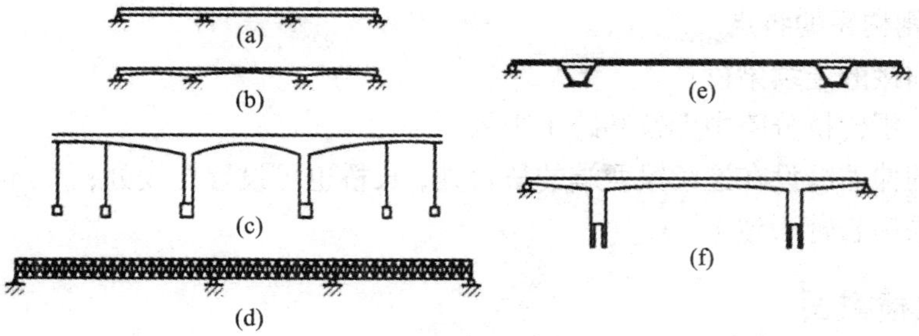


**图4－2　预应力混凝土连续梁桥的立面布置**

(1)按照桥梁跨径相互关系可分为等跨连续梁和不等跨连续梁；

(2)按照梁高变化可分为等高度连续梁[图4－2(a)]和变高度连续梁[图4－2(b)]；

(3)按照下部结构的支承形式分为普通的单式桥墩[图4－2(a)]、V形桥墩[图4－2(e)]和双薄壁柱式桥墩[图4－2(f)]；

(4)按照主梁梁身的构造分为实腹式主梁[图4－2(a)]和空腹式的桁架结构[图4－2(d)]；

(5)按照主梁与下部结构的关系分为墩梁分离的连续梁和墩梁固接的连续－T构桥。

**2. 等截面连续梁的特点**

(1)施工方法：顶推法、移动模架法和就地浇筑法；

(2)结构简单、模式统一、施工方便；

(3)边跨与中跨跨径之比一般取0.5～0.8；

(4)梁高一般取跨径的1/26～1/16，采用顶推法施工时，一般取跨径的1/15～1/12为宜。

**3. 变截面连续梁的特点**

(1)大跨度预应力混凝土连续梁桥以采用变截面为主；

(2)截面变化规律可采用圆弧线、二次抛物线、直线形式等；

(3)变截面的截面高度与最大跨径之比，跨中截面可在1/15～1/30范围内考虑，支点截面可选用1/20～1/15，边跨与中跨的比例仍在0.5～0.7；

(4)城市桥梁或跨线桥，可能设计为边跨与中跨跨径之比<0.3的连续梁，此时需要专门设计桥台或在跨端部分设置巨大的平衡重力以消除负反力。

**4. 桁架连续梁桥的特点**

(1)截面形式：可采用等截面、变截面；

(2)腹杆体系：双斜杆、单斜杆及三角式腹杆；

(3)自重小、节约钢材和水泥、受力明确、跨越能力大。

**5. V形支撑连续梁桥的特点**

(1)V形墩连续梁桥又称V形支撑连续梁桥，它具有连续梁桥和斜腿刚架的受力特点；

(2)与墩固接连续梁相比，减小了跨中正弯矩和支点负弯矩。

**6. 双柱式桥墩连续梁的特点**

(1)一个墩位上设置两个薄壁墩柱与主梁铰接或刚接；

(2)可减少墩顶负弯矩，减少主梁跨径，节省工程材料，在外观上显得轻巧美观。

**7. 连续－刚构桥的特点**

(1)墩梁固接的连续梁桥；

(2)连续－刚构桥分跨中无铰和跨中带铰两种；

(3)桥梁的伸缩缝设在连续梁两端的桥台处，长桥也可设置在铰处；

(4)一般采用悬臂法施工。

## 四、主梁横截面

预应力混凝土连续梁桥的横截面形式很多。横截面的选取必须考虑施工的影响，其形式既要便于施工，又要考虑施工费用。在特殊情况下，如风景区和城市桥梁，还要考虑美观上的要求。另外，横截面的选取还要考虑桥面宽度、桥梁跨径及梁支承形式等。目前，预应力混凝土连续梁的横截面形式常用的有板式、肋式和箱形截面三大类。现在，我们给出受弯梁板构件常见截面形式的微课资源。

微课课件网址：

http：//www. worlduc. com/blog2012. aspx？ bid＝28060998

微课视频网址：

http：//weike. hnedu. cn/wkstudytowkdetail. do？ channelId＝564c24a0516e22852afa189d& weikeId＝AAAAAAAAAAAAAAAAAAAA6349

**1. 板式截面**

(1)整体式矩形实心板——目前已较少采用；

(2)异形板——常用于20～30 m的预应力混凝土连续板桥，若采用现场浇筑施工，则模板设置较复杂；

(3)矩形空心板——常用于跨径20～30 m的连续梁桥，板厚可取0.8～1.2 m。

**2. 肋式截面**

(1)预应力混凝土连续梁常采用整体式肋式截面；

(2)预制方便；

(3)常采用预制架设先简支后连续的施工方法。

(4)常用于跨径25～60 m的连续梁桥，梁高取1.6～2.5 m。

**3. 箱形截面**

(1)箱形截面的优点：

①具有良好的抗弯和抗扭性能，特别适合悬臂法施工；

②同高度的矩形、T形和箱形截面中，箱形截面的核心半径最大；

③顶板和底板具有较大的面积，能有效抵抗正负弯矩，满足配筋要求；

④具有良好的动力特性。

(2)箱形截面形式：单箱单室、双箱单室、单箱多室和多箱多室。

**4. 横隔梁**

(1)横隔梁的作用：将主梁连成整体，保证各主梁共同工作。

(2)横隔板的肋宽常取10～200 mm，为方便脱模，横隔梁预制时常做成上宽下窄和内宽外窄的楔形。

(3)端横隔板的设置对箱梁顶板的受力状态有直接关系。

①当横隔板与腹板、底板相连，而与顶板间有空隙时，将不改变顶板受力。

②如和周边都有连接，则该处顶板受的负弯矩有所增加。

## 五、预应力筋布置

1. 预应力混凝土结构中所采用的预应力筋分为3类：

(1)预应力钢绞线(纵向和横向预应力筋)；

(2)高强度碳素钢丝(纵向和横向预应力筋)；

(3)冷拉高强粗钢筋(竖向预应力筋)。

2. 纵向预应力筋往往需要接长(图4-3)，接长时常采用连接器(图4-4)。

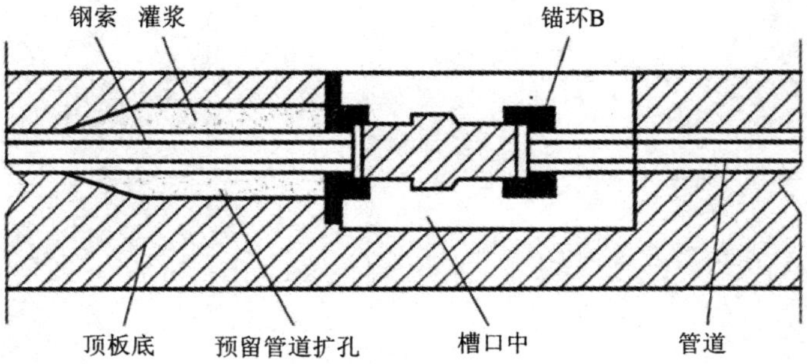


**图4-3　高强钢丝的接长**

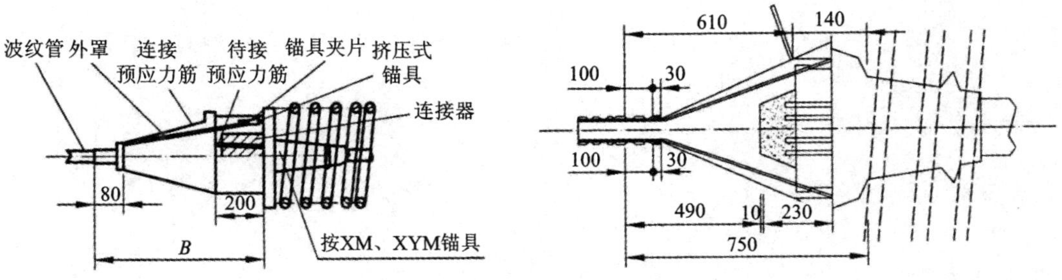


(a)XZL型连接器　　(b)V形连接器

(单位：mm)

**图4-4　连接器**

钢绞线的接长：①用于已张拉锚固的钢绞线，我国常用XZL型连接器。

②用于接长未张拉锚固的钢绞线，采用V体系Kc型连接器。

**附注** 每种连接器的外面均应套上铁皮套管，并设置压浆孔道，以便在张拉完成后进行压浆。

**3. 布置方向及相关措施**

(1)三向预应力体系：同时布置纵向、横向及竖向预应力筋的称为三向预应力体系。

(2)双向预应力体系：同时布置纵向及竖向或横向预应力筋的称为双向预应力体系。

(3)消除施工阶段所需力筋的不利影响的措施：利用临时索及控制张拉应力。

**附注** 主筋——沿桥跨方向的纵向预应力筋的数量及布置要根据使用荷载作用下及施工阶段的受力情况确定。

## 习　题

1. 简述预应力混凝土变截面连续梁的特点。
2. 简述预加力对结构的作用。

# 项目5　拱　桥

## 一、概述

拱桥是我国最常用的一种桥梁形式，其式样之多，数量之大，为各种桥型之冠，我国是名副其实的“拱桥王国”。

拱桥是指竖向荷载作用下，两铰支撑处除有竖向反力外，还产生水平推力的桥梁结构。正是因为水平推力的存在，使拱内产生轴向压力，并大大减小了跨中弯矩，增大了桥的跨越能力。

## 二、拱桥的构造

拱桥是由桥跨结构（即上部结构，包括拱圈和拱上结构）及下部结构（包括墩台、基础）组成。图5－1所示为一座单跨铁路石拱桥。

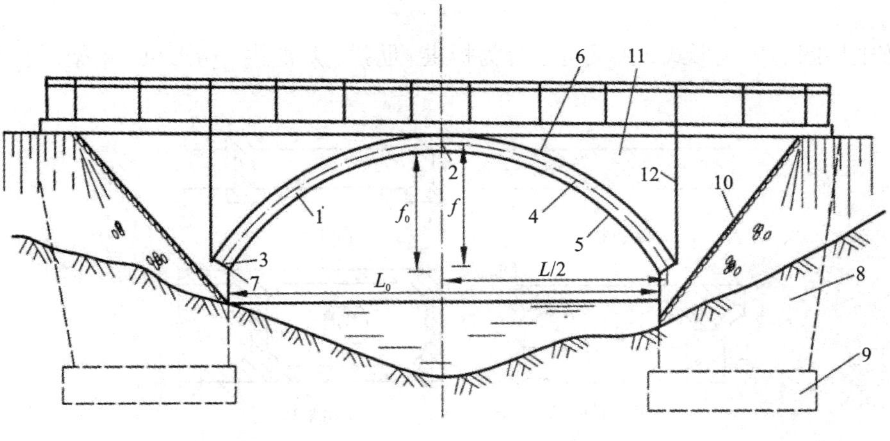


**图5－1　单跨铁路石拱桥的组成**

1—主拱圈；2—拱顶；3—拱脚；4—拱轴线；5—拱腹；6—拱背；7—起拱线；8—墩台；9—基础；10—桥头锥体；11—拱上建筑；12—断缝；$L_0$—净跨径；$L$—计算跨径；$f_0$—净矢高；$f$—计算矢高；$f/L$—矢跨比

### 1. 基本概念

下面我们介绍一下拱桥常见的一些概念，掌握好这些重要概念，对于正确理解拱桥结构和构造至关重要。

（1）拱圈——拱桥的弧圈形部分，是主要的承重构件，通过它把荷载传递给墩台和基础。

（2）拱顶截面——拱圈的跨中截面。

（3）拱脚或起拱面——拱圈与墩台连接处的幅向（拱轴半径方向）截面。

（4）拱轴线——拱圈各幅向截面中心点的连线。

（5）拱背——拱圈的上曲面。

（6）拱腹——拱圈的下曲面。

（7）起拱线——起拱面与拱腹相交的直线。

(8)拱圈的净跨度——两起拱线间的水平距离。

(9)拱圈的净矢高——拱腹最高点至起拱线之间的垂直距离。

(10)拱圈的计算跨度——拱轴线与两拱脚交点之间的水平距离。

(11)拱圈的计算矢高——拱轴线顶点至计算跨度间的垂直距离。

(12)矢跨比——矢高与跨度之比。

(13)陡拱——$f/L \geqslant 1/4$(矢跨比大于等于1/4)。

(14)坦拱——$f/L \leqslant 1/6$(矢跨比小于等于1/6)。

**2. 分类**

(1)按拱圈的建筑材料分类，主要有石拱桥、混凝土拱桥、钢筋混凝土拱桥。

(2)按主拱圈的静力图式分类，拱桥可分为三铰拱、两铰拱和无铰拱，见图5－2。

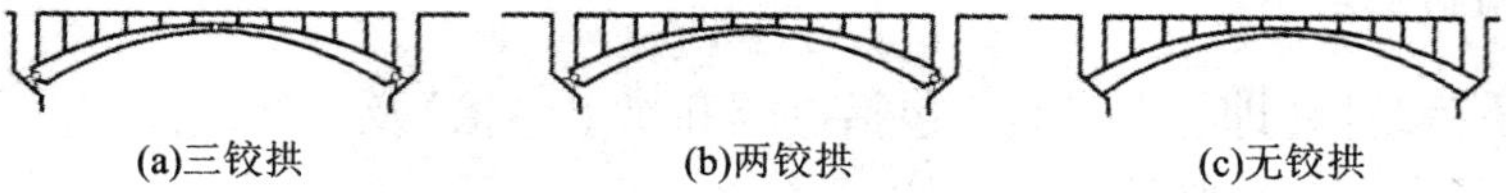


**图5－2　按主拱圈受力形式划分拱桥**

(3)按主拱圈的构成形式，拱又可以分为板拱、肋拱、双曲拱、箱形拱、桁架拱，见图5－3。

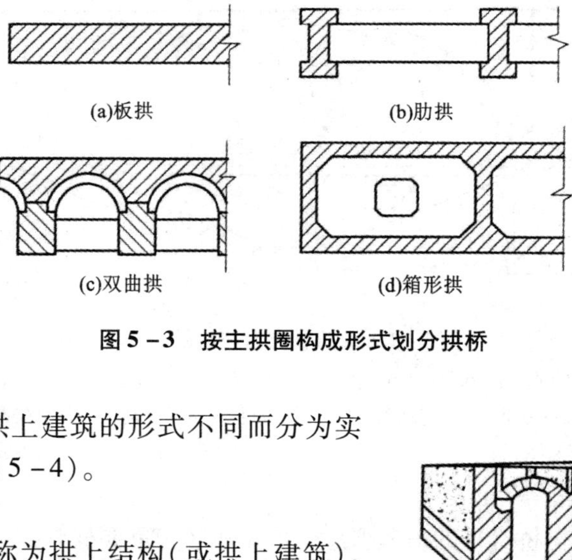


**图5－3　按主拱圈构成形式划分拱桥**

(4)拱还可以按拱上建筑的形式不同而分为实腹式拱和空腹式拱(图5－4)。

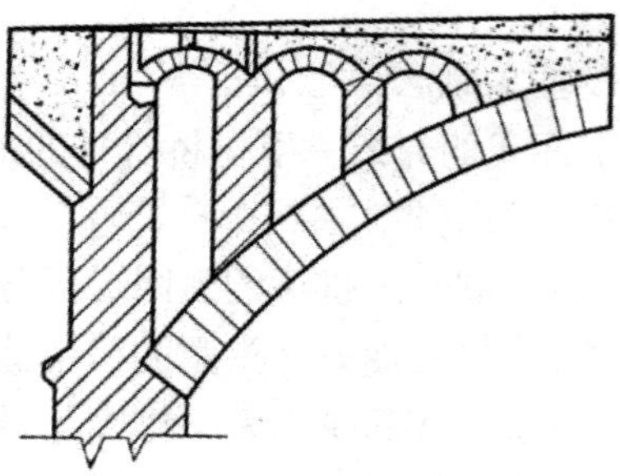

**图5－4　空腹式拱**

**3. 拱上结构**

拱圈以上的结构称为拱上结构(或拱上建筑)，拱上结构有实腹式和空腹式两种。

(1)实腹式拱上结构。

实腹式拱上结构构造简单，施工方便，但填料数量较多，恒载较重，一般为小跨度拱桥所采用。

(2)空腹式拱上结构。

大、中跨度的拱桥，为了减轻自重，节省材料，也使桥梁显得轻巧美观，宜采用空腹式拱上结构。

拱上结构的小拱称为腹拱，常采用等截面圆弧拱。

**4. 墩台**

拱桥墩台除承受拱圈传来的竖直压力外，还有水平推力，因此墩台尺寸较大。拱脚一般与水平方向形成25°~30°夹角，并设有拱座。

**5. 桥面**

(1)当拱圈宽度为4.4 m及以上时，拱上结构的边墙与填充物即形成道砟槽。

(2)当拱圈宽度为3.6 m或3.0 m时，设置两边带有悬臂的钢筋混凝土道砟槽，桥面宽度为4.9 m。

## 三、拱桥实例

**1. 成昆线一线天桥**

一线天桥桥孔跨54 m，是我国跨度最大的空腹式铁路石拱桥，全长63.14 m，是具有民族传统的建筑结构形式，如图5-5所示。

**图5-5　成昆线一线天桥**

一线天桥全桥总圬工量1600多$m^3$，各类拱石计4930块。拱石由乌斯河至毛头马一带沿大渡河采集的花岗片麻岩加工而成，与附近山石浑然一体，显得格外壮观。

石拱桥位于直线3%的纵坡上，拱跨度54 m，矢高13.5 m，拱宽4 m，拱顶厚1.6 m，拱脚厚2.815 m，拱轴线用倒悬链线。拱上结构选用等截面悬链线小拱，每端布置小拱三孔，跨度5 m，矢跨比1:2，拱厚为0.5 m，外观协调。

**2. 永定河7号桥**

永定河7号桥全长217.98 m，主跨为一孔150 m跨度的中承装配式钢筋混凝土拱，矢高40 m，两片拱肋中心距为7.5 m，拱轴线采用二次抛物线式，由拱肋、吊杆、横梁、纵梁及风弦等组成，如图5-6所示。

永定河7号桥拱肋为高4 m、宽2 m的箱形截面，由预制构件组成，两拱肋之间用10组风撑连接；吊杆为预应力工字形截面杆件，施工时将吊杆与横梁拼成U形框架，吊挂在拱肋节点上。桥面为纵横梁体系。全拱纵梁分为15跨，中间1跨为9.6 m的简支挂梁，两端各7

**图 5－6　永定河 7 号桥**

跨 10.2 m 的连续梁。全桥由 227 块预制构件拼成，混凝土数量总计为 4800 $m^3$。

## 习　题

1. 简述拱桥的定义。
2. 拱桥与梁桥相比较有何特点？

# 项目6　钢　桥

## 一、钢桥类型及构造

我国铁路钢桥大多采用梁式桥，主要形式有板梁和桁梁2种。当跨度小于40 m时，钢板梁比钢桁梁经济。

(一)梁式体系桥

钢板梁分为上承式和下承式2种，上承式钢板梁的桥面位于主梁之上，两主梁间距小，用钢量较小，故使用较为广泛，下承式钢板梁适用于桥下净空受限制的情况，如图6－1所示。

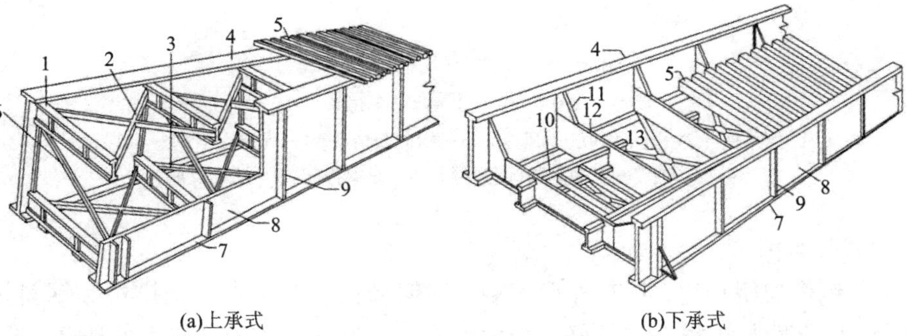


**图6－1　钢板梁**

1—端横联；2—上平纵联；3—下平纵联；4—上翼缘；5—桥枕；6—中横联；7—下翼缘；8—腹板；9—加劲肋；10—纵梁；11—肱板；12—横梁；13—下平纵联

### 1.钢板梁

(1)上承式钢板梁。

主梁是两片I字形截面的板梁，是主要承重结构，两主梁的中心距离为2 m。为了使两片主梁形成稳定的空间结构并承受横向水平力，在两片主梁间有许多联系杆件。上面杆件与主梁的上翼缘组成一个水平桁架，称为上面水平纵向联结系(简称上平纵联)；下面的则称为下平纵联。在两片主梁间还设有竖向交叉杆，由上下横撑及主梁的加劲肋组成一个横向联结系，简称横联。位于主梁中间的称为中横联，位于两端者称为端横联。这些联结系的杆件采用角钢或槽钢，如图6－1(a)所示。

(2)下承式钢板梁。

当桥梁的建筑高度受到限制时，桥面不能直接铺设在主梁上面，就只能采用下承式钢板梁。下承式钢板梁的桥面铺设在纵梁上，纵梁由横梁支承，横梁又由主梁支承，如图6－1(b)所示。主梁下翼缘水平面内设有下平纵联，由于列车在两主梁之间通过，而主梁高度一般低于列车净空，故在主梁上翼缘平面内就不能布置上平纵联。主梁间距由限界要求决定，一般为5.4 m，纵梁间距为2 m，横梁间距为4 m。

**2. 钢桁梁**

跨度在40 m以上的桥梁，若再用板梁就不经济了，应采用桁梁，桁梁也有上承式和下承式之分。大跨度钢梁一般采用下承式，如图6－2所示。

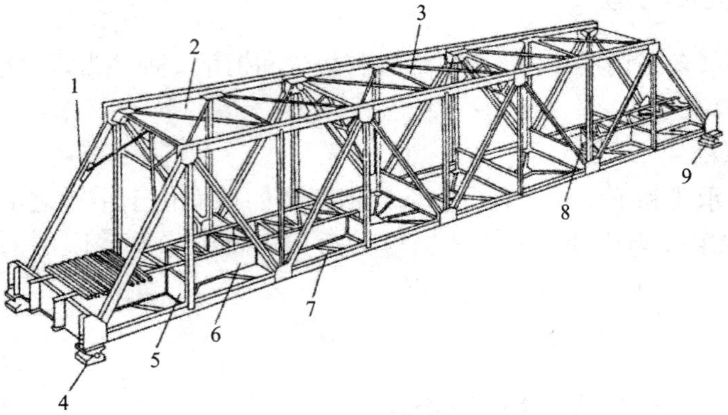


**图6－2 下承式钢桁梁**

1—桥门架；2—上平纵联（上风撑）；3—横向联结系；4—固定支座；5—横梁；6—纵梁；7—下平纵联（下风撑）；8—纵梁撑架；9—活动支座

（二）拱式体系桥

钢拱桥与钢桁架桥相比，具有外形美观、用钢量较省的优点。钢拱桥和钢斜拉桥相比，其刚度较大，稳定性与抗震性均较好。当桥址处于风速或地震烈度较大的地区，或桥梁承受铁路荷载且地质条件良好时，钢拱桥仍不失为可考虑采用的一种大跨度桥梁，如图6－3所示。

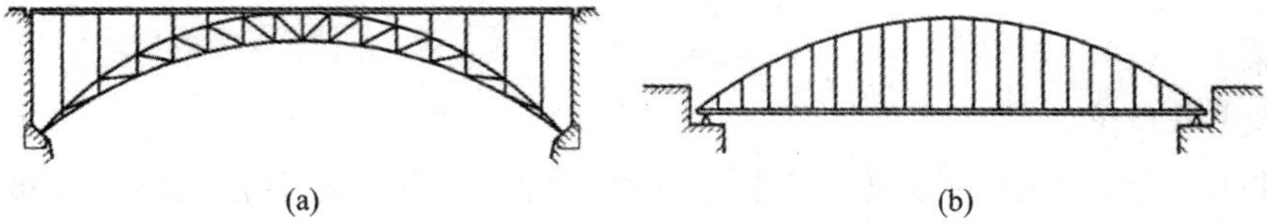


**图6－3 钢拱桥**

（1）特点：外形美观、用钢量较小、跨越能力较大；

（2）类型：双铰拱和无铰拱；

（3）拱肋：实腹型和桁架型 。

（三）钢－混凝土组合结构桥梁

钢－混凝土组合结构是指用型钢或钢板焊接（或冷压）钢截面，在其上面、四周或内部浇筑混凝土，使混凝土与型钢形成整体，并且共同受力的结构，也可简称为组合结构。

**1. 钢－混凝土组合梁**

由外露的钢梁与混凝土桥面板组成的组合结构，即钢－混凝土组合梁（图6－4）。在混凝土板和钢梁之间设置剪力键，以保证在荷载作用下混凝土板与钢梁共同受力，同时变形。

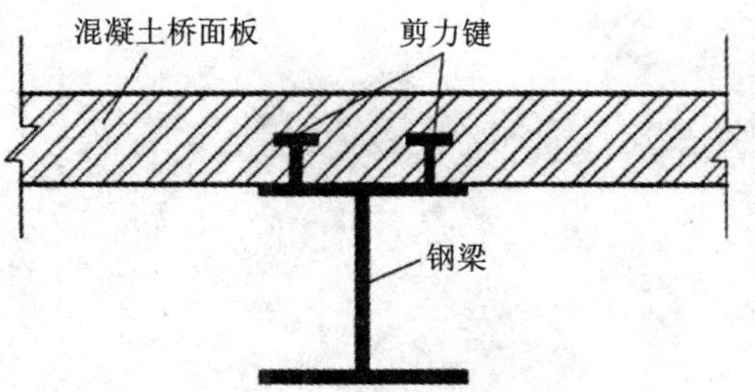


**图6-4　钢-混凝土组合梁**

**2. 预弯组合梁结构**

预弯组合梁是利用配置在混凝土里的钢梁的自身变形，对混凝土施加预应力的型钢混凝土结构，它是由预弯曲的工字形钢梁和一、二期混凝土组成的组合结构，简称为预弯梁，如图6-5所示。

**3. 钢管混凝土结构**

钢管混凝土结构是将普通混凝土填入薄壁圆形钢管内而形成的组合结构。混凝土受力特点是三向受压状态，如图6-6所示。

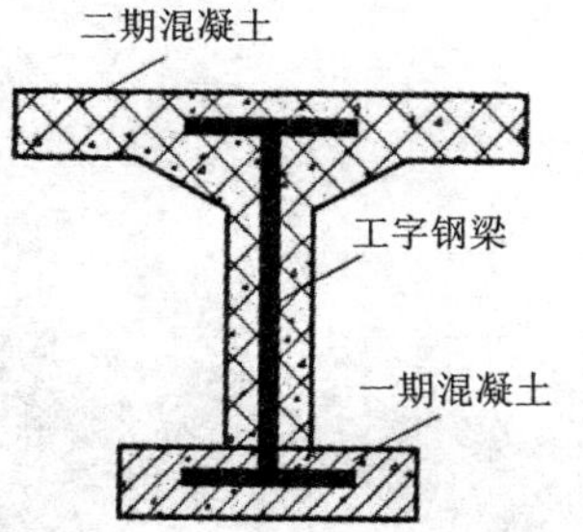


**图6-5　预弯组合梁**

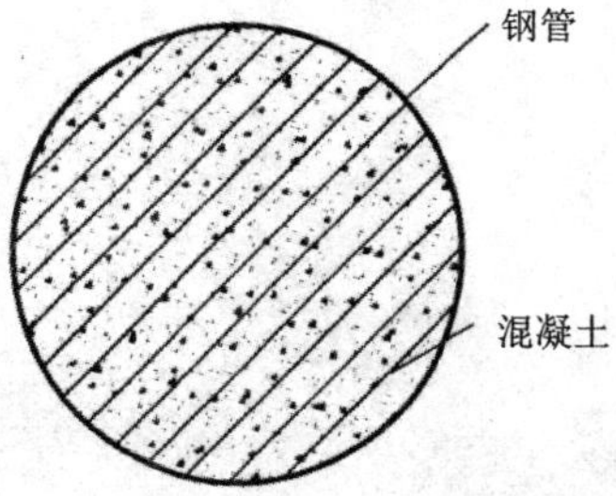


**图6-6　钢管混凝土结构**

## 二、钢桥实例

**1. 水柏铁路北盘江大桥**

水柏铁路全长118.65 km，穿越云贵高原崇山峻岭，地质情况十分复杂，桥隧相连，桥隧长度占线路总长的63.4%，为当时全国铁路之最。北盘江大桥桥长468.20 m，桥高280 m，如图6-7所示。

大桥桥跨布置为3×24 m预应力混凝土梁+236 m提篮上承式钢管混凝土+5×24 m预应力混凝土梁。大桥主跨236 m，其拱轴线为悬链线，矢高为59 m；每侧拱桁管中心高为4.4 m，宽为1.5 m，由4根直径1000 mm×16 mm的Q345D钢管及H腹杆、腹板以栓焊连接而成；上、下游拱肋之间则以直径800 mm×14 mm及直径600 mm×14 mm钢管组成Ж字型构件，管管相贯焊接；拱肋拱顶中心距6.16 m，拱趾中心距19.6 m。拱肋钢管内灌注500号微膨胀混凝土。拱上结构为5×16 m预制钢筋混凝土简支梁+82 m拱顶现浇Π型混凝土梁

图 6-7　水柏铁路北盘江大桥

+5×16 m 预制钢筋混凝土简支梁，拱上桥墩为钢筋混凝土刚架墩。

**2. 宜万铁路万州长江大桥**

宜万铁路万州长江大桥是世界上同类型桥梁中跨度最大的重载铁路桥梁。大桥(图 6-8)位于重庆市万州城区长江上游 7 km 处的红溪沟，连接重庆万州与湖北宜昌，是四川达州与重庆万州的重要跨江控制节点工程。

图 6-8　宜万铁路万州长江大桥

该大桥全长 1106 m，钢结构总重 9268 t，总投资约 1.84 亿元人民币。大桥于 2002 年底动工，2005 年 6 月成功合龙，主跨为长 360 m 的刚性拱柔性梁的钢桁拱桥，是我国最大跨度的铁路桥梁。该桥在建设过程中，在国内首次运用最新研制的 BWQ-35 型拱形爬坡吊机吊装，采用了世界领先水平的拱连续钢桁梁技术。

该桥创下了国内铁路建设史上两个第一的纪录：一是首次采用大桥主跨为 360 m 的钢桁拱桥；二是首次实现了大跨度钢桁拱合龙零误差精准对接。

## 习　题

1. 简述钢桥的类型和构造。
2. 钢桥与混凝土桥相比，有何优势?

# 项目 7　刚架桥

## 一、概念

刚架桥是一种介于梁与拱之间的结构体系，它是由受弯的上部梁（或板）结构与承压的下部柱（或墩）整体结合在一起的结构。由于梁和柱的刚性连接，梁因柱的抗弯刚度而得到卸荷作用，整个体系是压弯结构，也是有推力的结构（属于基本体系）。

## 二、刚架桥的结构特点

（1）在刚架桥中，梁和墩台（支柱）整体相连。由于两者之间的刚性连接，在梁端产生负的支承弯矩，减小了跨中正弯矩的数值，因此梁的跨中截面比一般梁式桥小。

（2）刚架桥适合于跨线桥和栈桥。

（3）从受力特点看，刚架桥和拱桥相似，在垂直荷载作用下，产生垂直反力和水平推力。但门形钢架的轴线与荷载压力线之间的距离较拱桥的大，故在截面上特别是两肩处有较大的弯矩产生，不如拱桥有利。可考虑采用预应力混凝土斜腿钢架。

（4）刚架桥可根据需要做成多跨的形式，但应充分考虑温度变化，混凝土的收缩、徐变等因素所引起的附加内力。

（5）T 形刚架，它是由单根支柱与梁整体连接而成，T 形钢架之间用剪力铰或挂孔相连。

（6）支柱底端是固结的。

## 三、刚架桥的纵、横断面

（1）刚架桥的梁通常采用变高度的纵断面形式。

（2）刚架桥中的梁承受正负弯矩，常采用箱形截面，跨中梁高对铁路可取两肩之间主梁跨度的 1/20 左右。

（3）正确拟定刚架梁和支柱的刚度比对经济指标有很大影响，支柱刚度大可减小梁的跨中正弯矩，但增大支柱内的弯矩和基础的水平推力，还将增加由于温度变化和混凝土收缩等因素引起的附加弯矩。反之，如支柱刚度过小，则梁的跨中正弯矩增大，可能使全桥纵向刚度不够。

（4）斜腿刚架桥的倾角可在 40°～50°选取，还应考虑支柱基础所在位置的地质、地形、水文等方面的条件。

## 四、陕西安康汉江斜腿刚架桥

安康汉江斜腿刚架桥，标准名称为石庙沟铁路大桥，位于陕西省安康水电站的专用线上，襄渝铁路石庙沟车站附近，主跨为 176 m 斜腿刚构，在目前世界上同类型的铁路钢桥中，跨度领先，如图 7－1 所示。

1980 年 3 月，完成斜腿刚构的技术设计，其主梁按（56＋64＋64＋64＋56）m 分跨，斜腿底铰间距离 176 m。斜腿理论长度 76.43 m，倾角 42°53′。每个斜腿分为两肢，按 1∶6 横向叉开。两肢间有 6 根横杆，形成多层构架，与主梁固接于隅节点。斜腿下端支承在斜向枢轴的

**图 7－1　安康汉江斜腿刚架桥**

铰支座上。斜腿刚构为栓焊带肋的箱形结构，设计采用 16 锰桥低合金钢，在工厂内焊成梁段，经铁路运至工地安装。

本桥 1978 年 7 月 1 日开工，1981 年底完成全部墩台工程及斜腿刚构的施工准备。1982 年 2 月，开始安装斜腿刚构。本桥主要工程材料数量：斜腿刚构总用钢量 1652 t，31.7 m 及 23.8 m预应力混凝土梁各 4 孔，墩台圬工 15353 $m^3$，其中钢筋混凝土 6721 $m^3$。全桥投资 1528 万元。

## 习　题

1. 简述刚架桥的构造特点及受力特点。
2. 简述刚架桥的类型和各自的适用范围。

# 项目8　斜拉桥

## 一、概述

(1)斜拉桥由主梁、斜拉索及索塔三部分组成。

(2)按主梁所用材料不同，斜拉桥可分为钢斜拉桥和预应力混凝土斜拉桥。

(3)特点：

①优点：结构轻巧、跨越能力大；

②缺点：结构抗振性能较差，刚度较小，挠度变形较大，同时，斜索两端锚固处抗疲劳性能较差。

(4)斜拉桥是近30年中发展起来的一种桥型。这主要取决于结构分析方法和电算技术的发展、模型试验技术水平的提高、高强优质新型钢材的出现、钢索防护措施不断改进和预应力技术的飞跃进步等原因，使这一复杂的高次超静定桥梁结构的设计计算和制造才有可能付诸实践。

## 二、斜拉桥的结构特点

(1)斜拉桥的构思是利用索塔引出的斜拉索悬吊跨越墩台间的梁跨，这种悬吊作用相当于在梁跨下面设置若干弹性中间支墩。

(2)斜拉索对梁的弹性支承作用，只有斜拉索整个工作过程中始终保持“拉紧”状态才能得到充分发挥，因此在承受工作荷载前，必须对斜拉索进行预拉。

(3)斜拉桥与传统的悬桥的区别在于斜拉桥的拉索直接支承在索塔上，而悬索桥的吊索则悬挂在支承于索塔的柔性承重索上。

## 三、斜拉桥的结构形式

### 1. 主梁

(1)预应力混凝土斜拉桥常用的主梁有连续梁，带挂孔或设铰的悬臂梁和悬臂钢架等。

(2)主梁截面形式通常采用抗弯和抗扭刚度大的箱形截面。箱形截面根据桥面宽度不同可采用单室、双室或分离式。

(3)预应力混凝土主梁的高跨比为1/150～1/50，而以1/100较多。

### 2. 斜拉索

(1)斜拉索宜采用抗拉强度高、抗疲劳性好、弹性模量大的钢材制成。

(2)目前国外斜拉桥常采用封闭钢拉索和预制平行钢拉索2种厂制钢索；我国斜拉桥都是利用常用的各种预应力钢材在工地进行组索。

(3)现有的钢索防护方法大致有涂料保护、倦怠保护、套管保护和采用塑料保护层等各种不同措施。

(4)斜拉索的布置：

①斜拉索在横桥方向的布置有单面索和双面索之分。

②斜拉索顺桥方向的布置，常用的有辐射形、竖琴形、扇形、星形4种。

(5)斜拉索的间距，直接影响主梁的内力。早期的斜拉索多采用节间大的稀疏体系。随着电算技术的发展和大跨度斜拉桥的出现，斜拉索的间距由稀趋密，间距在10 m以下的密索体系被广泛采用。

(6)斜拉索的倾角(与主梁的夹角)应根据塔高与梁跨之比以及拉索的形式等综合考虑。

(7)斜拉索的支承方式：一种是在索塔上设置索鞍，拉索在索鞍上不间断地通过；另一种是拉索在索塔处中断不连续，用锚具锚固在索塔上。

**3. 索塔**

(1)索塔一般都是钢筋混凝土结构，但也可以根据需要做成预应力混凝土结构。

(2)索塔的结构形式应根据拉索布置、主梁跨度以及桥面宽度等因素决定。常用的索塔形式在顺桥方向有柱形和A字形钢架两种。

(3)索塔的高度不宜太低，否则会影响斜拉索的效率，但也不宜太高，太高则会增加索塔设计和施工的困难。通常塔高与主梁跨度(指大跨)之比可在1/6.5～1/4.0选择。

(4)索塔、主梁和桥墩相互之间的连接形式有全固定形式、塔墩固结形式和塔梁固结形式。

**4. 分孔与辅助墩**

(1)斜拉桥桥式分孔应根据桥位地形、河床断面、通航要求和全桥运行经济指标进行综合比较考虑。

(2)当边孔离地面不高，基础施工不很困难时，架设辅助墩将边孔再分成小孔，可使边孔主梁和索塔的弯矩大为减少，且能提高全桥的刚度，减少主孔的跨中挠度。

## 四、安庆长江铁路大桥

安庆长江铁路大桥位于安徽省安庆市迎江区，东侧位于池州市晏塘镇，上游距已建成的安庆长江公路大桥22 km，是安徽省八百里皖江入口第一座世界最大跨度的四线铁路斜拉桥，是宁安城际铁路(南京至安庆)重要组成部分，它是连接长三角城市群、武汉都市圈、环鄱阳湖城市群和长株潭城市群的交通运输铁路枢纽交换中心，是安徽省皖西南重要的铁路枢纽中心，也是目前安庆市唯一的一座跨江铁路大桥，是继芜湖长江铁路大桥、铜陵长江铁路大桥之后安徽省长江流域第三座铁路大桥，如图8－1所示。

**图8－1 安庆长江铁路大桥**

安庆长江铁路大桥是一座六跨连续钢桁梁斜拉桥，铁路大桥宁安线设计行车时速为250 km/h，预留设计行车时速为350 km/h条件。安景铁路设计行车速度为200 km/h。届时，安庆至南京、上海旅行时间可分别缩短至1.5 h和3 h，大大缩短了沿线及长三角各中心城市间的时空距离，对加快区域经济一体化进程，扩大长三角地区区位优势和辐射范围，促进沿线乃至苏皖区域经济持续快速发展具有重要意义。

## 习　题

1. 简述斜拉桥的结构形式。
2. 斜拉桥与其他桥梁相比较有何特点？

# 项目9　悬索桥

## 一、概念

悬索桥就是指以悬索为主要承重结构的桥。悬索桥，又名吊桥(suspension bridge)，指的是以通过索塔悬挂并锚固于两岸(或桥两端)的缆索(或钢链)作为上部结构主要承重构件的桥梁。其缆索几何形状由力的平衡条件决定，一般接近抛物线。从缆索垂下许多吊杆，把桥面吊住，在桥面和吊杆之间常设置加劲梁，同缆索形成组合体系，以减小荷载所引起的挠度变形。

## 二、主要构造

其主要构造是：主缆、索塔、锚锭、吊杆、桥面及加劲梁。悬索桥的承重构造是高强的钢索，因此恒载较轻，从而增大了跨越能力，可较方便地在交通不便、施工条件差的深山大谷使用。据理论分析，其极限跨径可达4000 m。但是，如用自重轻、强度很大的碳纤维作主缆，理论上其极限跨径可超过8000 m。

## 三、特点

(1)悬索桥可以在比较深的或比较急的水流上建造。

(2)悬索桥比较灵活，因此它适合大风和地震区的需要，而比较稳定的桥在这些地区必须更加坚固和沉重。

(3)悬索桥的坚固性不强，在大风情况下交通必须暂时被中断。

(4)悬索桥不宜作为重型铁路桥梁。

(5)悬索桥的塔架对地面施加非常大的力，因此假如地面本身比较软的话，塔架的地基必须非常大，这使其造价相当昂贵。

(6)悬索桥的悬索锈蚀后不容易更换。

## 四、分类

悬索桥根据所悬吊的加劲梁的刚度不同，又分为刚性悬索桥和柔性悬索桥，如图9－1所示。

悬索桥的历史是古老的，原始社会就有用拉索支承梁做桥以跨越障碍物的实例。比如，早期生活在热带森林或山谷中的人，利用自然生长的藤、竹、树茎做成悬式桥渡溪，使用的悬索有竖直的、斜拉的及两者混合使用的，这些便是早期悬索桥的雏形，如西藏墨脱藤网桥，如图9－2所示。

目前，国外的悬索桥建设正积极准备向更大跨度发展。意大利正在修建主跨径为3300 m的公铁两用墨西拿海峡大桥；日本正在计划修建3座跨度为2500～3 000 m的纪谈、丰予、津轻海峡桥，其方案均为悬索桥；在位于欧洲西班牙与非洲摩洛哥之间的直布罗陀海峡超大跨桥梁的设计构想中，1992年林同炎博士做的可行性研究中建议在主航道上设置2个5000 m长的主跨，在两侧副航道上分别设置一个2500 m的边跨，形成塔高为914 m、总长15000 m

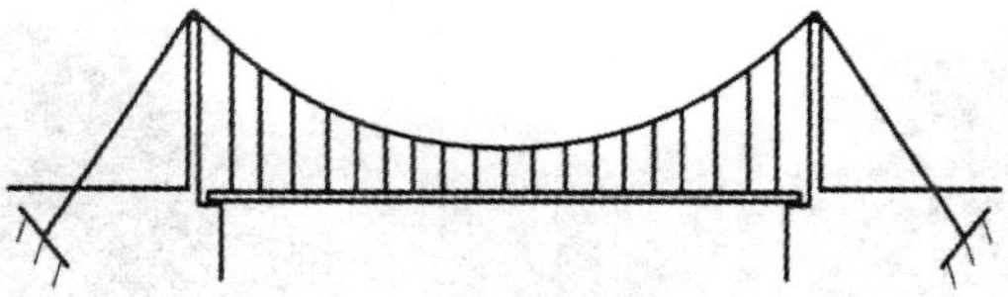

(a)刚性悬索桥

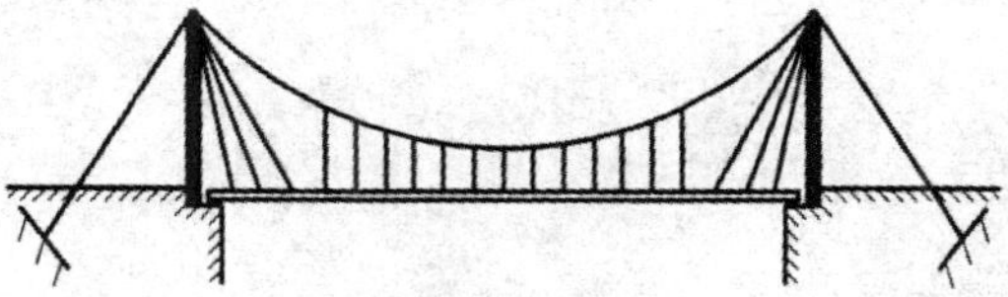

(b)柔性悬索桥

**图9－1　悬索桥**

(a)全景

(b)行人过桥

**图9－2　西藏墨脱藤网桥**

的悬索桥。

## 五、丽香铁路金沙江特大桥

2015年10月1日，昆明铁路局滇西铁路建设指挥部向“建桥国家队”中铁大桥局发来中标通知书，确认由该公司承担国内首座跨度最大铁路悬索桥——丽(江)香(格里拉)铁路金沙江特大桥工程施工任务，效果图如图9－3所示。

金沙江特大桥是新建丽江至香格里拉铁路重点控制性工程，包含主桥工程、路基工程及两岸边坡防护工程，桥址处于国家AAAA级景区——虎跳峡风景区。大桥主桥桥跨布置为三跨连续单跨悬吊上承式钢桁梁悬索桥，主缆三跨布置为132 m、660 m、132 m，主缆垂跨比1/10，矢高66 m，中跨660 m，中跨区域设置吊索，中跨采用平行主缆，横向中心距22 m，钢梁主桁横向中心距22 m。大桥1号主塔高194.5 m，2号主塔高155.5 m，塔柱采用空心矩形截面，两岸均采用隧道锚碇。大桥建设工期48个月，总投资逾11.987亿元。据中铁大桥局介绍，丽香铁路金沙江特大桥是目前我国开建的第一座大跨度铁路悬索桥。

图 9－3 金沙江特大桥效果图

据了解，新建丽香铁路设计时速 120 km，为 I 级铁路，是昆明铁路局负责建设的海拔最高的铁路，沿线地质条件复杂，桥隧比高达 72.9%，施工难度大，环保要求高。2014 年 10 月，丽香铁路线路部分宣告动工开建。丽香铁路建成后，从昆明至香格里拉 600 多 km 铁路线将全线贯通，两地可以实现夕发朝至，对改善滇西北地区交通运输状况，优化区域间资源配置，推动旅游、水电、矿产等资源深度开发，维护藏区和谐稳定，促进滇西北地区经济社会持续健康发展具有十分重要的意义。同时，这条铁路还将往西北方向延伸，与从拉萨方向过来的铁路交汇连通成为滇藏铁路。

## 习 题

1. 悬索桥的特点是什么？
2. 简述悬索桥的结构形式。

# 项目10 涵 洞

## 任务10.1 涵洞的类型与构造

### 一、涵洞的孔径

(1)涵洞标准孔径采用0.75 m、1.0 m、1.25 m、1.5 m、2.0 m、2.5 m、3.0 m、3.5 m、4.0 m、4.5 m、5.0 m、5.5 m和6.0 m，其中0.75 m的孔径只适用于无淤泥地区的灌溉渠，排洪涵洞的最小孔径不应小于1.0 m。

(2)涵洞一般设单孔和双孔，在路堤高度不够、经济上合理、技术上适宜时，也可以考虑设置多于两孔的涵洞。

### 二、涵洞的组成

涵洞是横穿路堤内的建筑物，它由洞身、出入口和基础3部分组成，如图10－1所示。此外，还有出入口河床和路堤边坡加固部分，称为涵洞的附属工程。

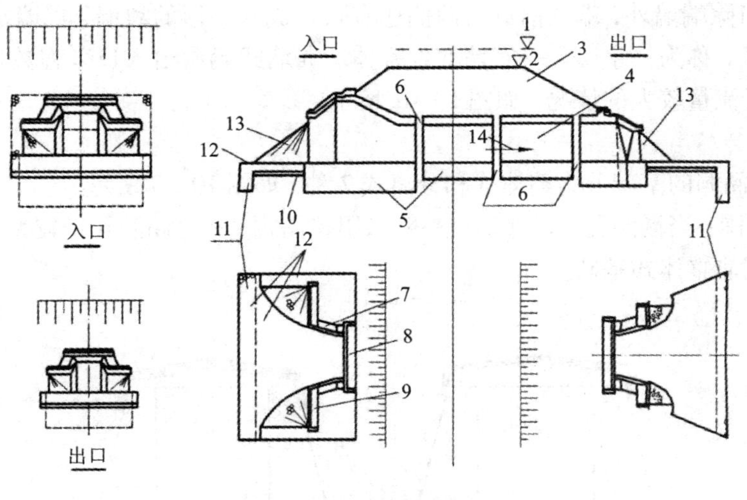


**图10－1 涵洞的组成**

1—轨底；2—路肩；3—路堤；4—洞身；5—基础；6—沉降缝；7—翼墙；8—端墙；9——字墙；10—碎石垫层；11—垂裙；12—沟床铺砌；13—锥体护坡；14—流向

**1. 洞身**

(1)洞身是水流的通道，为充分发挥洞身截面的泄水能力，有时在涵洞入口处采用提高节。

(2)涵洞应设坡度不小于4‰的排水坡，一般是将各节沿涵长做成台阶，此时相邻节的搭接至少应为涵顶结构厚度的1/4。

**2. 出入口**

(1)端墙式。

端墙是一道垂直于涵洞轴线的矮墙，两侧有锥体护坡。这种形式的出入口工程量小、结构简单，但水力性能差，仅在流量较小时采用，如图 10－2 所示。

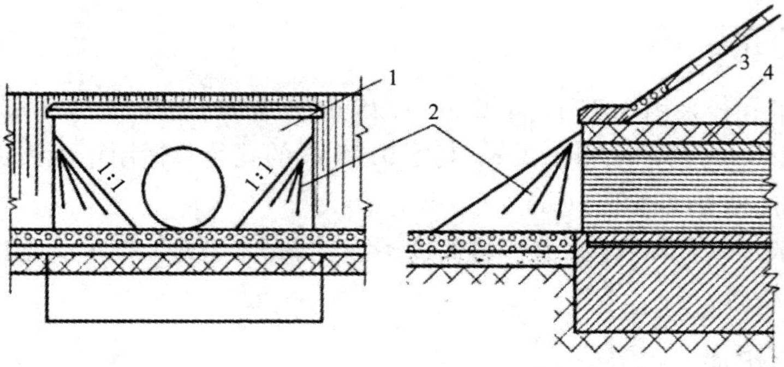


**图 10－2　端墙式出入口**

1—端墙；2—锥体；3—保护层；4—防水层

(2)翼墙式(八字式)。

此种出入口除端墙外，端墙前洞口两侧还有张开成八字形的翼墙，翼墙端部折成与线路方向平行的横墙，称为一字墙。一字墙前设锥体。翼墙式涵洞出入口工程数量大，但泄水条件较好，适用于流量较大的情况，如图 10－1 所示。

**3. 基础**

(1)分类：涵洞的基础分为整体式和分离式 2 种，如图 10－3 所示。

(2)适用范围：当涵洞孔径较小时，一般采用整体式基础；涵洞孔径较大，并且基底土质良好时，可采用非整体式基础。

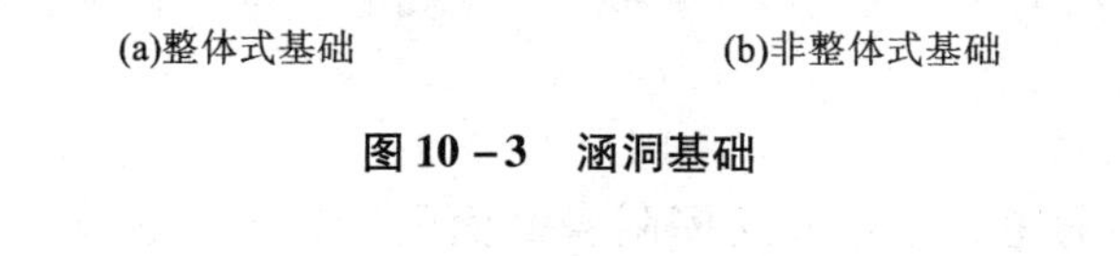

(a)整体式基础　　(b)非整体式基础

**图 10－3　涵洞基础**

**4. 路基边坡防护和沟床铺砌**

(1)为了防止洞口基底受冲刷淘空而被毁坏，涵洞出入口的沟床均应铺砌加固。

(2)入口处冲刷力较小，多采用干砌片石；出口处流速大，冲刷力强，多采用浆砌片石。

## 三、涵洞的分类(水力性质)

根据涵洞的水力性质，按流水面与洞顶全部接触、部分接触及不接触可分为有压涵洞、半有压涵洞及无压涵洞，如图 10－4 所示。

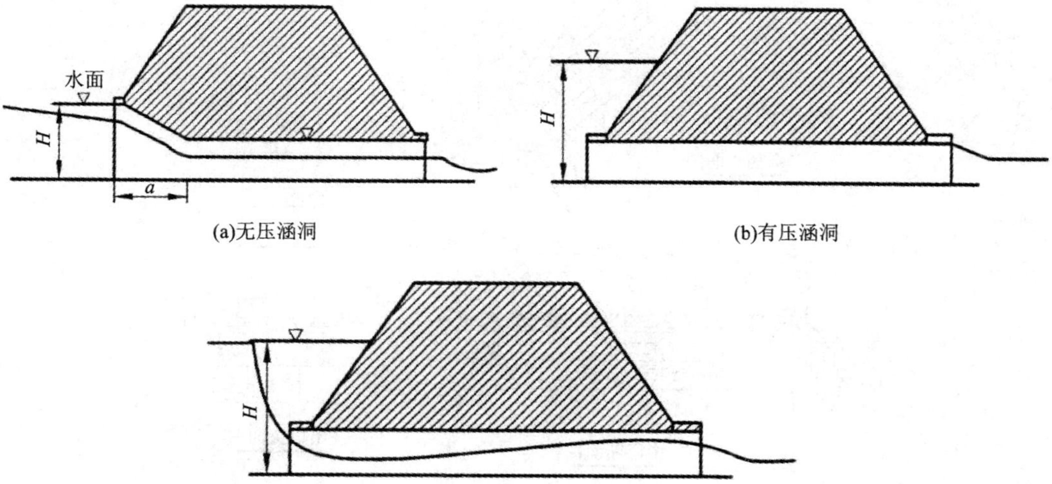


(a)无压涵洞　(b)有压涵洞　(c)半有压涵洞

**图 10－4　按水力性质划分涵洞**

*H*—涵前积水深；*a*—入口提高节

## 四、涵洞的构造

**1. 钢筋混凝土圆形涵洞**

钢筋混凝土圆形涵洞(圆涵)的构造如图 10－5 所示。

(1)管节。

①管节每节长 1.0 m，管壁厚度 9～24 cm。

②圆涵管节钢筋布置。

③同一孔径的管节，若填土高度不同，则管壁厚度、钢筋截面尺寸与用量均不同，应按填土高度选用相应的管节。

(2)出入口。

孔径为 1.75 m 的圆涵，常采用端墙式；孔径为 1.0～2.5 m 的圆涵则用翼墙式。圆涵没有提高节。

(3)基础。

①出入口及端、翼墙一律设有基础，涵身基础分有基(整体基础)和无基(如砂垫层)2 种，如图 10－6 所示。

②无基涵洞坡度采用管节斜置法，仅在洞身管节与出入口管节之间设置沉降缝，若地基较差或有其他不适于无基涵洞的情况，则均应采用整体基础，按 2～5 m 分段，段间设置沉降缝。

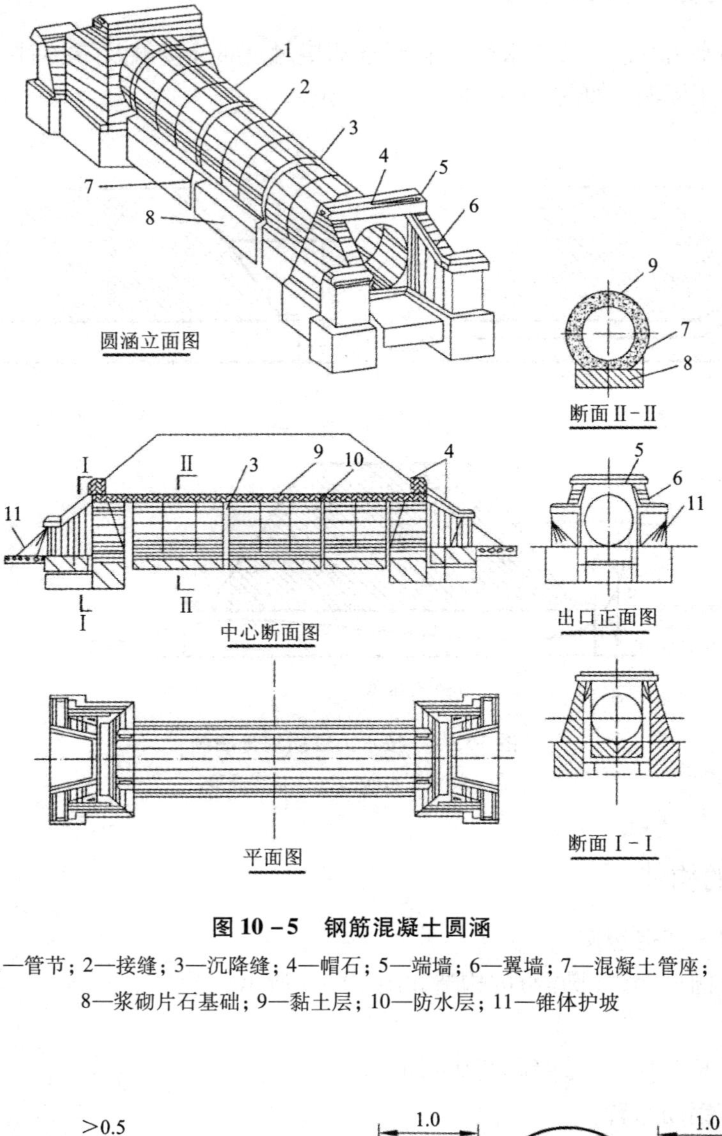


**图 10-5　钢筋混凝土圆涵**

1—管节；2—接缝；3—沉降缝；4—帽石；5—端墙；6—翼墙；7—混凝土管座；8—浆砌片石基础；9—黏土层；10—防水层；11—锥体护坡

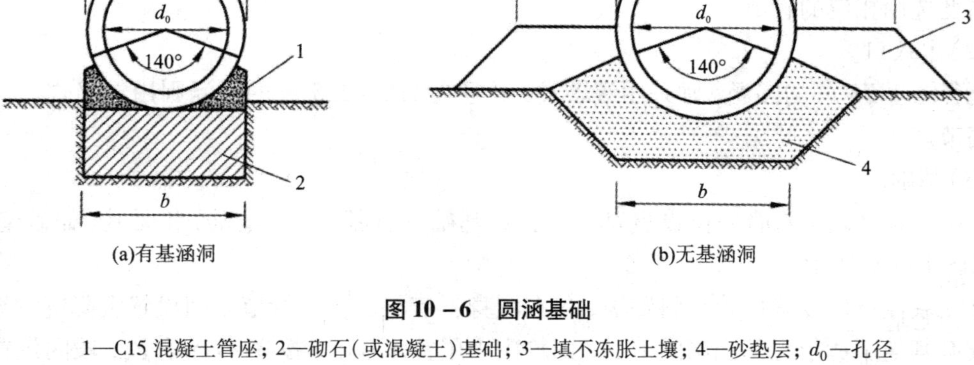


**图 10-6　圆涵基础**

1—C15 混凝土管座；2—砌石（或混凝土）基础；3—填不冻胀土壤；4—砂垫层；$d_0$—孔径

(4)沉降缝与防水层。

①圆涵管节接头处应尽量顶紧，内外侧均用 M10 水泥砂浆填塞，如图 10－7 所示。

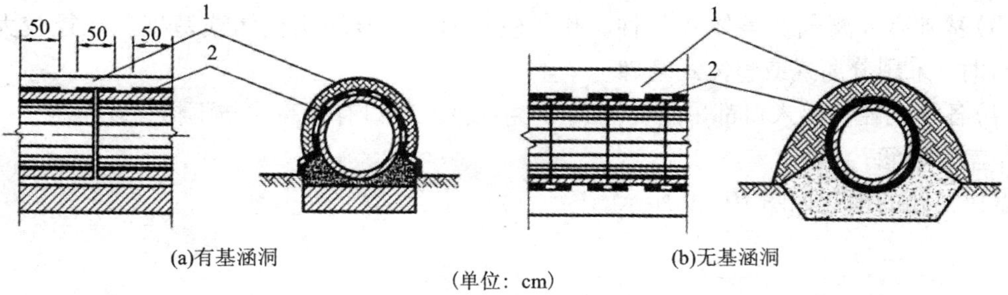


**图 10－7　单孔圆涵的防水层**

1—15～20 cm 塑性黏土或砂黏土；2—防水层

②在沉降缝处，管节内侧用 M10 水泥砂浆塞缝，外侧用沥青浸制麻绳填塞，深 5 cm。

③基础沉降缝用塑性黏土或砂性土填塞。

**2. 石及混凝土拱涵**

石及混凝土拱涵涵洞的构造如图 10－8 所示。

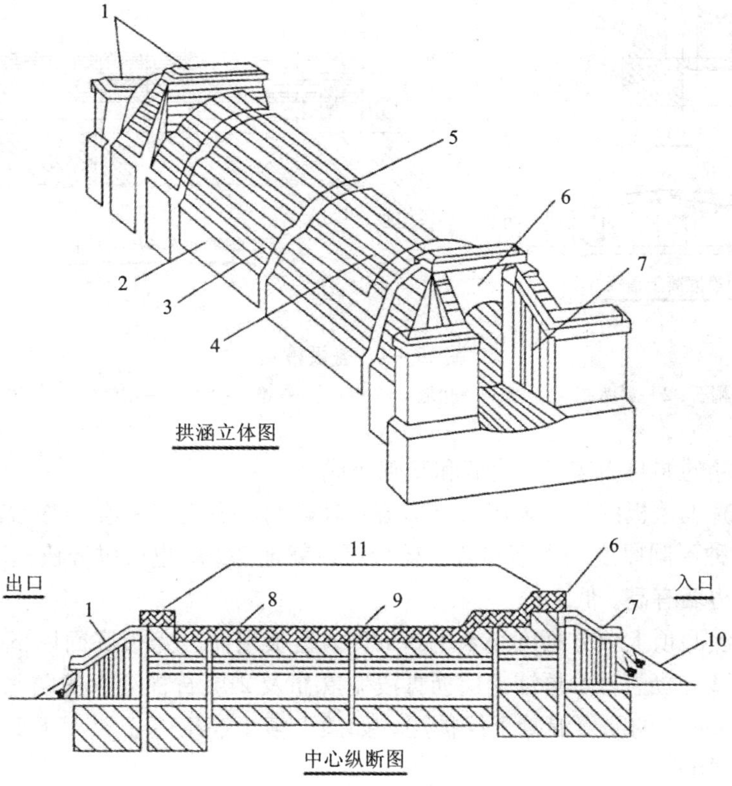


**图 10－8　拱涵**

1—帽石；2—基础；3—边墙；4—拱圈；5—沉降缝；6—端墙；7—翼墙；8—黏土层；9—防水层；10—锥体护坡；11—路堤

(1)拱涵的洞身由拱圈、边墙和基础组成。

(2)拱涵的拱圈一般按无铰拱设计，采用等截面圆弧拱。边墙采用浆砌片石、块石或混凝土，边墙内侧直立，外侧倾斜。

(3)基础有分离式及整体式2种。孔径较小时，一般均用整体式基础。孔径较大($L \geq$ 3.0 m)时，采用分离式或整体式基础。

(4)各种孔径的出入口都采用翼墙式(八字式)。入口有抬高式与不抬高式两种。

**3. 盖板箱涵**

盖板箱涵的构造如图10-9所示。

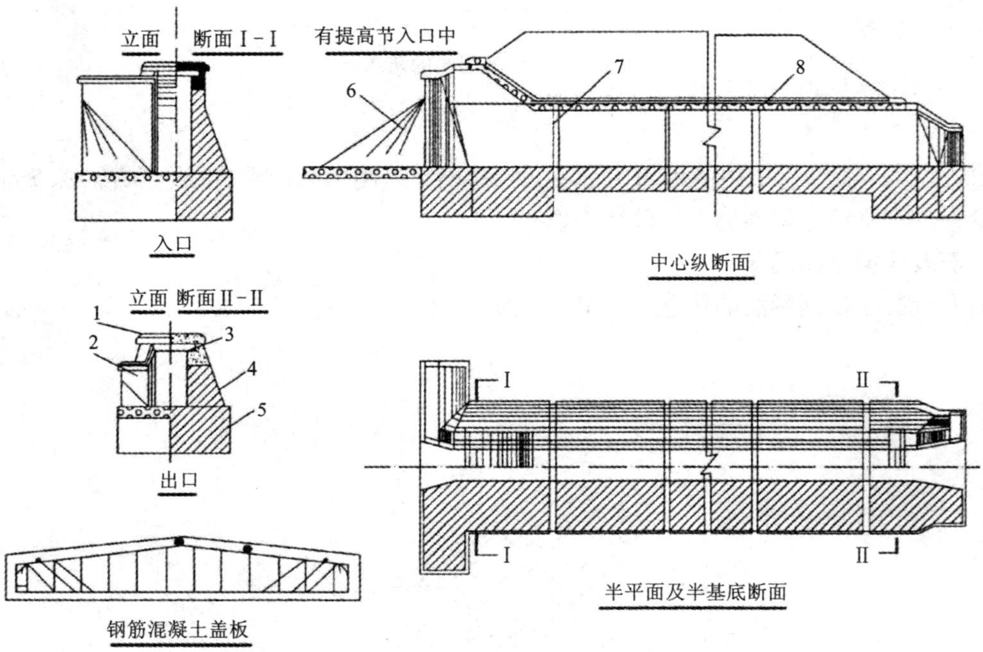


**图10-9 盖板箱涵**

1—帽石；2—翼墙；3—盖板；4—边墙；5—基础；6—锥体护坡；7—沉降缝；8—防水层

(1)盖板箱涵的洞身由盖板、边墙和基础组成。

(2)钢筋混凝土盖板的顶面采用人字形流水坡。每一种孔径的盖板按线路中心处填土高度的不同，有几种不同厚度和钢筋布置。盖板可以就地灌筑，也可以分块预制。

(3)箱涵的边墙有高、低2种。

(4)当盖板涵洞顶上填方高度小于1.0 m时，盖板顶面至盖板底面以下20 cm的两侧边墙外面，均需涂2层沥青漆，再铺1层沥青浸制麻布及2层石棉沥青的防水层，此种防水层的外面还要抹1 cm厚的沥青混凝土保护层。如顶上填土高度等于或大于1 m时，则上述部分只涂2层热沥青即可。

# 任务 10.2　涵洞的设计

## 一、涵洞设计的一般原则

(1)就地取材，应尽量采用石砌圬工，以节省钢材、水泥。

(2)广泛套用标准设计，加快设计、施工进度。

(3)在一定范围内尽量减少涵洞类型，以便大量集中制造，简化施工。

(4)各种涵洞的长度应视其净高 $h$ 而定。

(5)排洪拱涵的最小孔径不应小于 1.0 m；灌溉渠道上的涵洞，孔径一般不小于 0.75 m。位于城市或车站范围内的涵洞，应根据需要适当加大孔径。

(6)增建第二线或改建既有线时，如旧涵状态良好，其孔径可供参考。

## 二、选择涵洞的类型

涵洞类型的选择应根据水流情况、设计流量、路堤填方高度、地质条件、材料供应、施工期限、用途及经济指标综合考虑确定。

**1. 圆涵**

优点：施工快、工程量小。

缺点：过水能力小、易产生淤泥。

适用于小型的农田灌溉和小量的排洪。

**2. 拱涵**

优点：排洪能力强，可就地取材。

缺点：对地基承载力的要求比较高，施工较复杂，圬工量大。

若地质条件较好，附近有良好的石料来源，应优先采用拱涵。

**3. 盖板箱涵**

优点：施工期限较拱涵短，对地基承载力的要求较拱涵低。

缺点：钢筋用量较拱涵多。

常用在要求通过较大的排洪量，但地质条件较差，路堤高度较小，不易设置拱涵的工点。

## 三、确定涵洞孔径

**1. 排洪涵孔径的确定**

确定涵洞的孔径，应通过水力计算。标准图中列有水力特征表，供设计时采用。

**2. 灌溉涵及交通涵孔径的确定**

灌溉涵孔径的大小取决于要求通过的流量。

交通涵孔径的大小，根据当地交通情况而定。

## 四、涵洞的布置

**1. 涵洞的平面布置**

涵洞在平面上的布置，主要应使水流顺畅地排泄。

(1)正交涵洞。

①涵洞应尽可能布置成与线路正交。正交涵洞有长度短、工程量小的特点。

②遇天然河道与线路斜交时，如地形变换不大，并且水流较小，则可经过人工改河，使河道中心线与线路正交。

(2)斜交涵洞。

①线路方向与天然河道斜交，且不宜改河或涵洞出口发生水流直冲农田、房舍、道路等情况，应采用斜交涵洞。

②斜交涵洞的斜交角度以不大于45°为宜。

**2. 涵洞的立面布置**

(1)确定涵洞流水槽面的高程。

①设在天然沟床上的过水涵洞，其流水槽面一般按原沟底高程设置，以保证沟槽的自然状态而减少开挖量。

②在布置涵洞时，可先以线路中线的河床高程为涵洞的流水槽面高程，然后根据具体情况，确定出入口高程。

(2)确定涵洞坡度。

①涵洞的设计高程都是按临界坡度设计的。当涵洞坡度小于临界坡度时，应检算洞内水深及涵前积水高度，必要时应加高涵身或加大孔径。

②在平坦地区，原沟坡度平坦，涵身坡度不应大于原沟坡度。

## 五、涵洞基础设计

涵洞基础设计包括选择基础类型、确定基础尺寸、决定基础埋置深度及措施等。

**1. 基础类型与尺寸**

对于一般涵洞，确定基础类型及尺寸时，应按有关标准设计图选用。

(1)整体基础厚度的确定。

由边墙传给基顶的力，自边墙脚按刚性角向下扩散至基底。两侧边墙传来的压力分布线，需在基底以上相交。据此，得出各种孔径涵洞基础的最小厚度。

(2)基础埋置深度的确定。

①涵洞基础的埋置深度都从沟底中心算起。出入口端翼墙基础深度，主要根据冲刷确定，洞身基础深度按基底应力确定。

②在受冻害的土壤中，涵洞出入口及两端自洞口起向内各 2 m 范围内，基础埋置深度不得小于冻结深度加 0.25 m，其余部分可不受冻结深度的限制。

③建在轻微冻害土壤(即粗砂、中砂、砾砂及圆砂、卵石等)和岩层上的涵洞，基础的埋置深度不受冻结深度的限制。

**2. 上拱度(建筑拱度)**

(1)新建涵洞一般需预留上拱度，上拱度为一弧形。当基底土壤属于软塑状态时，基底为岩石，涵洞填方厚度不足 2 m 以及坡度较陡的涵洞，可不设上拱度。

(2)涵洞上拱度的具体设置方法是：将涵洞中心线处流水槽面的设计高程，加上拱度的全数，作为涵洞中心流水槽面的实设高程。

(3)涵洞两端进出口高程，仍保持原设计高程不变。中间各节，可按该节中心至线路中线的距离，求出相应的上拱度，加在原设计高程上，即得各节的实际高程。

（4）设置上拱度后，入口处流水槽面应高于涵洞中心处流水槽面，不可出现反坡。

**3. 换填土壤**

遇到基底为松软土壤，且其下不深处有硬层时，可挖出松软土壤，换填砂夹卵石至硬层。

**4. 坚硬岩石的基础**

涵洞基底如为坚硬密实并且节理少的岩层，可不做边墙和基础。

## 六、涵洞出入口的铺砌防护

（1）在水流进入涵洞时，流速增大，对沟床基底易形成冲刷，特别是出入口部分最易被破坏，因此出入口河床必须进行铺砌防护。

（2）铺砌的种类应按铺砌层上最大流速确定，一般可采用干砌片石、浆砌片石、混凝土等。铺砌端应埋于河床下，其目的是当河床遭到冲刷后，也可起到防护作用。

## 习　题

1. 如何选择涵洞的类型？
2. 简述一般涵洞的组成。

# 项目 11　桥梁抗震

## 一、概念

### 1. 地震

地震又称地动、地振动，是地壳快速释放能量过程中造成振动，期间会产生地震波的一种自然现象。地球上板块与板块之间相互挤压碰撞，造成板块边沿及板块内部产生错动和破裂，是引起地震的主要原因。

据统计，地球上每年发生 550 多万次地震，即每天要发生上万次地震。其中绝大多数太小或太远，以至于人们感觉不到；真正能对人类造成严重危害的地震有 10～20 次；能造成特别严重灾害的地震有 1～2 次。世界有 8000 年的文明史（有文字记载的历史），经过计算大约有 $4.4\times10^{10}$ 次地震。这里我们给出地震与建设工程的微课资源。

微课课件网址：

http：//www. worlduc. com/blog2012. aspx？ bid = 53834991

微课视频网址：

http：//weike. hnedu. cn/wkstudytowkdetail. do？ channelId = 564c24a0516e22852afa189d&weikeId = 583022f784ae1732d3db5a11

### 2. 震级

震级是指地震的大小，是以地震仪测定的每次地震活动释放的能量多少来确定的，见表 11－1。

表 11－1　震级

| 震级 | 人的感觉 | 对建筑物的影响 | 其他现象 | 频率 |
|---|---|---|---|---|
| 1 | 无感 | 无 | 无 | 约每天 8000 次 |
| 2 | 室内个别静止的人有感 | 无 | 无 | 约每天 1000 次 |
| 3 | 室内个别静止的人有感 | 门、窗轻微作响 | 悬挂物微动 | 约每年 49000 次 |
| 4 | 室内多数人有感，室外少数人有感，少数人惊醒 | 门、窗作响 | 悬挂物明显摆动，器皿作响 | 约每年 6200 次 |
| 5 | 室内人普遍有感，室外多数人有感，多数人惊醒 | 门窗、屋顶、屋架颤动，灰土掉落，抹灰出现细微裂缝 | 不稳的器物翻倒 | 约每年 800 次 |
| 6 | 部分人惊慌失措，仓皇出逃 | 发生损坏，个别砖瓦掉落，墙体微细裂缝 | 河岸和松散土上出现裂缝，饱和砂层出现喷砂并冒水 | 约每年 120 次 |
| 7 | 大多数人仓皇出逃 | 局部破坏、开裂，但并不妨碍使用 | 河岸出现塌方、喷砂、冒水现象，松软土裂缝较多 | 约每年 18 次 |

**续表 11-1**

| 震级 | 人的感觉 | 对建筑物的影响 | 其他现象 | 频率 |
|---|---|---|---|---|
| 8 | 摇晃颠簸，行走困难 | 结构受损，需要修理 | 干硬土上有裂缝 | 约每年1次 |
| 9 | 坐立不稳，行走的人可能摔跤 | 墙体龟裂，局部倒塌，修复困难 | 多处出现裂缝，滑坡塌方常见 | 约20年1次 |
| 10 | 骑自行车的人会摔跤，处不稳状态的人会摔出几米远，有抛起感 | 大部分建筑倒塌，不堪修复 | 山崩地裂出现，拱桥破坏 | |
| 11 | | 毁灭性地震 | 地震断裂延续很长，山崩常见，拱桥毁坏 | |
| 12 | | 毁灭性地震 | 地面剧烈变化，山河改观，一切化为虚无 | |

地震百度百科网址：

http：//baike. baidu. com/link？url = wIT – bvQSEyQbqGPxUN26pqaL4ID2N21Zzq – dP-dHrsbPxfl5dYHCrk5RLKNNCWlAXRI9 mU5OlDIVV5wC9Pbng – q – XUN3wDAUCeQ1AtFqVz7 m

**3. 烈度**

烈度是地震发生时，在波及范围内一定地点地面振动的激烈程度（或释为地震影响和破坏的程度），如表 11-2 所示。

**表 11-2 烈度**

| 烈度等级 | 人的感觉 | 影响或现象 |
|---|---|---|
| 1 | 无感 | 仅仪器能记录到 |
| 2 | 微有感 | 特别敏感的人在完全静止中有感 |
| 3 | 少有感 | 室内少数人在静止中有感，悬挂物轻微摆动 |
| 4 | 多有感 | 室内大多数人，室外少数人有感，悬挂物摆动，不稳器皿作响 |
| 5 | 惊醒 | 室外大多数人有感，家畜不宁，门窗作响，墙壁表面出现裂纹 |
| 6 | 惊慌 | 人站立不稳，家畜外逃，器皿翻落，简陋棚舍损坏，陡坎滑坡 |
| 7 | 房屋损坏 | 房屋轻微损坏，牌坊、烟囱损坏，地表出现裂缝及喷沙冒水 |
| 8 | 建筑物破坏 | 房屋多有损坏，少数破坏路基塌方，地下管道破裂 |
| 9 | 建筑物普遍破坏 | 房屋大多数破坏，少数倾倒，牌坊、烟囱等崩塌，铁轨弯曲 |
| 10 | 建筑物普遍摧毁 | 房屋倾倒，道路毁坏，山石大量崩塌，水面大浪扑岸 |
| 11 | 毁灭 | 房屋大量倒塌，路基堤岸大段崩毁，地表产生很大变化 |
| 12 | 山川易景 | 一切建筑物普遍毁坏，地形剧烈变化动植物遭毁灭 |

烈度百度百科网址：

http：//baike. baidu. com/link？ url = – EPawryUnIYSBzIE_2fYQj_uTxowU2l – cKOjWmWn-BIYyIZHEjuU2eWhJpGb4akxSOB4BiXX3Vw_8CmtYg2tEqjTE5xKBTYHxS15QyItDtyi

## 二、世界著名大地震

全球范围内震级较高、破坏特别严重，以及在人类认识地震规律和抗震问题上有历史性重要意义的地震，如表 11 – 3 所示。

**表 11 – 3　世界著名大地震汇总**

| 序号 | 地震名称 | 日期 | 震级 | 震中烈度 | 死亡人数/万 | 震源深度/km |
|---|---|---|---|---|---|---|
| 1 | 海原大地震 | 1920 – 12 – 16 | 8.5 | 12 | 23.4 | 17 |
| 2 | 唐山大地震 | 1976 – 7 – 28 | 7.8 | 11 | 24.3 | 12 |
| 3 | 智利大地震 | 1960 – 5 – 22 | 9.5 | — | 2 | — |
| 4 | 汶川大地震 | 2008 – 5 – 12 | 8.0 | 11 | 6.9 | 14 |
| 5 | 东日本大地震 | 2011 – 3 – 11 | 9.0 | 11 | 1.1 | 10 |
| 6 | 陕西华县地震 | 1556 – 1 – 23 | 8.0 | — | 83 | — |
| 7 | 西藏墨脱地震 | 1950 – 8 – 15 | 8.6 | 11 | 0.33 | — |

## 四、一般要求

(1)在地震区，铁路桥梁必须按抗震要求进行设计。

(2)抗震设计的方针应以预防为主，并按桥梁的重要性和修复难度区别对待，保证重点。

(3)对于Ⅰ、Ⅱ级干线的桥梁按抗震设计建成后，要求在遭受相当于设计烈度的地震影响时，不致产生大的结构性破坏(如桥梁坠落、墩台倒毁或折断等严重破坏)，稍加整修即可正常使用。对于Ⅲ级干线及工业企业标准轨距铁路，要求做到短期抢修后即可恢复通车。

(4)我国发生烈度为7度、8度、9度地震的区域比较广，结合我国国民经济条件，规定设防范围为：7度、8度、9度。即位于7度以上地震区的桥梁，须按地震区桥梁设计并进行防震措施。

## 五、抗震措施

(1)结构对称、刚度均匀有利于抗震(桥孔等跨、桥台采用T形或U形)；

(2)特大桥、大中桥若遇可液化土及软土地基时，应适当增加桥长；

(3)桥梁跨越断层带时，桥墩台基础不应设置在严重破碎带上；

(4)饱和粉细砂及饱和黏砂土(考虑地基液化失效)；

(5)无护面钢筋的墩台，应尽量减少施工缝；

(6)一般在土质地基上的明挖基础桥台，地震时应尽可能向桥心滑移(抗滑稳定性)；

(7)桥头路堤填筑及桥墩台明挖基础基坑的回填应夯填密实(减少路堤对桥台的推力)；

(8)地震区的桥梁，防止落梁的措施(构造措施)；
(9)位于饱和砂土、饱和黏砂土或软土地基上的小桥，应设置基础支撑梁；
(10)拼装或墩台的接头应予以加强；
(11)地震区Ⅰ、Ⅱ级干线上，应估计地震引起的次生灾害(火灾、水灾、瘟疫)；
(12)涵洞的抗震性能比小桥好，应尽量采用。

## 六、抗震设计的原则

抗震设计原则：小震不坏，中震有修，大震不倒。

按规定，地震作用不与其他附加力同时计算。地震作用的计算方法，详见《铁路工程抗震规范》(GB 50111—2006)。

## 习　题

1. 简述震级和烈度的含义。
2. 发生地震时，我们应该怎么办？

# 项目 12　桥梁施工基本知识

## 任务 12.1　桥梁施工方法概述

桥梁结构施工包括桥梁基础施工、桥梁墩台施工及桥梁上部结构施工，遵循的施工顺序是从下到上，与设计顺序相反。

### 一、桥梁基础施工

桥梁基础工程分为扩大基础、桩基础、沉井基础和组合基础等。由于桥梁基础工程位于地面以下或水中，涉及面非常广，施工难度大，无法采用统一模式。从桥梁所处的水文、地质状况来看，其施工方法大致分为：旱地施工和水域施工两大类。

### 二、桥梁墩台施工

桥梁墩台施工是桥梁施工中的一个重要部分，其施工方法一般分为两类：一类是就地浇筑与石砌；另一类是拼装预制混凝土砌块、钢筋混凝土与预应力混凝土构件。在实际工程中，前者应用较多。

### 三、桥梁上部结构施工

**1. 就地浇筑法**

就地浇筑法是在桥位处搭设支架，在支架上浇筑桥体混凝土，达到强度后拆除模板、支架。就地浇筑施工无需预制场地，而且不需要大型起吊、运输设备，梁体的主筋可不中断，桥梁整体性好。它的缺点主要是工期长，施工质量不容易控制；对预应力混凝土梁，由于混凝土的收缩、徐变引起的应力损失比较大；施工中的支架、模板耗用量大，施工费用高；搭设支架影响排洪、通航，施工期间可能受到洪水和漂流物的威胁。

**2. 预制安装法**

预制安装法又称装配式施工法，在预制工厂或运输方便的桥址附近设置预制场进行梁的预制工作，然后采用一定的架设方法进行安装。预制安装法施工一般是指钢筋混凝土或预应力混凝土简支梁的预制安装。

**3. 悬臂施工法**

悬臂施工法是从桥墩开始，两侧对称进行现浇梁段或将预制节段对称进行拼装。前者称悬臂浇注施工，后者为悬臂拼装施工。

**4. 转体施工法**

转体施工法是将桥梁构件先在桥位处岸边(或路边及适当位置)进行预制，待混凝土达到设计强度后旋转构件就位的施工方法。转体施工其静力组合不变，它的支座位置就是施工时的旋转支承和旋转轴，桥梁完工后，按设计要求改变支承情况。

**5. 顶推施工法**

顶推施工法是在沿桥纵轴方向的台后设置预制场地，分节段预制，并用纵向预应力筋将预制节段与施工完成的梁体连成整体，然后通过水平千斤顶施力，将梁体向前推出预制场地，之后继续在预制场进行下一节段梁的预制，循环操作直至施工完成。

**6. 移动模架逐孔施工法**

移动模架逐孔施工法是中等跨径预应力混凝土连续梁中的一种施工方法，它使用一套设备从桥梁的一端逐孔施工，直到对岸。

**7. 横移施工法**

横移施工法是在拟待安置结构的位置旁预制该结构物，并横向移运该结构物，将它安置在规定的位置上。

**8. 提升与浮运施工法**

这是一种采用竖向运动施工就位的方法。提升施工是指在未来安置结构物以下的地面上预制该结构并把它提升就位。浮运施工是将梁在岸上预制，通过大型浮船移运至桥位，利用船的上下起落安装就位的方法。

### 四、桥梁施工方法的选择

桥梁施工方法的选定，可依据下列条件综合考虑：

**1. 使用条件**

使用条件包括桥梁的类型、使用跨径、墩高、梁下空间的限制、平面场地的限制、桥墩的形状等。

**2. 施工条件**

施工条件包括工期要求、起重能力和机具设备要求、架设时是否封闭交通、架设时所需的临时设施、材料可供情况、架设施工的经济核算等。

**3. 自然环境条件**

自然环境条件包括山区或平原、地质条件及软弱层状况、对河道的影响、运输线路的限制等。

**4. 社会环境影响**

对社会环境的影响，包括公害、景观、污染、架设孔下的障碍、道路交通的阻碍、公共道路的使用及建筑限界等。

## 任务12.2　支架、拱架及模板

### 一、支架

支架按其构造分为梁式、立柱式和梁－柱式支架，图12－1所示为各种支架的构造简图。

**1. 梁式支架**

根据跨径不同，梁可采用工字钢、钢板梁或钢桁梁[图12－1(a)和(b)]。一般工字钢用于跨径小于10 m，钢板梁用于跨径小于20 m，钢桁梁用于跨径大于20 m的情况。梁可以支承在墩旁支柱上，也可支承在桥墩上预留的托架或支承在桥墩处的横梁上。

**2. 立柱式支架**

立柱式支架构造简单，可用于陆地或不通航河道以及桥墩不高的小跨径桥梁施工。支架通常由排架和纵梁等构件组成。排架由枕木或桩、立柱和盖梁组成[图12－1(c)和(d)]。

一般排架间距4 m，桩的入土深度按施工设计要求设置，但不小于3 m。当水深大于3 m

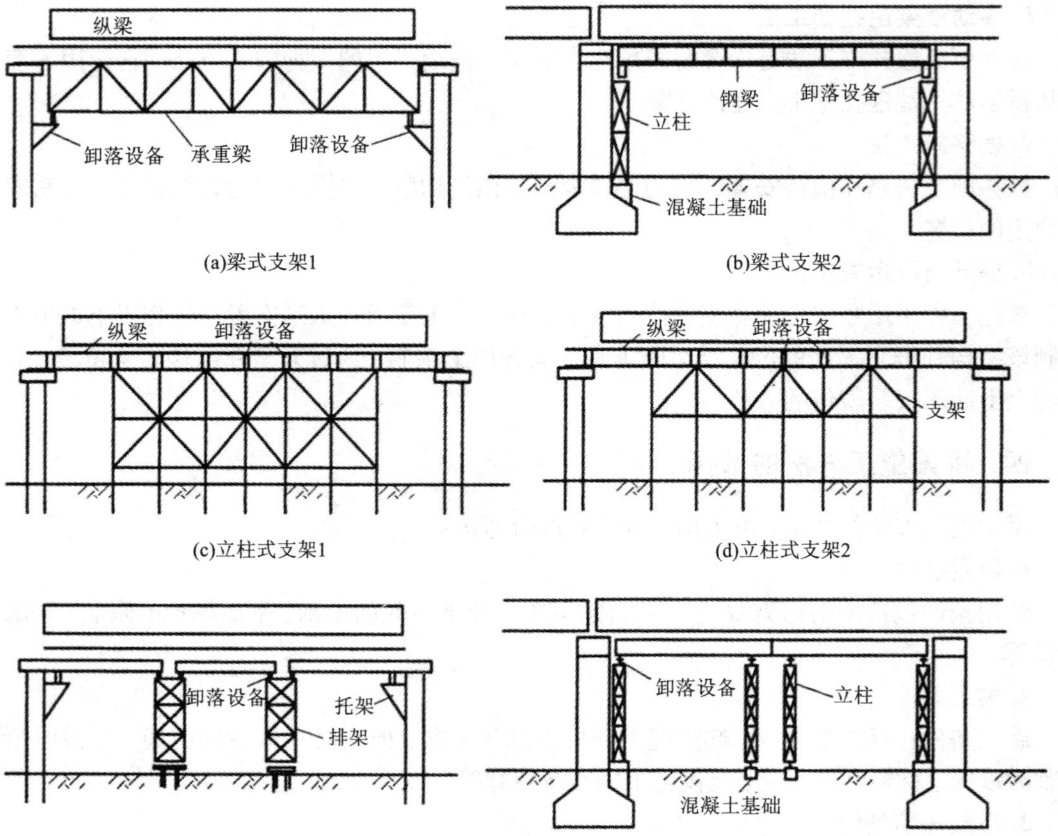


(a)梁式支架1　(b)梁式支架2

(c)立柱式支架1　(d)立柱式支架2

(e)梁-柱式支架1　(f)梁-柱式支架2

**图 12-1　常用支架的主要构造**

时，桩要用拉杆加强。一般需在纵梁下布置卸落设备。

**3. 梁-柱式支架**

当桥梁较高、跨径较大或必须在支架下设孔通航或排洪时，可用梁-柱式支架[图 12-1(e)和(f)]。梁支承在桥墩台以及临时支柱或临时墩上，形成多跨的梁-柱式支架。

## 二、拱架

拱架按结构分，有支柱式、撑架式、扇形、桁式拱架、组合式拱架等。

(1)支柱式木拱架(图 12-2)。其支柱间距小，结构简单且稳定性好，适于在干岸河滩和流速小、不受洪水威胁、不通航的河道上使用。

拱架一般可分为上下两部分，上部为拱架，下部为支架，上下部之间设置卸落设备。

(2)撑架式木拱架(图 12-3)。其构造较为复杂，但支点间距可较大，对于较大跨径且桥墩较高时，可节省木材并可适应通航。

(3)扇形拱架(图 12-4)。它是从桥中的一个基础上设置斜杆，并用横木联成整体的扇形，用以支承砌筑的施工荷载。扇形拱架比撑架式拱架更加复杂，但支点间距可以比撑架式

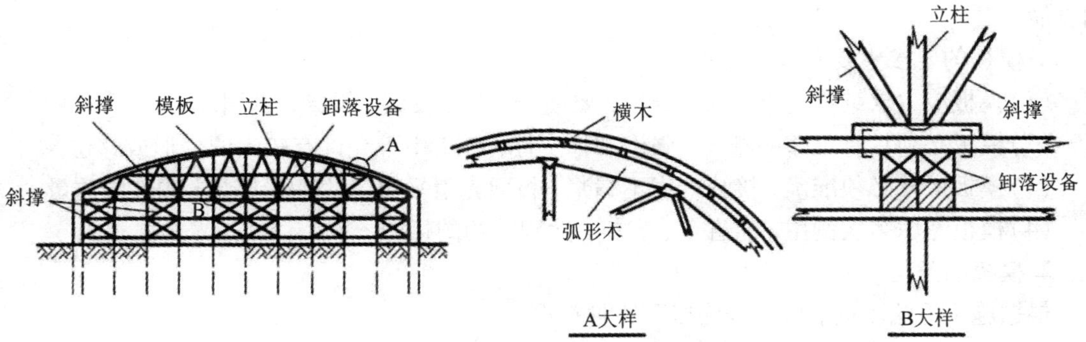


**图12－2　支柱式木拱架**

拱架更大些，尤宜在拱度很大时采用。

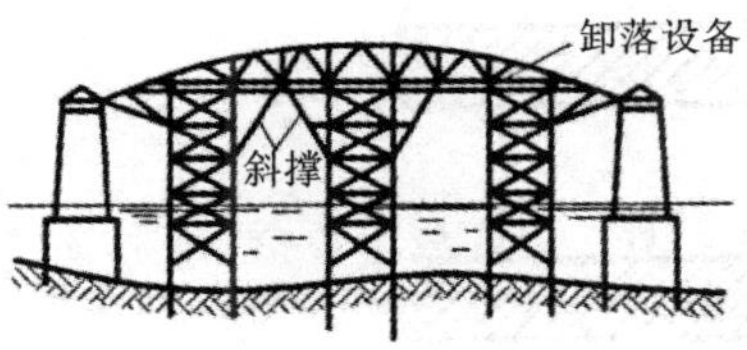


**图12－3　撑架式木拱架**

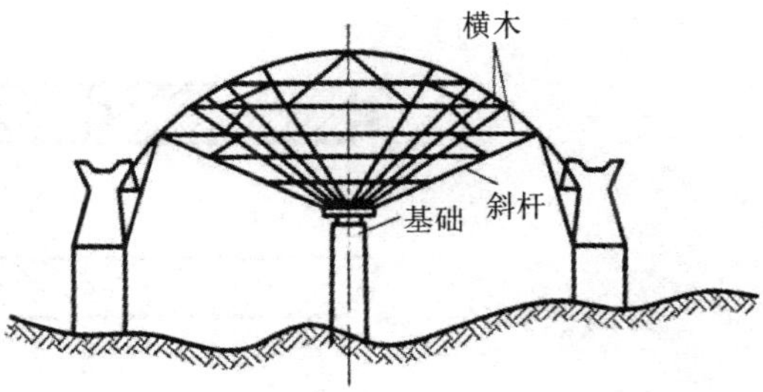


**图12－4　扇形拱架**

(4)钢木组合拱架(图12－5)。它是在木支架上用钢梁代替木斜梁，可以加大支架的间距，减少材料用量。在钢梁上可设置变高的横木形成拱度，并用以支承模板。

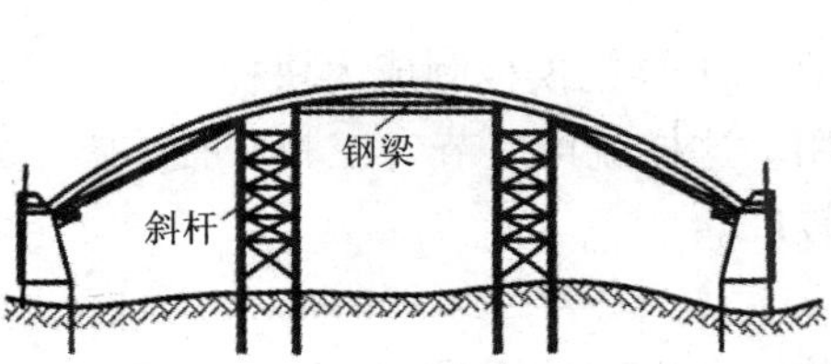


**图12－5　钢木组合拱架**

(5)钢桁式拱架。通常用常备拼装式桁架拼成拱形拱架，即拱架由标准节段、拱顶段、拱脚段和连接杆等以钢销或螺栓连接而成。

## 三、模板

**1. 对模板的基本要求**

模板的作用是控制混凝土构件的造型，因此，它直接影响到混凝土工程的质量。一般使用的模板有木模、钢模、塑料模板以及各种混合材料的模板。现代桥梁施工的总趋势是快速、轻型、拼装化，因此，模板工程势必朝着标准定型、以钢代木、整体吊装和自动滑升等方面发展。

对模板的要求主要有以下几点：

(1)模板应力求结构简单，利于施工，要便于制造、安装、拆卸、倒用。

(2)模板必须具有足够的刚度、强度和稳定性，施工中不允许有较大的变形或移位。

(3)模板尺寸必须准确，接缝严密不漏浆、板面光滑平整，以确保混凝土构件的质量。

(4)模板考虑多次倒用，能省工、省料，达到节约的目的。

**2. 模板的类型**

根据施工方法不同，可以分为以下 4 种类型。

(1)拼装木模板。

拼装木模板分为零拼式固定模板和拼块式组合模板，如图 12－6 所示。

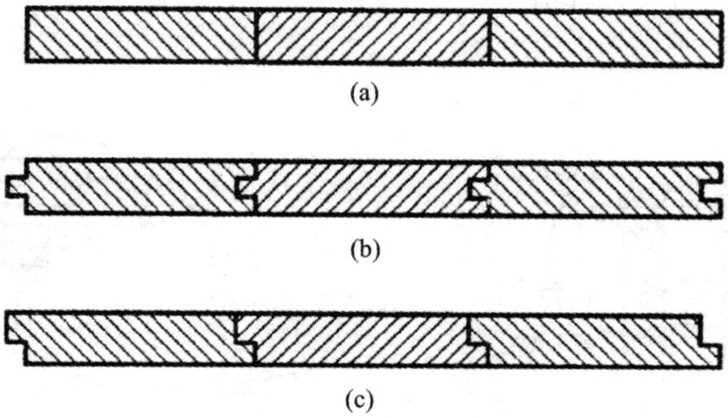


**图 12－6　木模板缝口**

零拼式固定模板适用于少量或零星混凝土灌注，如桥涵基础、拱座、帽石、端翼墙等零星分散、模板不便成套倒用的情况。这种模板结构简单，可以因地制宜，直接拼装，缺点是木材使用率低、损耗率大。

拼块式组合模板是预先在木工场把模板制成大块板扇，这些半成品构件设计成能通用的尺寸，可在类似的工程中倒用。这样就可以节省工料，加速施工，使用于预制构件和桥墩台类型相同的工地，应用范围较广。

(2)整体吊装模板。

当墩身较高，在墩上拼装组合模板较困难时，可利用桥头、墩间空地设拼装场，预先拼成整段模板，利用大型吊装设备(爬行吊车、缆索吊车等)，一次吊装就位。主要优点是速度快、节约拉筋、结构简单、装拆方便，如图 12－7 所示。

(3)滑升钢模板。

滑升钢模板可以使工程机械化，施工时先在墩位组装好模板，灌注一定高度的混凝土后，用人力或机械传动(液压或电力)，使模板沿导杆向上滑升，即可一边滑升一边灌注混凝土，如图 12－8 所示。滑升模板适用于高桥墩，在深谷和水中的桥墩，更能显示其优越性。

(4)组合型钢模板。

组合型钢模板是以标准钢模构件，用定型的连接件将钢模拼成结构的模扳，如图 12－9 所示。它具有体积小、重量轻、运输方便、装拆简单、接缝紧密等优点。

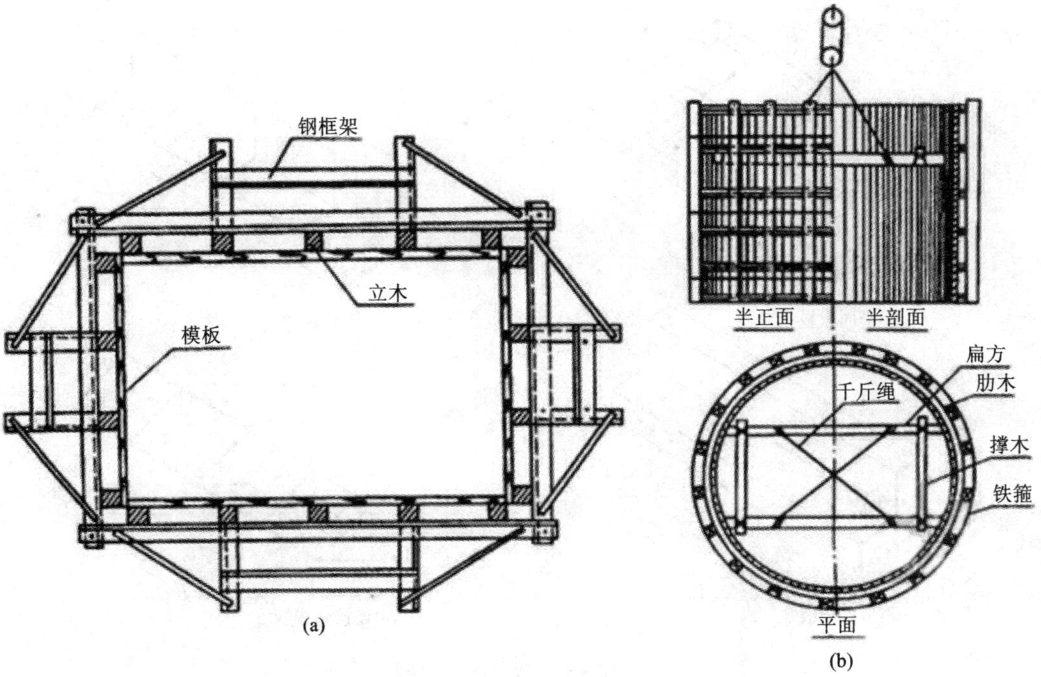


**图 12－7　整体吊装模板**

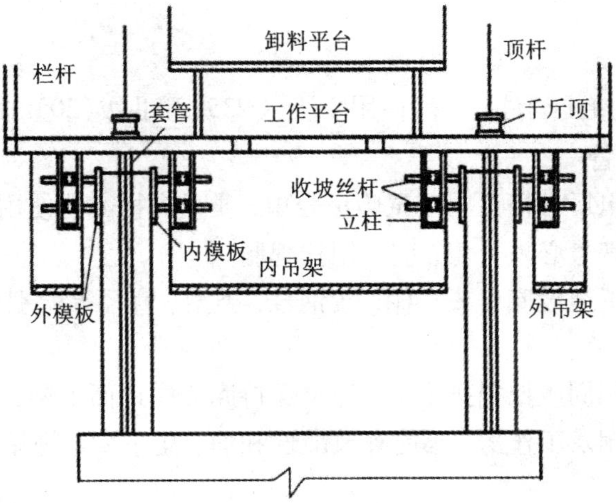


**图 12－8　圆形空心桥墩滑模图**

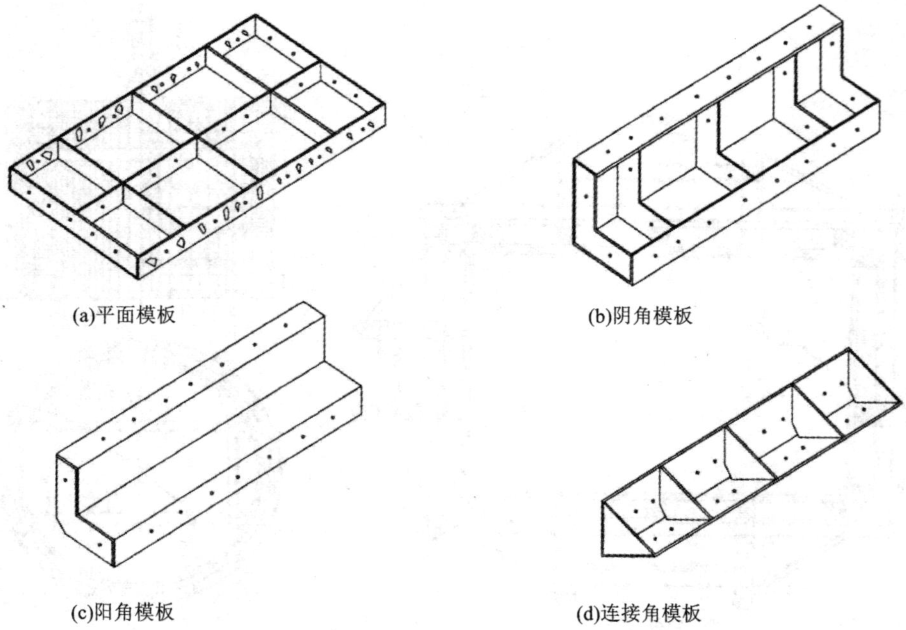


**图 12－9　常见的钢模板**

## 任务 12.3　钢筋与混凝土施工

### 一、钢筋施工

铁路建筑物钢筋混凝土构件，一般使用Ⅰ级(Q235)和Ⅱ级(20MnSi)热轧钢筋。

**1. 钢筋的检验和保管**

(1)钢筋均应附有出厂合格证明或试验报告单，质量合格方能使用。

(2)对钢筋的品种牌号必须分清，应采用挂牌制。

(3)堆放钢筋应在工地设库房或料棚，按钢号、类型、直径等分别存放，钢筋必须离开地面不小于 20 cm。

(4)库房或料棚的四周应挖掘排水沟，经常保持库棚内地面干燥，以防钢筋锈蚀。

(5)堆存钢筋的库棚及工作房，不能存放酸性和油、盐一类的物品，并远离有害气体，以免污染或腐蚀钢筋。

**2. 钢筋加工**

钢筋一般在钢筋车间或施工现场的钢筋加工厂加工，然后运至施工现场安装或绑扎。钢筋加工过程有冷加工、调直、除锈、剪切、焊接、弯曲、绑扎、安装等。

(1)钢筋调直。

盘条——直径在 12 mm 以下的钢筋，一般卷成圆盘出厂，故又称盘条。

辗条——直径在 12 mm 以上(含 12 mm)的钢筋，其长度为 6～12 m，可放长到 24 m(出厂供应)，称为辗条。为了运输方便，大多弯曲成 U 形以利装卸。因此，钢筋在使用前，都必须进行调直。

调直方法分为机械和人工两种方法。

(2)除锈。

钢筋除锈方法，简单的有钢丝刷除锈、砂盘除锈，也可以采用机械喷砂及电动机刷锈之类的小型机械除锈。

用钢丝刷除锈的办法，因其效率低、成本高(钢丝刷的消耗很大)，一般很少采用。在工地上常用大木箱或桶盛入干燥的粗砾石，于木箱两端开槽穿孔，将钢筋插入槽孔并穿过砂砾来回摩擦，就可以把锈除去。这种砂盘除锈法效果好，而且设备简单，故采用较多。

(3)配料。

钢筋配料工作，就是根据设计图纸和规范要求，计算出每种规格钢筋的根数和长度，正确地进行配料加工。最好将一个施工单位全部钢筋混凝土工程所需的钢筋规格、数量汇总成表，然后据此统筹安排进行配料。

①下料长度。一般情况下，受拉的光面钢筋的末端应弯成180°的半圆形弯钩，如图12-10所示。设计图纸上标注钢筋尺寸时，对于有弯钩的钢筋，都是注明至钢筋端点的尺寸。因此，在计算下料长度时，必须算出钢筋弯钩增加的长度，即图中所示的$l$。由图中可以看出，$l$值包括180°弧长、末端直线段再扣除切点至端点的距离(即2.25$d$)，则$l$值可计算如下：

$$l=\frac{\pi}{2}(3.5d)+3d-2.25d=6.25d$$

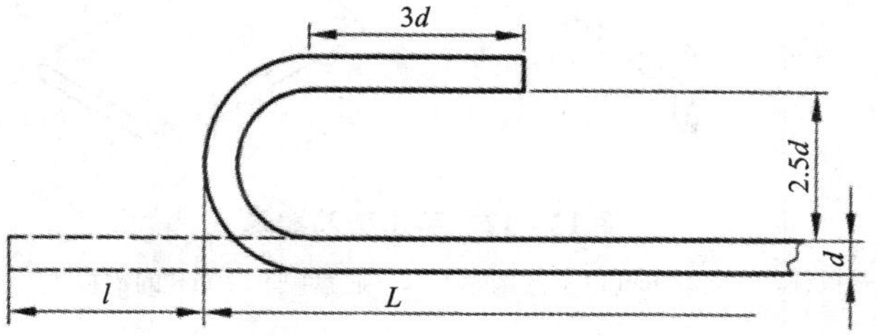


**图12-10　标准弯钩**

$L$—标注钢筋长度由钢筋端点算起；$d$—钢筋直径

钢筋经过弯曲，因塑性变形引起的长度增加，称为钢筋弯曲伸长值，一般情况下45°、90°、180°弯曲的伸长值分别为0.5$d$、1.0$d$、1.5$d$。但伸长值与钢筋材质、直径、弯曲度及加工方式有关，采用时宜通过试弯校核。计算下料长度时，应减去钢筋弯曲伸长值。如图12-11所示的钢筋，其下料长度为：

$$L=7560+2\times(6.25\times16)-2\times(1.5\times16)=7712(\text{mm})$$

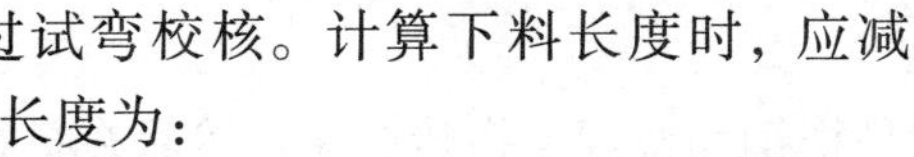


**图12-11　钢筋下料长度计算**

②接头：钢筋的接头应按桥规要求布置。在钢筋配料时，还要考虑绑扎接头的搭接长度。至于焊接接头，一般是先焊接后下料。

(4)钢筋的切断。

①手工切断：盘条可用断丝钳，较粗的钢筋可用大锤克子切断。此法劳动强度大，工效低。手工可切断直径 6 ~ 32 mm 的钢筋。

②手动切断机：利用杠杆原理来切断钢筋，一般只能切断直径 19 mm 以下的钢筋。

③电动切断机：电动切断机效率高，适用于工程量较大的工地，可以切断直径 6 ~ 40 mm 的钢筋，直径较小的钢筋可一次切断数根。

(5)钢筋弯曲成型。

将已切断的钢筋弯成所要求的尺寸形状，是钢筋加工中主要工序之一。如果钢筋弯曲成型不正确，或有翘曲不平现象，将使绑扎、安装发生困难，甚至造成质量事故。

钢筋的弯曲成型可分为手工及机械(如电动弯筋机)2 种方法：

①人工弯钢筋通常采用扳子在硬木工作台上进行，工作台必须稳固牢靠，弯筋器具如图 12 - 12 所示。

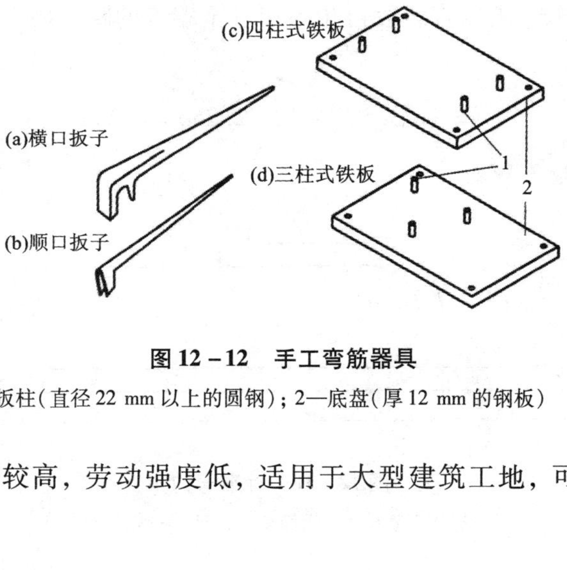


**图 12 - 12　手工弯筋器具**

1—扳柱(直径 22 mm 以上的圆钢)；2—底盘(厚 12 mm 的钢板)

②机械弯筋，工效较高，劳动强度低，适用于大型建筑工地，可弯直径 6 ~ 40 mm 的钢筋。

**3. 钢筋的接头**

当成型的钢筋长度超过原材长度，或把剩余的短料接长使用时，都要遇到钢筋接头的问题。钢筋接头的形式有绑扎和焊接 2 种。

(1)绑扎接头。

绑扎接头简便易行，就是把钢筋按规定搭接起来，然后在搭接部分的中心和两端用铅丝扎紧，如图 12 - 13 所示。

受拉钢筋的接头，$l = (30 \sim 40)d$ 且 $\geqslant 250$ mm；

受压钢筋的接头，$l = (20 \sim 30)d$ 且 $\geqslant 200$ mm。

(2)焊接接头。

焊接接头有节约钢材、提高工程质量、缩短工期的优点，因此，使用广泛，特别适用于钢筋工程量较大的工地。焊接接头分接触对焊和电弧焊 2 种。电弧焊焊接接头如图 12 - 14 所示。

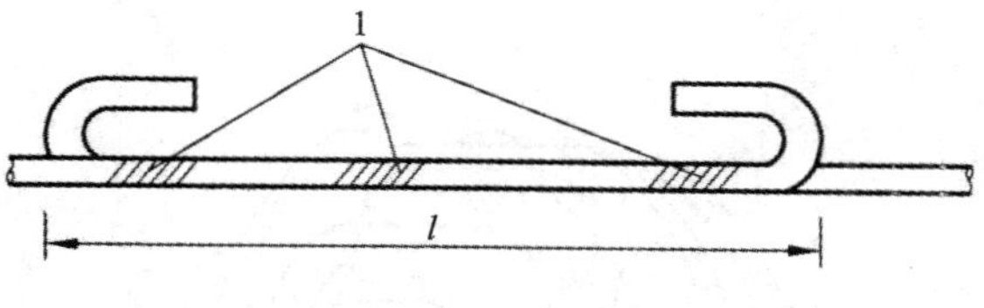


**图 12－13　绑扎接头**

1—用铅丝扎紧；$l$—搭接长度

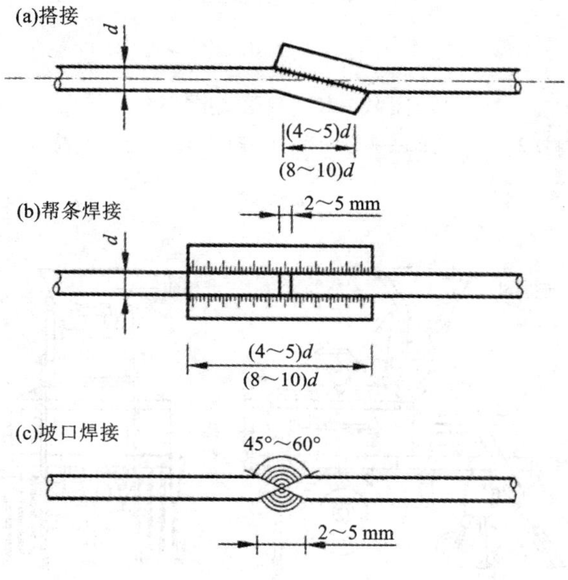


**图 12－14　电弧焊焊接接头**

## 二、混凝土施工

**1. 混凝土的拌制**

混凝土的拌制就是将水泥、水、粗细骨料和外加剂等原材料混凝土在一起均匀拌和的过程。搅拌后的混凝土要求均质，且达到设计要求的和易性与强度。

混凝土的拌制方法有人工与机械 2 种，一般采用机械拌制，只有零星小工程，方可采用人工拌制。混凝土机械拌制，一般使用混凝土搅拌机。搅拌机分自落式与强制式，自落式搅拌机适用于塑性混凝土，强制式搅拌机适用于干硬性混凝土。

(1) 自落式搅拌机。

自落式搅拌机的工作原理，是利用旋转着的搅拌筒上的叶片，使物料在重力作用下，相互穿插、翻拌、混和，以达到均匀拌和的目的，如图 12－15 所示。

(2)强制式搅拌机。

强制式搅拌机的工作原理是依靠旋转的叶片对物料产生剪切、挤压、翻转和抛出等的组合作用进行拌合，如图 12－16 所示。

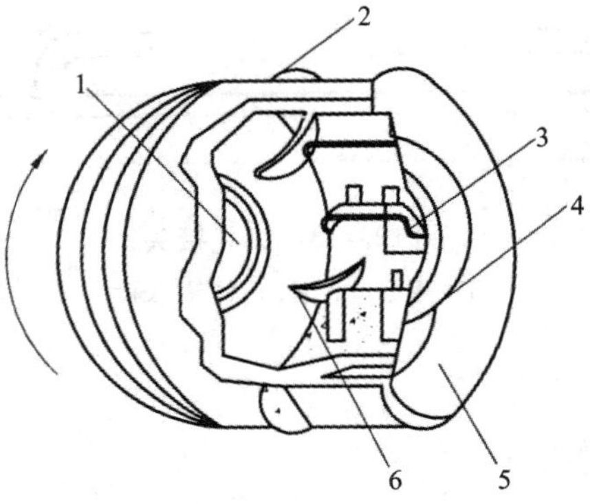


**图 12－15 自落式搅拌机**

1—进口料；2—大齿轮；3—弧形叶片；4—卸料口；5—搅拌鼓筒；6—斜向叶片

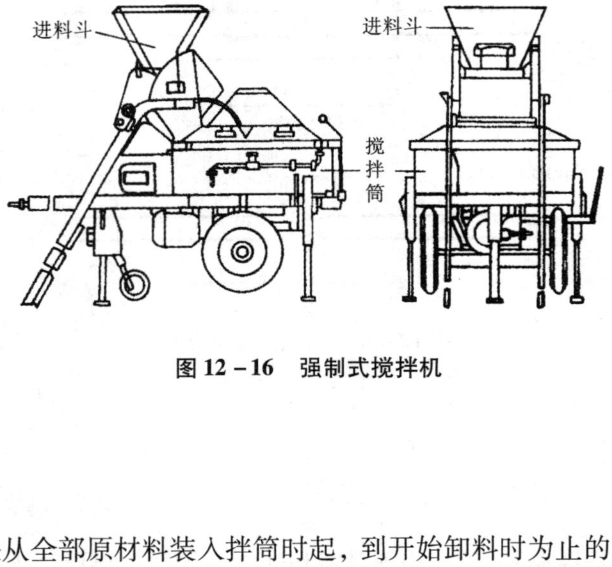


**图 12－16 强制式搅拌机**

**2. 搅拌制度**

(1)搅拌时间。

搅拌时间指的是从全部原材料装入拌筒时起，到开始卸料时为止的时间。普通混凝土的最短搅拌时间如表 12－1 所示。

**表 12－1 普通混凝土的最短搅拌时间** s

| 混凝土的塌落度/cm | 搅拌机类型 | 搅拌机容积/L | | |
|---|---|---|---|---|
| | | <250 | 250～500 | >500 |
| ≤3 | 自落式 | 90 | 120 | 150 |
| | 强制式 | 60 | 90 | 120 |
| >3 | 自落式 | 90 | 90 | 120 |
| | 强制式 | 60 | 60 | 90 |

(2)加料顺序。

常用投料方法有一次投料法和二次投料法两种。

①一次投料法应用最普遍。对自落式搅拌机采用一次投料法应先在筒内加部分水，然后在搅拌机料斗中依次装石子、水泥、砂，一次投料，同时陆续加水。

②二次投料法有水泥裹砂法、预拌水泥砂浆法和预拌水泥浆法。

水泥裹砂法是先加一定量的水，将砂表面的含水量调节到某一定值，再将石子加入与湿砂一起搅拌均匀，然后投入全部水泥，与湿润后的砂、石拌和，使水泥在砂、石表面形成一层低水灰比的水泥浆壳，最后将剩余的水和外加剂加入，搅拌成混凝土。这种工艺与一次投料法相比可提高强度20%～30%，而且混凝土不易产生离析现象、泌水性也大为降低，施工性也好。

预拌水泥砂浆法是将水泥、砂和水加入强制式搅拌机中搅拌均匀，再加石子搅拌成混凝土。此法与一次投料法相比可减水4%～5%，提高混凝土强度3%～8%。

预拌水泥浆法是先将水泥加水充分搅拌成均匀的水泥净浆，再加入砂、石搅拌成混凝土，可改善混凝土内部结构、减少离析、节约水泥20%或提高混凝土强度15%。

(3)进料容量。

进料容量指可装入搅拌机的材料体积之和。装料过多(超过进料容量的10%)，会使搅拌筒中无充分的拌和空间；装料过少，则不能发挥搅拌机的效率。进料容量载于搅拌机性能表中。搅拌机规格用出料容量表示，出料容量与进料容量有一定的关系。

**3. 混凝土运输**

混凝土在运输过程中的一般要求：

(1)应保持混凝土的均匀性，不产生严重离析现象，否则浇筑后容易形成蜂窝或麻面。

(2)运输时间应保证混凝土在初凝前浇入模板内并捣实完毕。

(3)混凝土从搅拌机卸出后到浇筑进模板后时间间隔不得超过所列的数值。若使用快硬水泥或掺有促凝剂的混凝土，其运输时间应由试验确定；轻骨料混凝土的运输、浇筑延续时间应适当缩短。

(4)运输混凝土的工具(容器)应不吸水、不漏浆。天气炎热时，容器应遮盖，以防阳光直射而使水分蒸发。容器在使用前应先用水湿润。

混凝土运输分水平运输、垂直运输和混凝土泵运输。

**4. 混凝土浇筑和振捣**

混凝土的浇筑工作包括布料摊平、捣实和抹面修整等工序。混凝土浇筑质量的好坏，直接影响结构的承载能力和耐久性。

(1)混凝土浇筑的一般要求。

①浇筑前的准备工作。

在地基或基土上浇筑混凝土时应清除淤泥和杂物，并应有排水或防水措施。对干燥的非黏性土，应用水湿润；对未风化的岩石，应用水清洗，但其表面不得留有积水。

模板上的杂物和钢筋上的油污等应清理干净；模板的缝隙和孔洞应予堵严；模板应浇水润湿，但不得有积水。

②浇筑的基本要求：

a. 防止混凝土离析，混凝土离析会影响混凝土的均质性。因此除在运输中应防止剧烈颠籁外，混凝土在浇筑时自由下落高度不宜超过 2 m，否则应用串筒、斜槽等下料。

b. 在浇筑竖向结构混凝土前，应先在浇筑处底部填入 50 ~ 100 mm 厚与混凝土内砂浆成分相同的水泥浆或水泥砂浆。

c. 在降雨、雪时不宜露天浇筑混凝土。

d. 混凝土应分层浇筑。

e. 混凝土应连续浇筑，当必须有间歇时，其间歇时间宜缩短，并在下层混凝土初凝前将上层混凝土浇筑振捣完毕。

f. 在混凝土浇筑过程中应经常观察模板及其支架、钢筋、埋设件和预留孔洞的情况。

(2)混凝土的振动捣实。

混凝土拌合物浇入模板后，呈疏松状态，其中含有占混凝土体积 5% ~ 20%（体积分数）的空隙和气泡。必须经过振实，才能使浇筑的混凝土达到设计要求。捣实混凝土有人工捣实和机械捣实两种方式：

①人工捣实是用人工冲击（夯或插）来使混凝土密实、成型；

②用于振动捣实混凝土拌合物的机械，如图 12 – 17 所示。

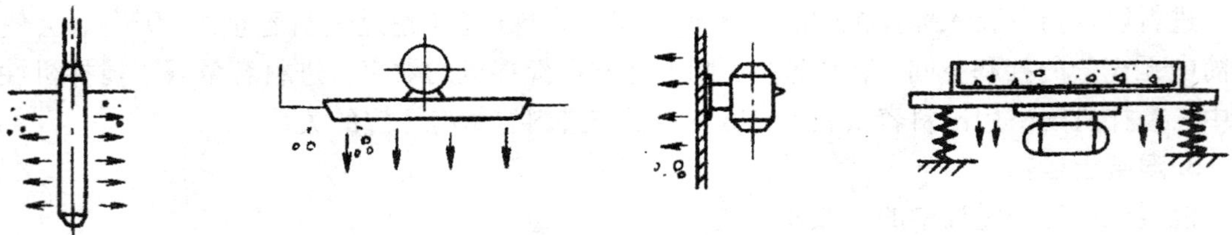

(a)内部振动器 (b)表面振动器 (c)外部振动器 (d)振动台

**图 12 – 17 振动机械示意图**

a. 内部振动器。内部振动器又叫做插入式振动器，主要由振动棒、软轴和电动机 3 部分组成。振动棒和混凝土接触时，便将振动传给混凝土，很快使混凝土密实成型。可用于大体积混凝土、基础、柱、梁、墙、厚度较大的板及预制构件的捣实工作。

b. 表面振动器（平板振动器）。平板振动器适用于表面积大且平整、厚度小的结构或预制构件。

c. 外部振动器（附着式振动器）。外部振动器直接安装在模板外侧，利用偏心块旋转时产生的振动力，通过模板传递给混凝土，适用于钢筋较密、厚度较小、不宜使用插入式振动器的结构构件。

d. 振动台。振动台是混凝土构件成型工艺中生产效率较高的一种设备，适用于混凝土预制构件的振捣。

**5. 施工缝的设置**

(1)设置施工缝位置的一般要求。

施工缝的位置应在混凝土浇筑之前确定，并宜留在结构抗剪强度较小且便于施工的部位。

(2)施工缝位置处施工的注意事项。

在施工缝处继续浇筑混凝土时，应符合下列规定：

①已浇筑的混凝土，其抗压强度不小于1.2 $N/mm^2$时才可进行；

②在已凝结硬化的混凝土表面，应清除水泥浆膜和松散石子以及软弱混凝土层并凿毛，然后加以充分湿润和冲洗干净，且不得积水；

③在浇筑混凝土前，宜先在施工缝处铺一层水泥浆或与混凝土成分相同的水泥砂浆；

④施工缝处的混凝土表面应加强振捣，使新、旧混凝土紧密结合。

**6. 大体积混凝土的浇筑**

(1)大体积混凝土的浇筑应合理地分段分层进行，使混凝土沿高度均匀上升；浇筑宜在室外气温较低时进行，混凝土浇筑温度不宜超过28℃。

(2)大体积混凝土整体性要求高，通常不允许留施工缝。若需留置施工缝应根据结构大小、钢筋疏密等具体情况，可选用图12－18所示的全面分层、分段分层、斜面分层等方案。

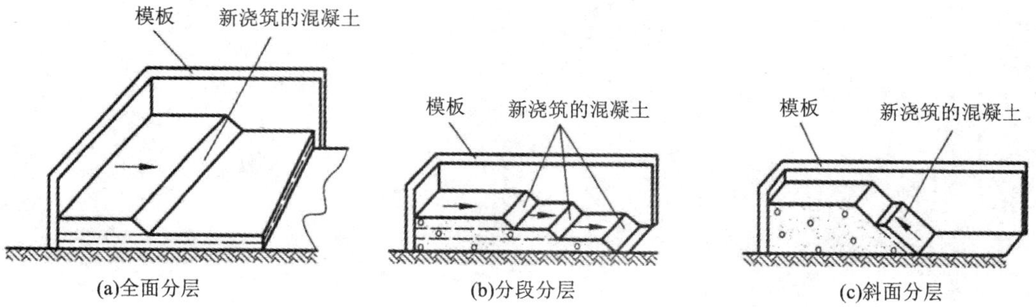


**图12－18　大体积混凝土浇筑方案**

(3)浇筑大体积混凝土时，由于水泥水化热大，形成较大的温度应力，以致混凝土产生温度裂缝。

**7. 混凝土养护与拆模**

(1)混凝土养护。

①自然养护。自然养护是指在日平均气温高于＋5℃的自然条件下，对混凝土采取的覆盖、浇水、挡风、保温等养护措施。

②蒸汽养护。蒸汽养护就是将浇筑成型的混凝土构件置于固定的养护坑(或棚、窑)内，宜先静置2～6 h，然后通以蒸汽，使混凝土在较高的温度和湿度条件下迅速凝结、硬化，达到要求的强度。

(2)混凝土拆模。

混凝土或钢筋混凝土结构拆模时的强度应符合设计要求，当设计无要求时应符合下列规定：

①不承重的侧面模板，在混凝土强度达到能保证其表面及棱角不因拆除而受损时，方可拆模；一般情况宜使混凝土强度达到2.5 MPa以上方可拆模。

②承重的底面模板宜在混凝土强度足以安全地承受其结构自身重力和外加施工荷载时，方可拆模。

③在新浇筑混凝土强度未达到1.2 MPa以前，不得在其表面上来往行人、堆放机具、架

设上层结构用的支撑或模板等设施。

④拆模工作应按立模顺序逆向进行，不应使混凝土损伤，并应减少模板破损。

⑤拆模后的建筑物，应在混凝土获得100%设计强度后，方可承受全部设计荷载。

## 习　题

1. 支架和拱桥有什么区别？
2. 模板施工的要点是什么？

# 项目13 桥梁墩台施工

墩台是桥梁的重要结构，墩台施工工程量大，高空作业多，往往成为桥梁工程施工中控制工期的关键，其施工质量直接关系到桥梁上部结构的制作与安装质量，且对桥梁建成后的使用状况影响甚大。

墩台的施工方法与结构形式有关，通常分为两种：一种是在桥位处就地施工；一种是预制装配。目前多采用前一种方法，其特点是施工较为简单，技术难度较小，但工期较长。预制装配法建造桥梁墩台的优点是建桥速度快，预制构件质量有保证，工人劳动强度不大，特别适用于施工场地狭窄、干旱缺水地区及砂石供应困难的地区。

## 任务13.1 混凝土墩台

### 一、提升设备

混凝土墩台施工常用的提升设备有井架、缆索吊车及混凝土泵等。

**1. 井架**

在施工现场就地灌注桥梁墩台混凝土(或砌筑)时，利用井字形钢塔架提升材料非常方便，特别是用于高桥墩时，更能显示出其优越性。井架一般采用万能杆件拼制，水平截面为2 m×2 m；也可采用扣件式小钢管搭设井架，如图13－1所示。

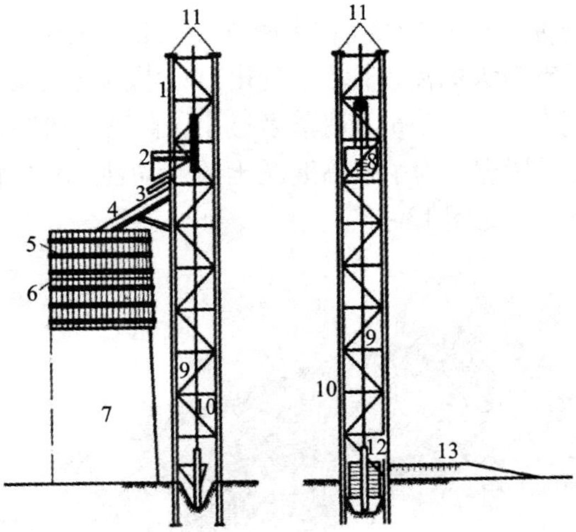


**图13－1 混凝土输送塔架**

1—井架；2—吊斗；3—导轨弯头；4—溜槽；5—桥墩模板；6—已灌注混凝土高度；7—桥墩；8—吊斗提升至预定高度后沿弯头滑行自动倾卸；9—正面导轨(按卸料高度弯头)；10—两侧导轨；11—缆风绳；12—吊斗卸料后返回地面装料；13—上料平台

**2. 缆索吊车**

山区修建桥梁，由于桥址地形陡峻，机具材料不便运至墩台附近，而当桥头两岸地势较高时，宜采用缆索吊车法施工，平原地区跨河亦可采用。缆索吊车既可用作垂直运输，又可用作水平运输，不受桥高和地形的限制，一套设备可以承担几个墩台甚至全桥的运输，如图13－2所示。

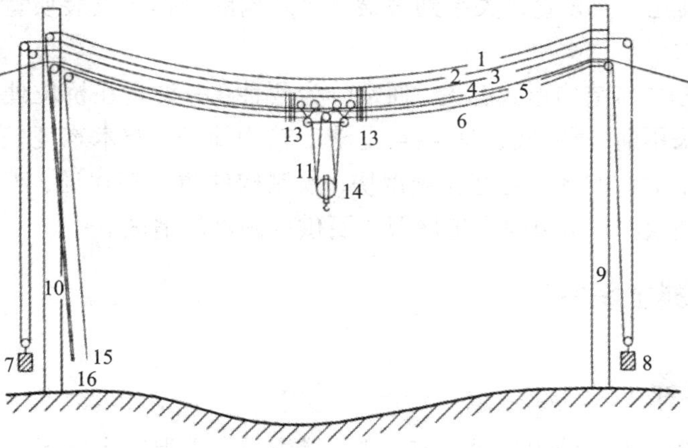

图13－2 缆索吊车

1—上循环绳；2—上结绳；3—下结绳；4—轨；5—下循环绳；6—起重绳；7—结绳平衡重；8—循环绳平衡重；9—塔架A；10—塔架B；11—搬运器；12—至地垄；13—分索器；14—起重滑车；15—起重绳单头经转向滑车进入起重卷扬机；16—循环绳经转向滑车绕过循环卷扬机而循环运动

**3. 混凝土泵**

泵送混凝土是一种先进的施工方法。它是用压力把混凝土通过硬的或软的管道输送到指定地点。泵送混凝土应具有较大的流动性，泵的出口处混凝土坍落度宜为8～12 cm。为此，拌和机出料坍落度宜控制在13～17 cm。坍落度过小，管道易堵塞；过大则混凝土可能发生离析现象，也可能导致管道堵塞。为了提高混凝土的流动性，减少管道堵塞的危险，可掺加减水剂或加气剂，混凝土泵车见图13－3。

图13－3 混凝土泵车

常见的混凝土输送泵有2种：一种是移动式混凝土泵，一般只垂直运送混凝土，运送高度在50 m左右；另一种是固定式混凝土泵，垂直与水平均可运送，其运送距离可在200 m以上。

## 二、高墩滑动模板施工

滑动模板是用一节模板，连同工作脚手架以整体形式安装在基础顶面，依靠自身的支承和提升系统，在灌注混凝土的同时，模板也慢慢向上滑升，这样可连续不断地灌注混凝土。此法施工的墩台整体性好，施工速度快，高空施工安全。缺点是由于使用了半干硬性混凝土，表面质量难以控制。

**1. 滑模的构造**

根据桥墩类型、墩身坡度、截面形式和提升方式的不同，滑模可以设计成不同的形式。这里介绍电动液压千斤顶提升的圆形空心桥墩滑模的构造，见图13－4。

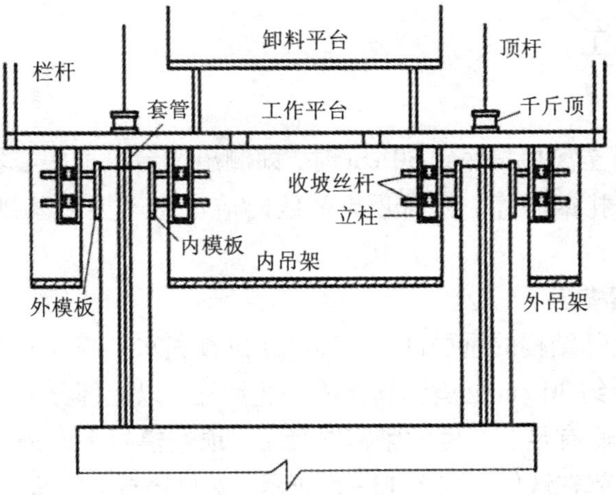


**图13－4　圆形空心桥墩滑模图**

(1)卸料平台：由钢环、横梁、立柱、栏杆、步板和串筒等组成，是堆放、灌注混凝土和起重指挥的作业台。

(2)工作平台：由内外钢环、辐射梁、栏杆和步板等组成，是整个模板结构的骨架。

(3)内外模板：内外模板采用钢面板、角钢和槽钢制成，分固定模板和活动模板两种。

(4)内外立柱和收坡丝杆：内外立柱安装在辐射梁上，是内外模板的支承。

(5)内外吊架：吊架由竖杆、横杆、步板和安全网等组成。为抹面、养护和收坡作业的脚手架。

(6)提升设备：提升设备由液压千斤顶、顶杆与套管、液压操纵台和输油管路等组成。

**2. 混凝土灌注与滑模提升**

灌注混凝土前，先向模内铺灌一层2～3 cm厚的砂浆。混凝土入模时，要四周均匀对称分布，每层表面应基本水平，宜用小型内插式振动器捣实，避免接触钢筋、套管及模板。插入已捣实好的前一层混凝土中不超过5 cm。

整个桥墩灌注过程可分为初灌滑升、正常滑升与末次滑升 3 个阶段。

(1)初灌滑升阶段。

从开始灌注混凝土到模板首次试升为初灌滑升阶段。初灌混凝土的高度一般为 60 ~ 70 cm，分 3 次灌注。在底层混凝土强度达到 0.2 ~ 0.4 MPa 时，即可试升。将所有千斤顶同时缓慢起升 5 cm 左右，以观察底层混凝土的凝固情况。

经初升后，应全面检查所有设备，认为符合要求，即可进入正常滑升阶段。

(2)正常滑升阶段。

正常滑升阶段，即每灌注一层混凝土，模板即滑升一次，使每次灌注的厚度与每次提升的高度基本一致。在正常气温条件下，提升时间不宜超过 1 h。

(3)末次滑升阶段。

末次滑升阶段，是混凝土已经灌注到需要高度，不再继续灌注，但模板尚需继续滑升的阶段。灌完最后一层混凝土后，每隔 1 ~ 2 h 将模板提升 5 ~ 10 cm，滑动 2 ~ 3 次后即可避免混凝土与模板胶合。

## 三、墩台顶帽施工

**1. 顶帽放线**

墩台混凝土或砌石至离顶帽底约 30 cm 时，即测出墩台纵横中心轴线，并据此竖立顶帽模板，安装锚栓孔及安扎钢筋等。桥台顶帽放线时应注意不要以基础中心线作为顶帽背墙线，以免放错。

**2. 混凝土墩台顶帽模板**

墩台顶帽是支承上部结构的重要部分，其尺寸位置和水平高程的准确度要求较严。墩台身混凝土灌注至顶帽下约 30 cm 处就预埋接榫停止灌注，以上部分混凝土待顶帽模板立好后一次灌注，以保证顶帽底有足够厚度的紧密混凝土，顶帽模板下面的一根拉杆可利用顶帽下层的分布钢筋担任，以节省铁件。如图 13 - 5 所示，支承垫石的模板挂装在上部的木拉杆上。

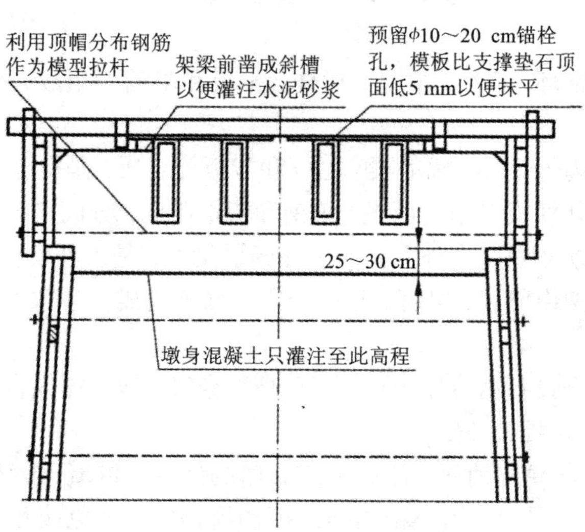


图 13 - 5 混凝土桥墩顶帽模板

## 任务13.2　砌筑墩台

砌筑墩台是指用石料、预制块及大块件拼装的墩台，具有可就地取材及水泥、钢材用量小、经久耐用等特点，在石料供应充分和适宜建造石砌桥墩的条件下，石砌桥墩应优先考虑。

### 一、砂浆及石料

桥墩台砌石，应采用水泥砂浆砌筑。砂浆强度按设计规定或《铁路桥涵混凝土和砌体结构设计规范》(TB 10002.4—2005)要求。重要结构的水泥砂浆强度等级应不低于M10，次要结构及附属工程，砂浆的强度等级应为M5～M10。

石砌体所用石料，应不易风化。对于浸水和潮湿地区的石砌体主体工程石料，软化系数(指石料在饱和状态下与干燥状态下试块极限抗压强度的比值)应不低于0.8。桥涵所用石料分片石、块石、粗料石3种。

**1. 浆砌片石**

片石砌筑的实体墩台高度不宜大于20 m。当高度超过15 m时，应在墩台中部用整齐块石砌一垫层或灌注一层混凝土，其厚度为0.6～1.0 m。当高度超过6 m时，应全部用块石镶面；若高度在6 m以下，则用浆砌片石镶面。

挤浆法砌筑片石的主要操作，在砌筑第一层石块时，按所挂线选择比较方正的石块作角石先砌，再砌面石，最后砌填腹石，如图13－6所示。

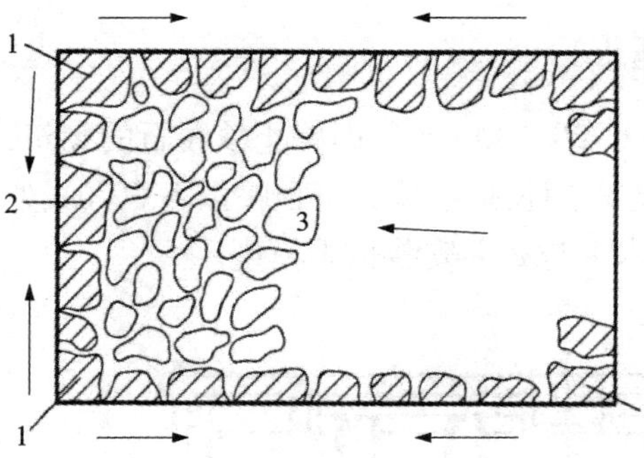


**图13－6　片石砌筑顺序**

1—角石；2—镶面石；3—填腹石；→为砌筑方向

**2. 浆砌块石**

块石厚度不小于20 cm，形状大致呈方形。用于镶面时，外露面应稍加修凿，并丁顺相间排列与填腹石连成整体。镶面石的灰缝宽度为1～2 cm，上、下层错缝不小于8 cm。用块石填腹时，水平灰缝不大于3 cm，垂直灰缝不大于4 cm，填腹石灰缝也要错开。

砌筑步骤与浆砌片石大体相同。块石的砌筑可不按照每块石料的厚度分层，但每隔70～120 cm必须找平一次作为一段，如图13－7所示。

**3. 浆砌粗料石**

浆砌粗料石用于圆形、圆端形桥墩或破冰棱体的曲面部分及石拱桥的拱圈、拱座等。这些砌块的尺寸与规格要求较高，必须定型加工修凿。粗料石用于镶面时，应水平分层，每层

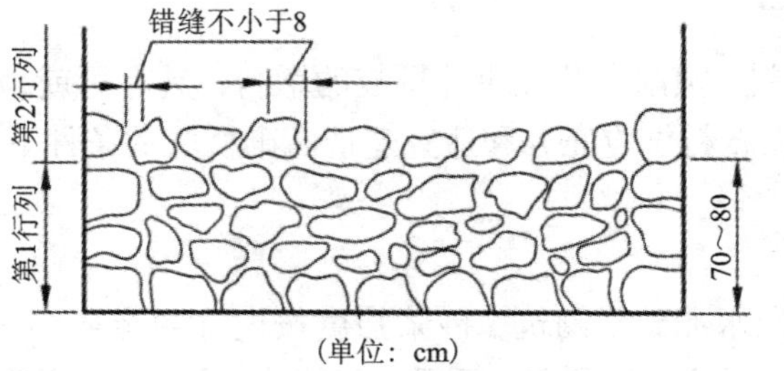


图 13－7　块石分行列砌筑

厚度不变或向上递减，但最薄不小于 20 cm。每层均应按一丁一顺交错排列(图 13－8)，垂直错缝不小于 10 cm，灰缝宽度为 1.5～2.0 cm。

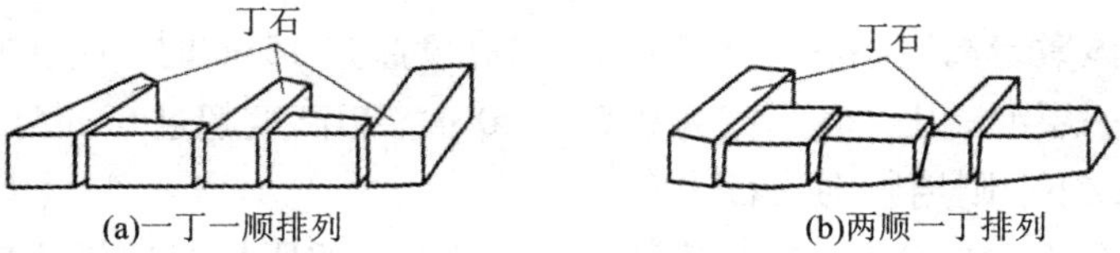


图 13－8　粗料石砌筑

## 二、石砌墩台顶帽施工

当墩台身砌筑到顶帽以下 20～30 cm 处即停止填腹石的砌筑，开始安装顶帽模型。先用两根大约 15 cm×15 cm 的方木用长螺栓拉夹于顶帽以下 30 cm 处，如图 13－9 所示。方木 1 的上面搁方木 2，然后在方木 1 与 2 上安装顶帽模型。

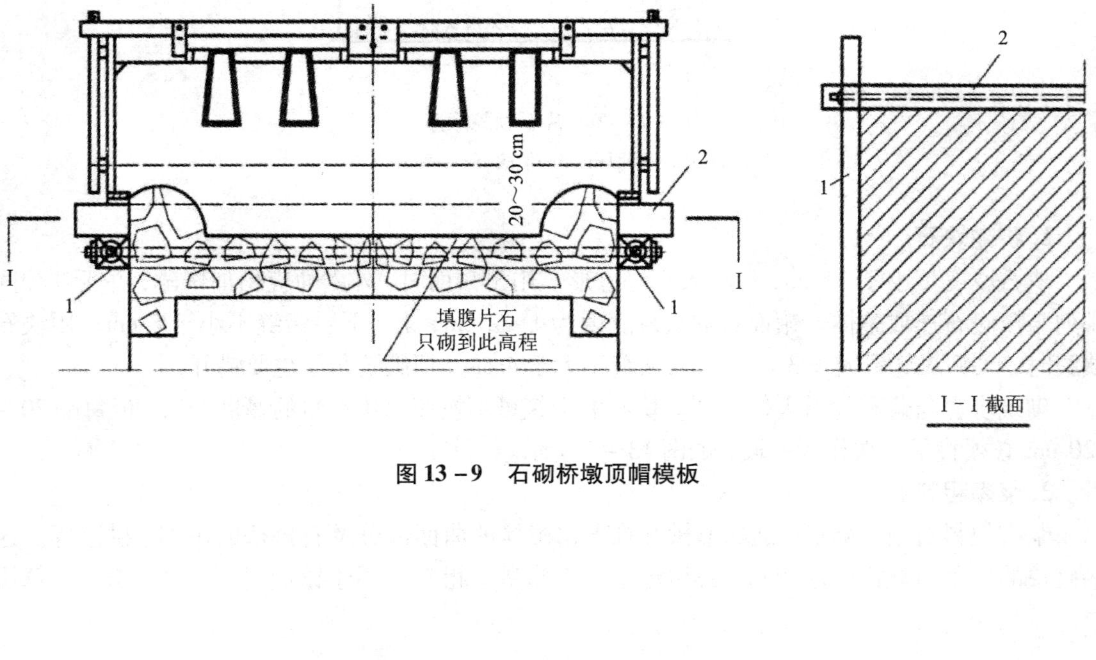


图 13－9　石砌桥墩顶帽模板

# 任务13.3　锥体护坡

## 一、一般规定

(1)桥台与路堤连接处，必须设置桥头锥体护坡，其作用是保护桥头路堤填土，保证桥台稳定和免受洪水冲刷。

(2)锥体填土坡面一般要设防护，防护的标准根据地形和水文情况而定。

(3)桥台与路基连接处应符合下列要求：

①台尾上部伸入路肩至少0.75 m；

②锥体坡面距支承垫石顶面后缘不小于0.3 m；

③埋式桥台锥体坡面与合身前缘相交处设计洪水频率水位不少于0.25 m；

④锥体顺线路方向的坡度，路肩下0~6 m不陡于1∶1；6~12 m不陡于1∶1.25；大于12 m不陡于1∶1.5。

⑤钢筋混凝土刚架桥和桩排架的锥体坡面顺线路方向的坡度，不陡于1∶1.5。

## 二、锥体护坡施工

**1. 锥体填土部分**

(1)锥体填土必须分层夯打密实，应达到最佳密实度的90%以上。

(2)砂砾石土类，应洒水夯填。采用不易风化的块石填料，应注意层次均匀，铺填密实，不可堆填或倾填。

(3)有坡面防护的护坡，在锥体填土时，就应留出坡面防护砌筑位置。

(4)为使桥台与路堤连接良好，必要时可在锥体顶面以下1.50 m范围内，采用干砌片石实体砌筑。

**2. 锥体坡面砌筑**

(1)一般采用干砌片石或铺砌大卵石，也有采用预制块砌筑，以及铺草皮等防护办法的。

(2)使用片石或大卵石砌筑护坡的底层，应以卵砾石或碎石等作为垫层，在砌筑坡面时，随砌随垫保证垫层厚度。

(3)坡面以栽砌为主，预制块和大面片石可以码砌，但不如栽砌牢固美观。

(4)栽砌是把石料轴线垂直于斜坡面的砌法，如图13-10所示。

(5)石料砌筑应相互咬合错缝，其空隙应用小石楔紧塞实；大卵石要分出层次砌筑，要求上下错缝，左右挤紧，层层压牢。

**3. 护坡施工要点**

(1)在大孔土地区，应检查护坡基底及护坡附近有无陷穴，并彻底进行处理，保证护坡稳定。

(2)锥体填土应按高程及坡度填足，砌筑片石厚度不够时再将土挖去；不允许填土不足，临时边砌石，边补填土。

(3)护坡基础与坡脚的连接面应同护坡坡度垂直，以防坡脚滑走。

(4)砌石时拉线要张紧，表面要平顺，护坡片石背后应按规定做碎石反滤层，防止锥体土方被水浸蚀变形。

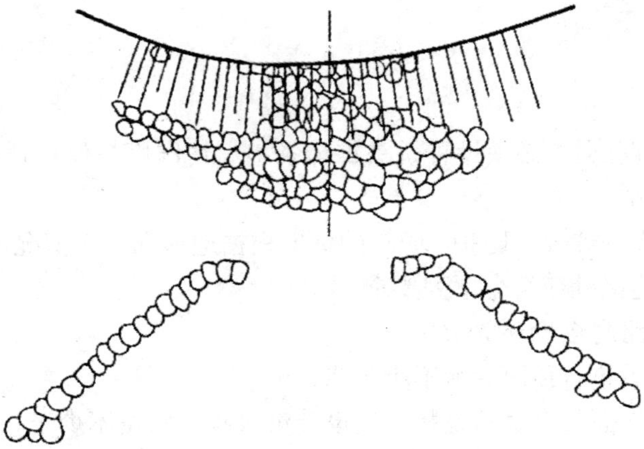

图 13－10 锥体坡面栽砌法

（5）护坡与路肩或地面的连接必须平顺，便于排水，以免砌体背后冲刷或渗透坍塌。

## 习　题

1. 混凝土墩台施工和砌筑墩台施工有什么区别？
2. 锥体护坡施工要点？

# 项目 14　钢筋混凝土梁桥施工

## 任务 14.1　钢筋混凝土梁的现场制造

### 一、施工现场

混凝土梁的现场制造，施工场地的布置非常重要，合理布置场地，主要考虑以下几个方面的问题：

(1)施工便利，场地运输合理；

(2)施工场地应在整个施工期间不被水淹；

(3)力求少用耕地，避免拆迁已有建筑；

(4)场地布置应符合劳动保护、技术安全和防火要求；

(5)力求减少临时建筑费用；

(6)施工场地应注意临时排水。

### 二、模板

(1)现场预制混凝土梁的模板主要按材料分类，一般可分为金属模板、非金属模板、钢木结合模板 3 种。

(2)大型预制构件的模板，均设计为拆装式模板。模板的形状和尺寸应符合设计要求。模板结构要有足够的刚度和强度，能承受混凝土的重量和施工过程中产生的各项荷载，在混凝土振捣器的强烈振动下其变形不超过容许误差。模板的拼缝必须严密、不漏浆。模板拼装接头构造要牢固，拆装要方便。

(3)预制 T 梁全套模板是由底模、侧模、端模和挡砟槽等部分组成。

①底模为纵横梁体系，横梁直接锚固在混凝土底座上，纵梁在横梁上面，底模直接铺在纵梁上。钢模底板通常采用 10 mm 厚的钢板，木模底板一般采用厚度为 50 ~ 60 mm 的木板。

②侧模位于梁体的两侧，沿梁长度方向由若干个具有独立结构的模扇组成。模扇的长度一般为梁体横隔板的节间长度。

③端模位于梁体两端，安装时与侧模相连。端模板主要是封堵端头，控制预应力孔道位置和锚垫板位置。

(4)模板安装程序：模扇修整→模扇及底模涂隔离剂→固定端模→安装钢筋骨架→穿预应力筋→立侧模→绑扎桥面钢筋→模板紧固安装上口撑拉杆→模板找正→安装附着振捣器→全面检查→灌筑梁体混凝土。

### 三、梁的存放与运输

**1. 移梁**

(1)吊梁可用大型龙门吊将梁从台座上吊起落到运梁平车上，再把梁运到存梁场地，也可用龙门吊直接将梁运到存梁场。

(2)无论是吊梁或顶梁，受力点的位置必须在梁体规定的允许最大临时支点之外(即保证此时梁的临时最小跨度，以防梁跨中上部出现裂纹）。

(3)在顶梁过程中，需要用圆木或钢件构成人字撑支顶梁的上缘，以确保梁体的稳定。

**2. 存梁**

(1)存放场地的面积主要取决于制梁的数量和梁运出厂的时间，以边制梁边运出存梁场情况的占地面积为最小。通常可按存全部制梁数量的一半考虑。

(2)存梁道的基础应夯实、平整，最好不要有坡度。在存梁道的一侧设卷扬机作为移梁拖拉动力。

(3)当存梁场地较大时，可采用移梁方式装卸桥梁 。

(4)当布置装卸线路时，应考虑取送和停放车辆等作业的便利，并避免装卸时与邻近线路的行车互相干扰。

(5)规划场地不应设在低洼积水处，同时场内须有可靠的简易排水系统和设施。

(6)规划存梁台位宜根据曲、直线梁的跨度、孔数，结合架梁次序、装卸方法等支排。两行桥梁端部宜留出 2 m 左右的空间。

**3. 装车**

装车方法与场地布置和装梁设备有关，大致有 2 种方法可供选择。

(1)用大型龙门吊吊装，此时龙门吊应跨越至少 2 条线路，且需要 2 台龙门吊才能吊装 16 m 以上的梁。这种方法可不降低装梁线的高程。

(2)高站台低货位的平移装梁法。装梁线低于存梁台位高程，这种方法可省去装梁龙门吊，但装梁线要有较长的爬坡距离。

## 任务 14.2 顶推法施工

桥梁顶推法施工是 20 世纪 60 年代初提出的一种新的施工方法，它的构思来源于钢桥的纵向拖拉施工法。顶推法主要用于多孔预应力连续梁施工。

### 一、顶推流程

顶推流程是：先在桥台后路堤上将梁分段制造(10 ~ 30 m 一段)，并用纵向预应力筋将各节段连成整体，然后以水平液压千斤顶为动力，借助不锈钢板和摩擦因数很低的聚四氟乙烯组成的滑移装置，使梁在已建成的墩台或临时支墩上滑移，逐段预制，逐段顶推。待全部顶推就位后，落梁、更换正式支座，完成桥梁施工。

### 二、预制场的布置

(1)在桥台后面的引桥或刚性好的临时支架上设置预制场，它是预制箱梁和顶推过渡的场地，其长度一般为预制梁段长度的 3 倍以上，宽度为桥梁宽度加 2 ×2. 5 m。

(2)预制场地上空宜搭设固定或活动的作业棚，其长度应大于 3 倍的预制梁段长度，这样主要是为了使梁段预制作业不受天气变化的影响及便于混凝土的养护。

(3)(预制场主要包括主梁梁段的浇注平台，模板、钢筋和钢索的加工场地，混凝土搅拌站以及砂、石、水泥的堆放和运输路线用地。

### 三、梁段制造

(1)模板与钢筋的制作及安装。

(2)混凝土的灌注。

由于梁段预制工作量很大，加快预制工作对缩短工期具有很重要的意义。为加快预制周期，可采取以下措施：

①组织专业化施工队伍，在统一指挥下实行岗位责任制；

②在混凝土中加入减水剂，提高混凝土早期施工和易性，以加快施工速度；

③使用大型模板，提高机械化和装配化的程度。

## 四、顶推施工方法的分类

顶推的种类和方法很多，归纳起来大致有几种：

(1)梁体制造方法——就地浇注顶推和连续拼装顶推；

(2)按顶推设备——水平千斤顶加竖向千斤顶顶推和拉杆式顶推；

(3)按顶推设备布置情况——单点顶推和多点顶推；

(4)按顶推方向——单向顶推和双向顶推。下面主要介绍单向顶推和双向顶推施工法。

①单向顶推。

单向顶推是预制场设置在桥梁一端台后中线上，主梁在预制场逐段预制，逐段顶推直至对岸的顶推方法，见图 14－1。

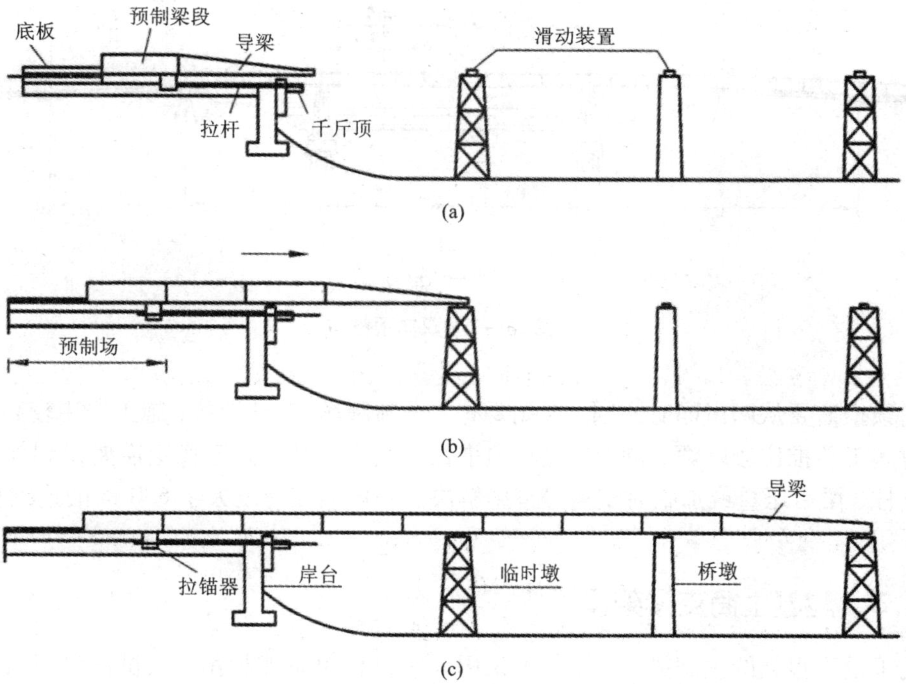


**图 14－1　单向顶推**

②双向顶推。

双向顶推是在桥梁的两岸台后同时设置预制场，主要从2个预制场逐段预制、逐段顶推，在跨中某一位置将全桥合龙，如图 14－2 所示。

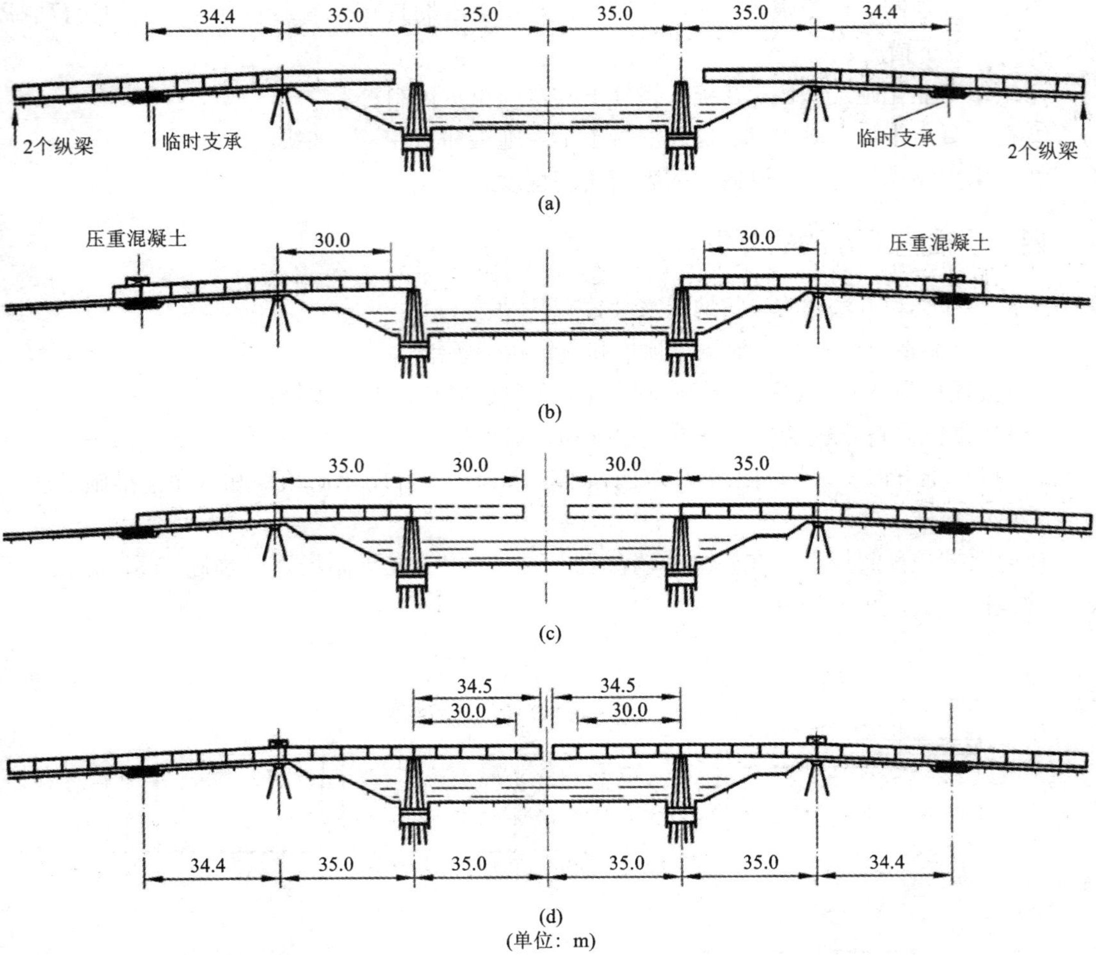


**图 14－2 双向顶推**

双向顶推需要从两岸同时预制，因此要有 2 个预制场、2 套设备，施工费用较高，且在两端合龙时施工顶推比较麻烦。同时，边跨顶推数段后，主梁的倾覆稳定需要得到保证，常采用临时支柱、梁后压重或加临时支点等措施解决。一般只在跨度大于 650 m 的连续梁桥顶推施工中采用。

## 任务 14.3 混凝土简支梁架设

架设重量不很大的预制梁，早期曾经采用人字扒杆单吊或抬吊、双扒杆隔河吊架、铺便线纵移或横移等以人力为主的架设方法。但随着施工技术的发展，陆续出现了一些机械化程度高、架设能力大的架设方法。下面主要介绍目前经常使用的几种铁路预制梁的架设方法。

### 一、龙门吊机架梁

(1)利用龙门架架梁的情况，在我国比较普遍。凡是桥孔众多，桥墩高度不大，地形较为平坦又需铺轨到达桥头前架好桥梁的工点都可以采用。

（2）龙门吊架梁之前，先在紧靠桥墩一侧铺设运梁便线，或就地现浇混凝土的台座，跨过便线或台座及桥墩铺设龙门轨道（一般是标准轨距线路）。安放走行台车，然后在走行台车上组拼与预制梁重量、宽度、高度相应的龙门架，顶上设横移轨道和吊重设备，下垂滑轮组、铁扁担和吊杆等吊梁工具，当运梁车辆送来梁片后，先将 2 台龙门架对好位置，然后从梁车上吊起桥梁横移到墩台顶面落梁就位。

（3）龙门架多采用万能杆件组拼，各种不同吊重、不同跨度和不同高度的组拼方法及所需杆件总重详见有关万能杆件手册。走行台车、吊重设施等的设计，因吊重不同各有不同的方法。

## 二、铁路架桥机架设

### 1. 单梁式架桥机

目前在我国使用的单梁式架桥机只有胜利型一种。该架桥机由 3 大部分组成：1 号车（主机）、2 号车（机动平车）及龙门吊，如图 14－3 所示。

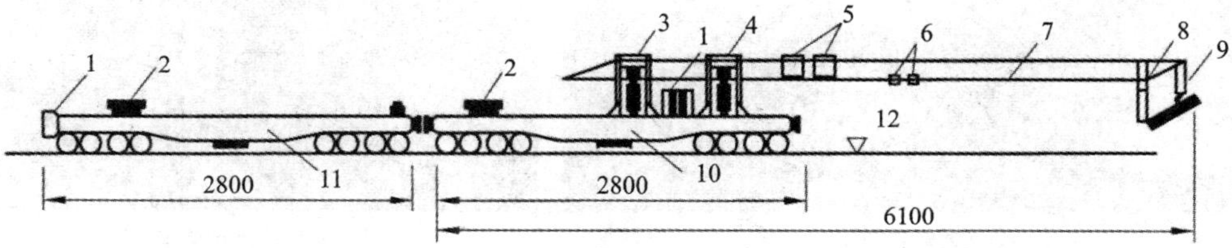


（单位：cm）

**图 14－3　单梁式架桥机——胜利型**

### 2. 双梁式架桥机

双梁式架桥机整机分为机身、前大臂和后大臂等 3 部分，如图 14－4 所示。

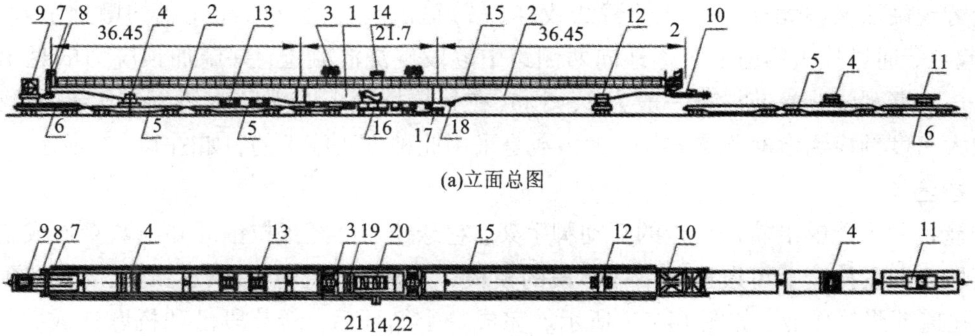


(a)立面总图

(b)平面图

（单位：m）

**图 14－4　双梁式架桥机——红旗型**

1—机身；2—机臂；3—吊梁桁车；4—托臂转向架；5—65 t 平车；6—30 t 平车；7—后端门架；8—后支柱；9—后端门架与后支柱托架；10—前端门架与前支柱；11—前端门架与前支柱托架；12—托臂小台车；13—桁车起落梁；14—司机室；15—步行板及栏杆；16—发电机室；17—台车支腿；18—转臂杆铰；19—0.3 $m^3$ 空气压缩机；20—50 kW 柴油发电机；21—架桥机走行操作盘；22—电焊机

## 任务 14.4 悬臂法施工

用悬臂法施工预应力混凝土梁桥时，不需要在河中搭设支架，而直接从已建墩台顶部逐段向孔径方向延伸施工，每延伸一段就施加预应力使其与已成部分连接成整体，如图 14 – 5 所示。由于在悬臂施工时梁内出现负弯矩，因此必须在桥梁的上缘逐段施加预应力，使其与已完成梁段连成整体。为此，悬臂法施工可在预应力混凝土连续梁桥、T 形刚构桥或连续梁桥和其他类型的桥梁上采用。

悬臂施工法是从桥墩开始，两侧对称进行现浇梁段或将预制节段对称进行拼装。前者称悬臂浇筑施工，后者称悬臂拼装施工，有时也将 2 种方法结合使用，如图 14 – 5 所示。

(a)悬臂浇筑施工

(b)悬臂拼装施工

**图 14 – 5 悬臂法施工**

### 一、悬臂现浇法

**1. 施工步骤**

悬臂现浇法又称无支架平衡伸臂法或挂(吊)篮法。它是以已经完成的墩顶节段(0 号块)为起点，通过挂篮的前移对称地向两侧跨中逐段现浇混凝土，并施加预应力的悬出循环作业法。悬臂现浇法每节段长一般为 2 ~ 5 m(在斜拉桥施工中现已达到 8 ~ 10 m)。我国已建成的大跨度预应为混凝土梁式桥，大多数是采用此种方法施工的，如图 14 – 6 所示。

**2. 挂篮**

挂篮是一个能够沿轨道行走的活动脚手架，它悬挂在已经张拉锚固并与墩身连成整体的箱梁节段上，在挂篮上可以进行下一节段的模板、钢筋、管道的安设，混凝土浇筑和预应力张拉、孔道灌浆等作业，如图 14 – 7 所示。完成一个循环后，新节段已和桥墩连成整体，成为悬臂梁的一部分，挂篮即可前移一个节段，再固定在新的节段位置上，如此循环直至悬臂浇筑完成。

### 二、悬臂拼装法

**1. 施工步骤**

悬臂拼装法指的是在桥墩两侧设置吊架，平衡地逐段向跨中悬臂拼装水泥混凝土梁体预

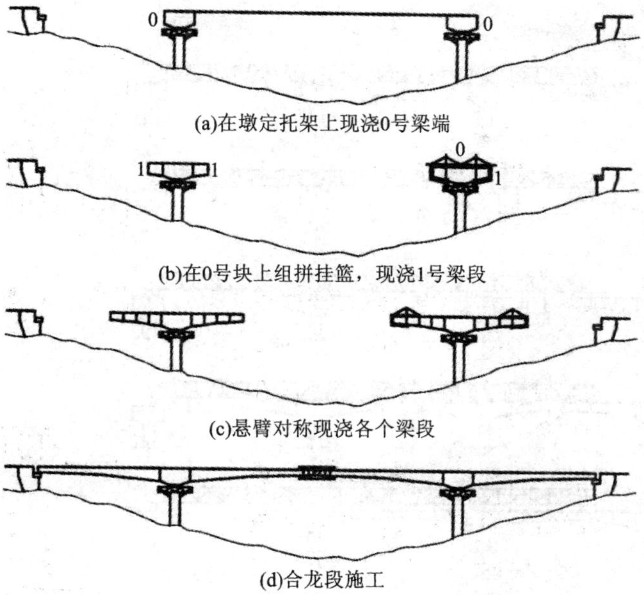


(a)在墩定托架上现浇0号梁端

(b)在0号块上组拼挂篮，现浇1号梁段

(c)悬臂对称现浇各个梁段

(d)合龙段施工

**图14－6　悬臂现浇法施工步骤**

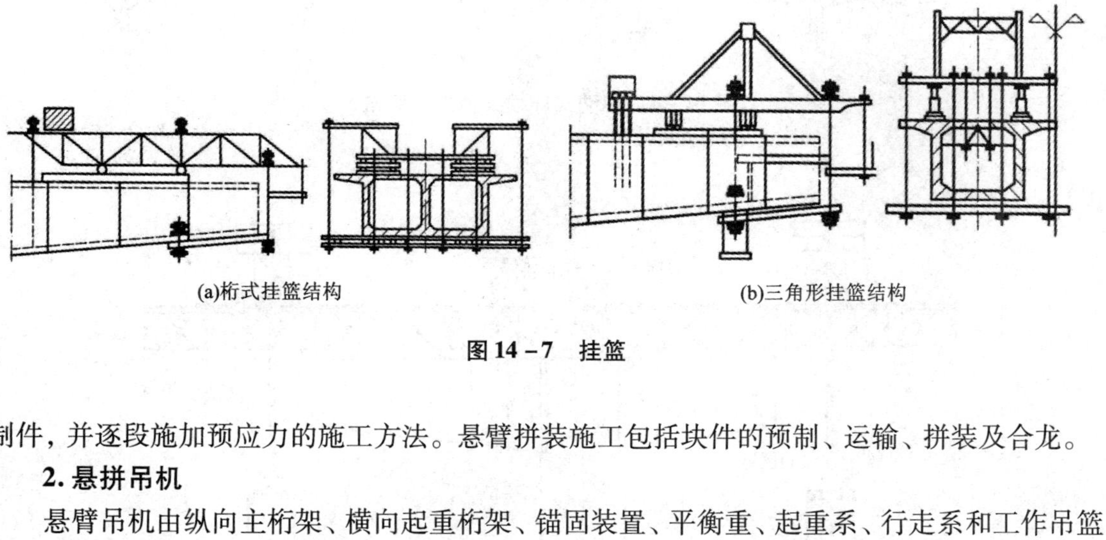

(a)桁式挂篮结构　　(b)三角形挂篮结构

**图14－7　挂篮**

制件，并逐段施加预应力的施工方法。悬臂拼装施工包括块件的预制、运输、拼装及合龙。

**2. 悬拼吊机**

悬臂吊机由纵向主桁架、横向起重桁架、锚固装置、平衡重、起重系、行走系和工作吊篮等部分组成，如图14－9所示。

悬臂施工法不受桥高、河深等影响，适应性强，在钢筋混凝土梁桥、预应力混凝土斜拉桥以及钢筋混凝土拱桥施工中，已被广泛采用。事实上新型桥的问世及跨度的增大，和桥梁施工方法的研究与发展有着密切的关系。悬臂施工法的采用，进一步促进了预应力混凝土梁桥的迅速发展。

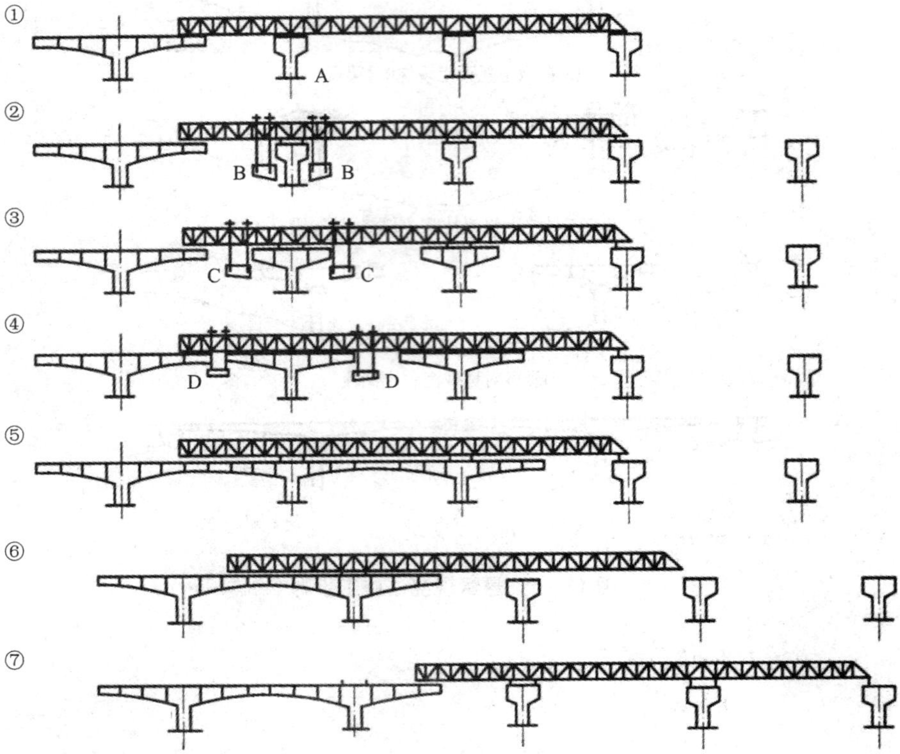


**图 14－8　移动式连续梁桁架拼装法**

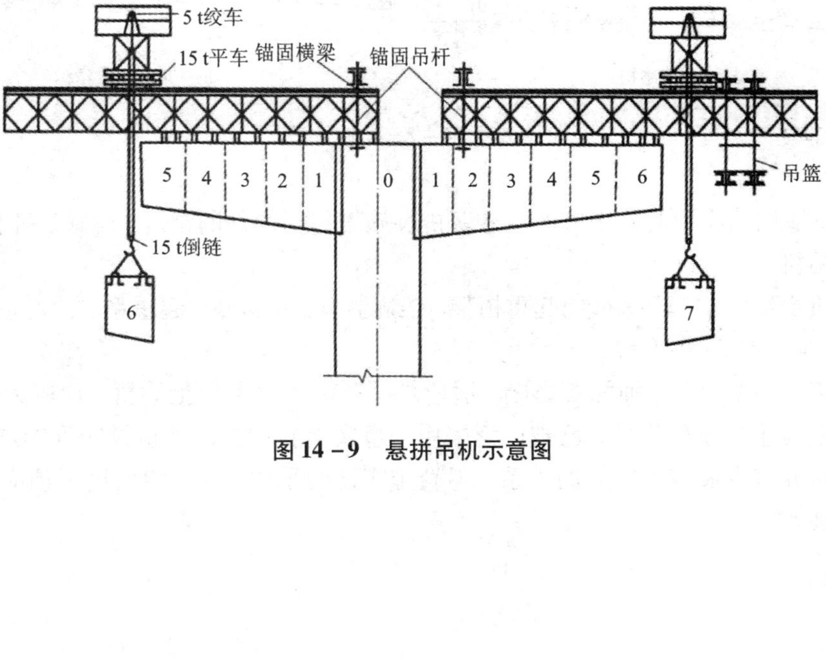


**图 14－9　悬拼吊机示意图**

## 习　题

1. 顶推法施工流程是什么？
2. 悬臂现浇法施工要点是什么？
3. 悬臂拼装法施工要点是什么？

# 项目 15 拱桥施工

## 任务 15.1 拱桥的悬臂施工法

拱桥悬臂灌筑和悬臂拼装施工是近期发展起来的一种无支架施工方法。这种施工方法的要点是将基肋、立柱、临时斜杆（拉或压杆）及上拉杆（可利用行车道梁或用临时的上拉杆）组成桁架，并用拉杆或缆索将其锚固于台后，然后向跨中悬臂逐节施工，最后于拱顶合龙。

### 一、悬臂现浇法

1974 年，日本首次成功地采用悬臂现浇法建成了一孔跨径 170 m、矢高 26.5 m 的变截面四次抛物线两铰拱桥（外津桥）。该桥拱圈为双室箱，拱顶宽 8 m，拱脚宽 16 m，采用专用挂篮，结合使用斜拉钢筋的斜吊式悬臂现浇法施工，其主要施工步骤如图 15 -1 所示。

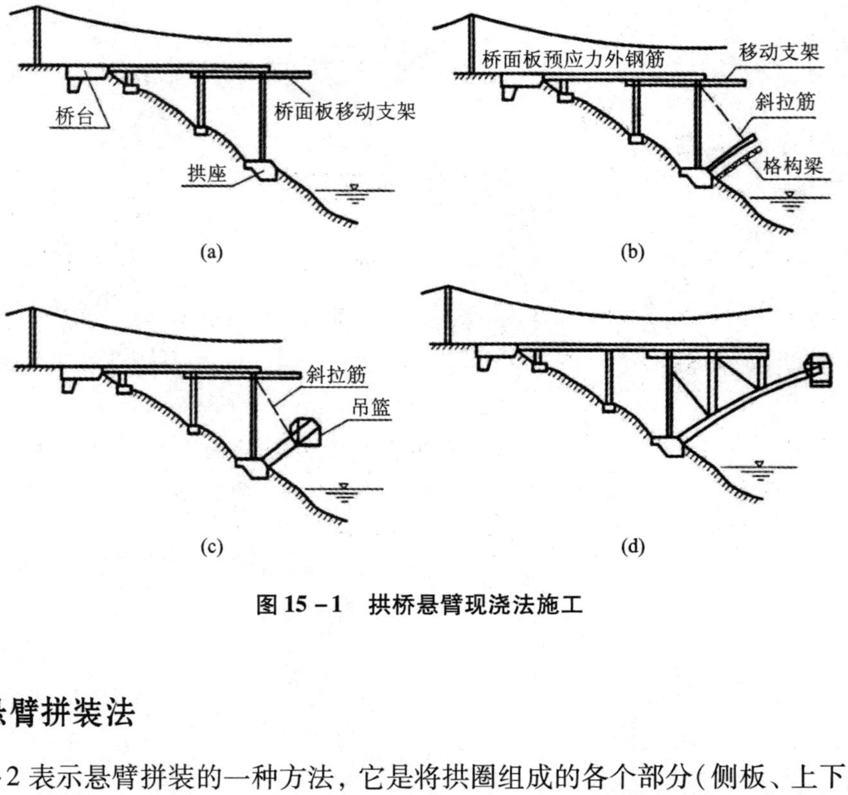


图 15 -1 拱桥悬臂现浇法施工

### 二、悬臂拼装法

图 15 -2 表示悬臂拼装的一种方法，它是将拱圈组成的各个部分（侧板、上下底板）和拱上立柱等预制成拼装构件，然后按分段（一般分 3 ~7 段）组拼成桁架拱片，再用横系梁和临时风构将 2 个桁架拱片组装成框构，每节框构整体运至桥孔，由两端向跨中逐段悬臂拼装。悬伸出去的拱体通过上弦拉杆和锚固装置固定在墩台上，保持稳定。

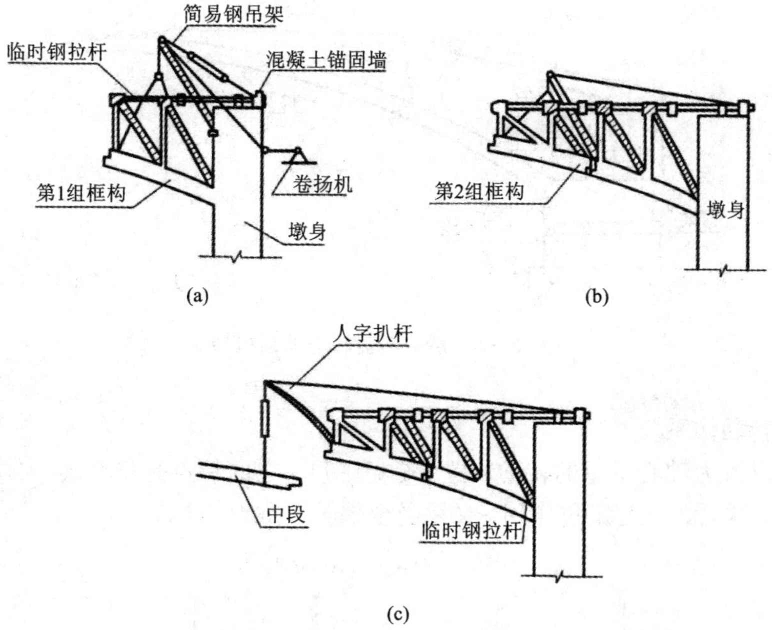


**图15－2　拱桥悬臂拼装法施工**

## 任务15.2　转体法施工

当桥梁跨越深谷、跨越水深流急的河道、在城市建造跨越交通繁忙主干道的立交桥、河道不允许断航等情况下，如采用转体施工法施工能收到良好的技术和经济效益。转体施工法分为平面转体和竖向转体。平面转体是在河流的两岸或城市主干道两侧进行半桥的预制工作，之后将预制桥梁水平转动至桥位轴线位置，这样就避开在桥位轴线上施工的困难。竖向转体是在桥下地面或水面进行半桥的预制拼装，之后将桥梁结构竖向转动至设计标高。目前我国已将转体施工法广泛应用于拱桥、梁桥、斜拉桥、斜腿刚架桥等桥型上部结构的施工中。

### 一、平面内转体施工

平面转体可分为有平衡重转体和无平衡重转体施工。有平衡重转体施工是通过桥梁自身的构件与临时配重组成平衡体系，而无平衡重转体施工则完全通过桥梁自身构件维持转动体系的平衡，它可减少为平衡转体而增加的重量与圬工数量，平面内转体施工因转体重量轻，故能增大跨度。

**1. 有平衡重平面转体施工**

有平衡重转体施工系统由以下几部分组成：转动体系、平衡体系、牵引体系。

(1)转动体系。

①滑道转盘转动体系。

该转盘由固定的底盘和能旋转的上转盘构成。底盘就是桥台的下部，在底盘和上转盘间设有轴心和环形滑道，如图15－3所示。

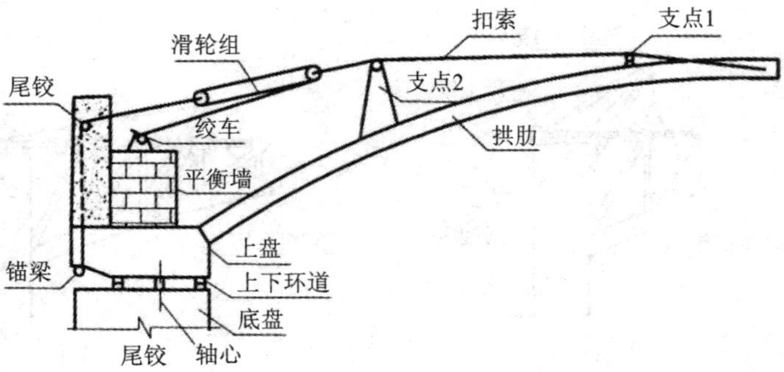


**图 15-3 滑道转盘转动体系构造**

②球面铰转动体系。

这是一种以铰为轴心承重的转动装置(图 15-4)，它的特点是整个转动体系的重心必须落在轴心铰上，球面铰既起定位作用，又承受全部转体重力。

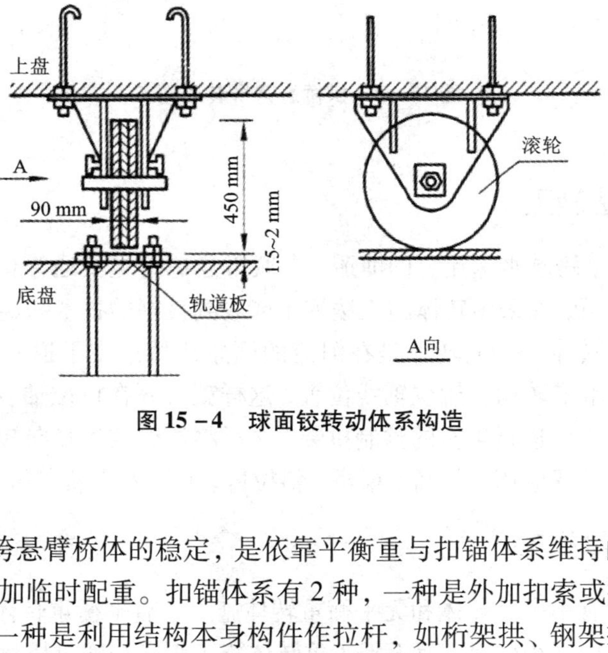


**图 15-4 球面铰转动体系构造**

(2)平衡体系。

拱桥转体时，半跨悬臂桥体的稳定，是依靠平衡重与扣锚体系维持的，平衡重可利用部分台身(平衡墙)或另加临时配重。扣锚体系有 2 种，一种是外加扣索或拉杆，相当于对拱肋施加外部预应力，另一种是利用结构本身构件作拉杆，如桁架拱、钢架拱的上弦，但需加强主筋并将主筋延伸至台背锚固。

(3)牵引体系。

拱体转动牵引可利用手摇绞车或手推绞磨配以滑车组和滑车进行(图 15-5)。为使启动平稳，还可用水平放置的液压千斤顶先启动，后用卷扬机牵引。启动和牵引都应缓慢进行，以免发生过大的振动。

**2. 无平衡重平面转体施工**

有平衡重转体施工的平衡重，随着跨度的增大而增大，当跨度增大至 200 m 时，其平衡重将达 7000 t 以上，这将给施工带来很大困难，同时也将使转体施工方法失去其一定的优越

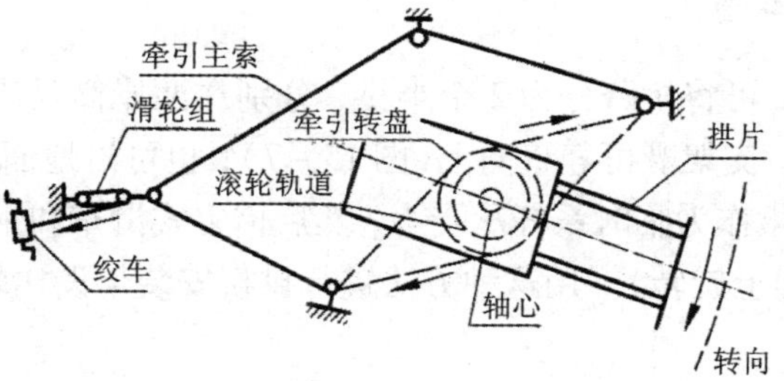


**图15－5　牵引体系**

性，为此，研究采用无平衡重转体施工新工艺也就变得十分必要了。

无平衡重转体施工是将有平衡重转体施工中的扣索锚在两岸岩体中（图15－6），从而节省了庞大的平衡重。

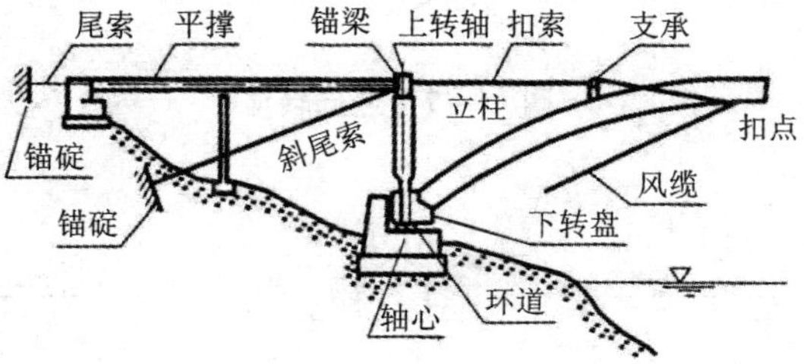


**图15－6　无平衡重转体施工示意图**

无平衡重转动体系由锚固体系、转动体系、位控体系3部分组成。

（1）锚固体系。

锚固体系由锚碇、尾索、立柱（桥台）、平撑（或引桥桥面）、锚梁组成。

锚碇布设在引道或边坡岩层中，锚梁支撑在立柱上，尾索两端分别在锚碇及立柱顶的锚梁上。当在尾索（斜尾索）上施加预应力时，平撑承受压力，平撑及尾索（斜尾索）形成三角稳定体，使锚梁和上转轴成为一确定的固定点，从而组成锚固体系。

（2）转动体系。

转动体系包括上转动构造、下转动构造、拱箱及扣索。

上转动构造由埋入锚梁（或锚块）中的轴套、转轴和环套组成，扣索一端与环套连接，另一端与拱箱顶端连接，转轴在轴套与环套间均可转动。

下转动构造由下转盘、下环道与下转轴组成。拱箱通过拱座支承在转盘上，转盘卡套在下转轴上，并支承在下环道上，转盘可在下环道上沿下转轴作弧形滑动。

（3）位控体系。

位控体系是指扣于拱箱顶端的风缆、无级调速自控卷扬机、光电测角装置和控制台等，用以控制转动过程中转体的转动速度和位置。

## 二、竖直面内转体施工

如果桥址地形适宜，可将桥跨分为2个半拱，分别在两岸简易支架上灌筑，灌筑时的半拱轴线应与桥轴线一致，支架既可竖直向上(图15－7)，也可沿地面向下。待混凝土硬结后，在半拱的两端间拉一钢索作为临时系杆承受力，然后借复式滑车和钢丝绳使2个半拱在立面上旋转合龙(或向下或向上旋转)。用这种方法进行拱桥安装架设比较方便，因此转体施工中优先采用的是竖转。

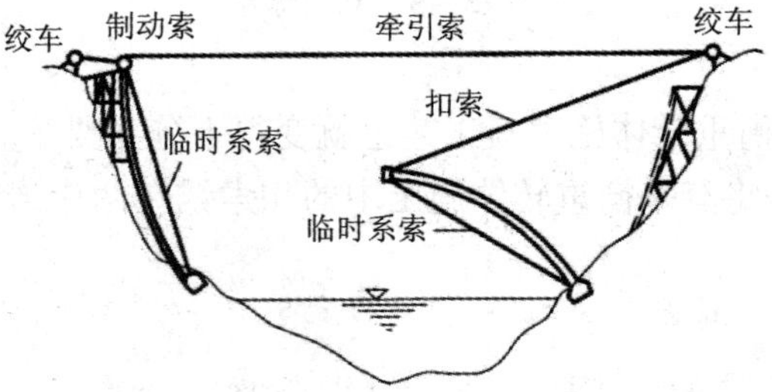


**图15－7 竖向转体**

## 习 题

1. 拱桥悬臂施工法的思路是什么？
2. 简述拱桥转体施工。

# 项目16　钢桥架设

## 任务16.1　悬臂法安装钢梁

### 一、概述

悬臂安装是在桥位上拼装钢梁时，不用临时膺架支承，而是将杆件逐根逐根地依次拼装在平衡梁上或已拼好的部分钢梁上，形成向桥孔中逐渐增长的悬臂，直至拼至次一墩台上。以上称为全悬臂拼装。

若在桥孔中设置一个或一个以上临时支承进行悬臂拼装则称为半悬臂拼装。用悬臂法安装多孔钢梁时，第一孔钢梁多用半悬臂法进行安装。

一般来说，在下列情况下适宜采用悬臂法安装钢梁：

(1)桥比较高，跨度较大的通航河流；水深流急，有流冰或有较多木排的河流；不宜浮运或不能修建满布式膺架时，可考虑采用悬臂安装。

(2)钢梁的结构形式有利于悬臂安装时，如连续桁梁、悬臂桁梁以及多孔简支桁梁等，可考虑采用悬臂安装。

(3)在安装单孔大跨度简支梁，如借用其他桥的钢梁作平衡梁时，亦可采用悬臂安装。

### 二、降低钢梁安装应力和伸臂端挠度的措施

**1. 加设加劲梁**

临时拼就的加劲梁和钢梁结合成一整体结构，使之增大该区段的刚度和强度，从而降低了该段杆件的安装应力和减小了悬臂端的挠度，如图16－1所示。

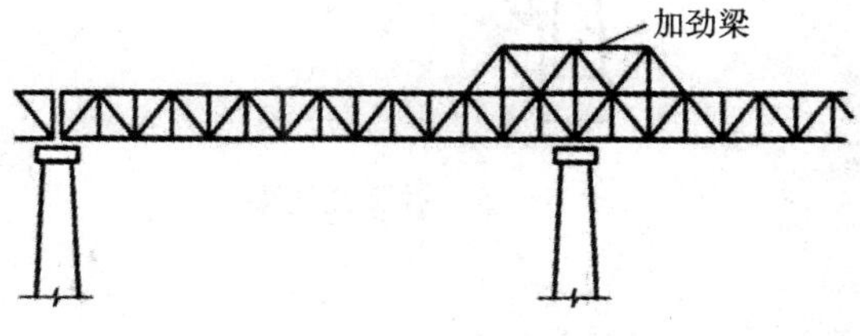


**图16－1　加劲梁法**

**2. 吊索塔架法**

吊索塔架是钢梁安装的辅助结构。吊索塔架是由支承于钢架上的塔架、高强度钢丝束(即吊索)、上下锚箱、上下拉板以及锚箱小车等组成，见图16－2。

**3. 安装墩旁托架**

为避免钢梁超过安装应力或加固杆件过多，悬臂拼装钢梁时，可在前方墩台的一侧，安装一定长度的临时钢梁(即墩旁托架)，如图16－3所示。当钢梁悬臂拼装至托架顶部时，则可将梁端支承在托架上，以减小悬臂长度，改善悬臂时的受力状态和减小梁端挠度。

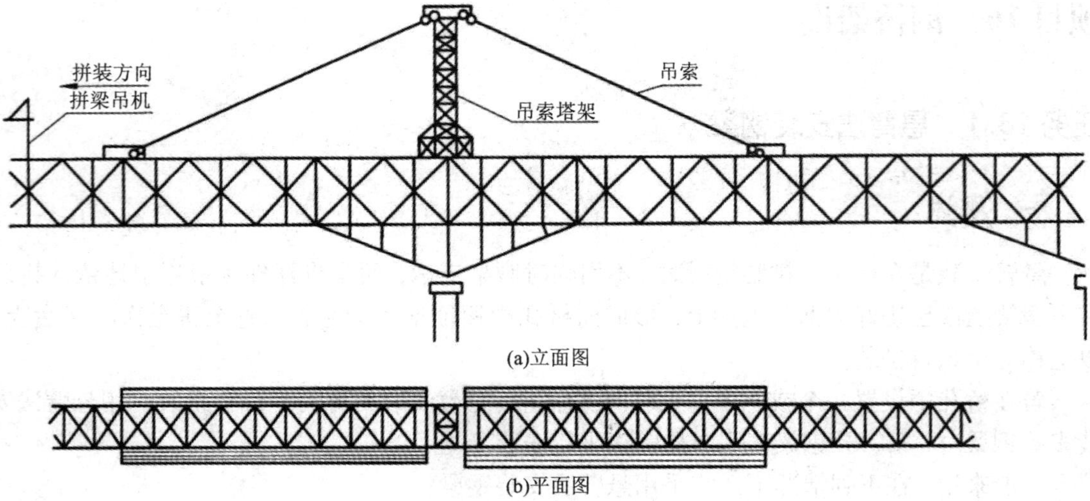


图 16－2　吊索塔架法

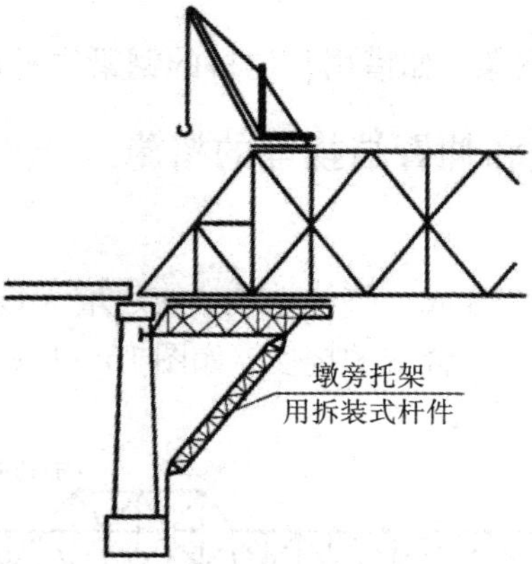


图 16－3　拆装式托架

## 任务 16.2　拖拉法架设钢梁

钢梁拖拉架设法是将钢梁在桥头路基或临时膺架上进行拼组（铆合或栓接），并在钢梁下（纵梁下或主桁节点下）安设“上滑道”，而在路基或膺架、墩台顶面安置“下滑道”，在上、下滑道之间根据施工设计的需要放置一定数量的滚轴，然后通过滑车组、绞车等牵引设备，沿桥轴纵向拖拉钢梁至预定的桥孔，最后拆除附属设备，落梁就位。

### 一、半悬臂的纵向拖拉

根据被拖拉桥跨结构杆件的受力情况和结构本身稳定性的要求，在拖拉过程中有时需要在永久性的墩、台之间设置临时性的中间墩架，以承托被拖拉的桥跨结构，这就是半悬臂的纵向拖拉。图 16－4 所示为用拆装式杆件组拼成中间临时墩架的纵向拖拉。

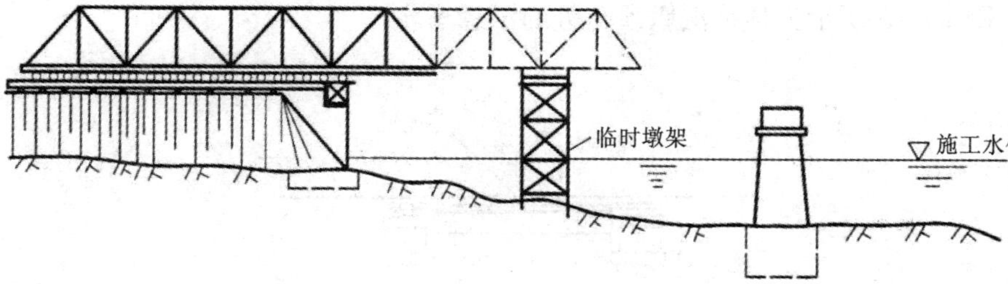


图 16－4　墩架支承的纵向拖拉

## 二、全悬臂的纵向拖拉

当水流湍急，不能采用浮运或浮拖，河床覆盖层较浅，有时冲淤，不稳定，不宜于用桩基或在岩盘上建筑临时墩架时，就要考虑使用在 2 个永久性墩、台之间不设置任何临时中间支承的全悬臂纵向拖拉。图 16－5 所示为用拆装式杆件组成导梁的全悬臂拖拉。导梁的长度须使整个连接起来的系统在纵向拖拉时能保证稳定。

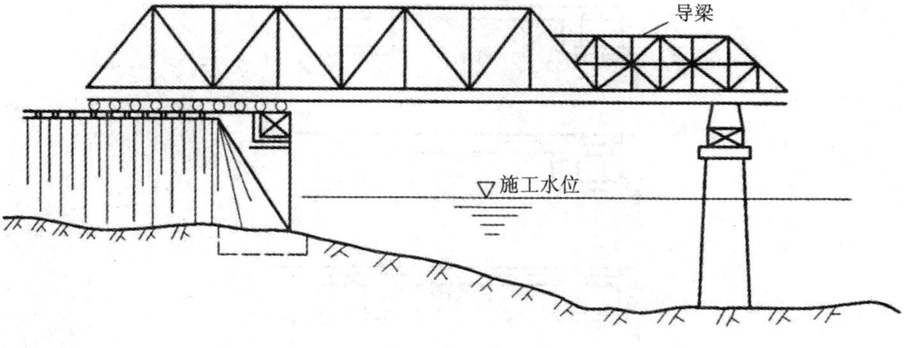


图 16－5　全悬臂的纵向拖拉

# 任务 16.3　顶推法架设钢梁

## 一、顶推法思路

在沿桥纵轴的路基或墩架上拼组钢梁，然后用固定在桥台上的千斤顶通过临时安装在梁身上的拉条，向桥位上顶推梁体使之在桥墩台顶上滑动(不用拉条，而用千斤顶直接在梁体后顶推亦可)，顶推一段后，用预先布置在桥台顶上的千斤顶，将梁顶起，更换滑板的位置，继续顶推，直至全梁到达正式桥位后，落梁就位。

## 二、顶推装备

顶推过程中使用的装备主要是滑动装备、千斤顶(拉力千斤顶和起落梁用的千斤顶)，必要时可采用导梁及吊索。

滑动装置一般采用的是聚四氟乙烯材料的支撑板以及安全放在墩台支承上的刨光镀铬的不锈钢板。图 16－6 所示为顶推法墩顶布置的示意图。

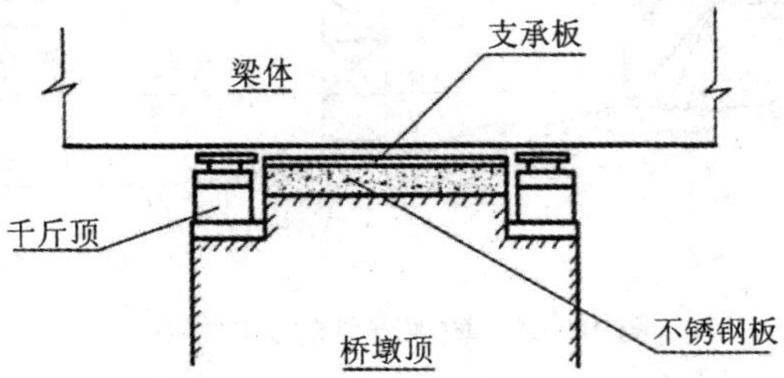


**图 16－6　顶推法墩顶布置**

## 三、分段顶推法

每次顶推的行程可视桥墩的顺桥向宽度适当决定，一般限制在 1 m 左右。每推顶一次前进 1 m，逐次进行。该法被称做分段推进法，其主要步骤如图 16－7 所示。

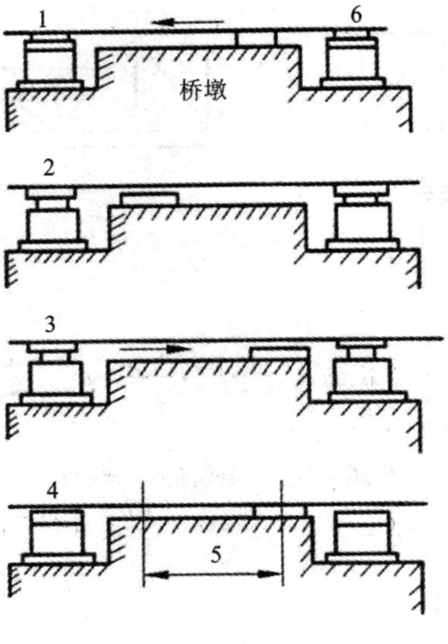


**图 16－7　分段推进步骤**

1—顶推；2—顶梁；3—支撑板回程；4—落梁；5—行程；6—顶推

# 任务 16.4　浮运法架设钢梁

## 一、概述

浮运架设法是在桥位下游侧的岸上，将钢梁拼铆（或栓合）成整孔后，利用码头把钢梁移到浮船上，再浮运至预定架设的桥孔上落梁就位。

浮运法架梁对自然条件有一定要求，比如：要求桥孔中有适当水深（如大于 2 m）；钢梁底面距施工水位不宜过高（如不大于 12 ~ 15 m）；浮运过程中风力与流速不大（如风力不大于 5 级）；架梁时水位应较稳定；岸边有拼装钢梁的场地和修建码头的条件。浮运法比较适宜于通航河流和架设孔数较多的情况。

浮运法架梁的主要优点：钢梁拼铆或栓合可在岸上进行，这不但减少了在桥孔中的高空作业，而且还可与墩台施工平行作业，从而可加速全桥的施工进度；架设多孔钢梁时，浮运设备如码头、浮船等可重复使用，节省投资。

## 二、浮运方法

由于施工季节、水文变化、河床断面、两岸地形以及机具设备等的限制，对浮运法的选择要十分慎重，应进行认真的调查研究，选择一种方法或几种方法配合使用，目前常用的方法有以下 2 种：

### 1. 纵移钢梁

在与河岸垂直方向修建一座临时码头，拼铆好的钢梁沿码头纵向移出一定位置后，第 1 组浮船进入，托起钢梁前半部，继续纵向移出一定位置，第 2 组浮船进入，托起钢梁后半部，然后浮运至预定桥孔，落梁就位，如图 16 − 8 所示。

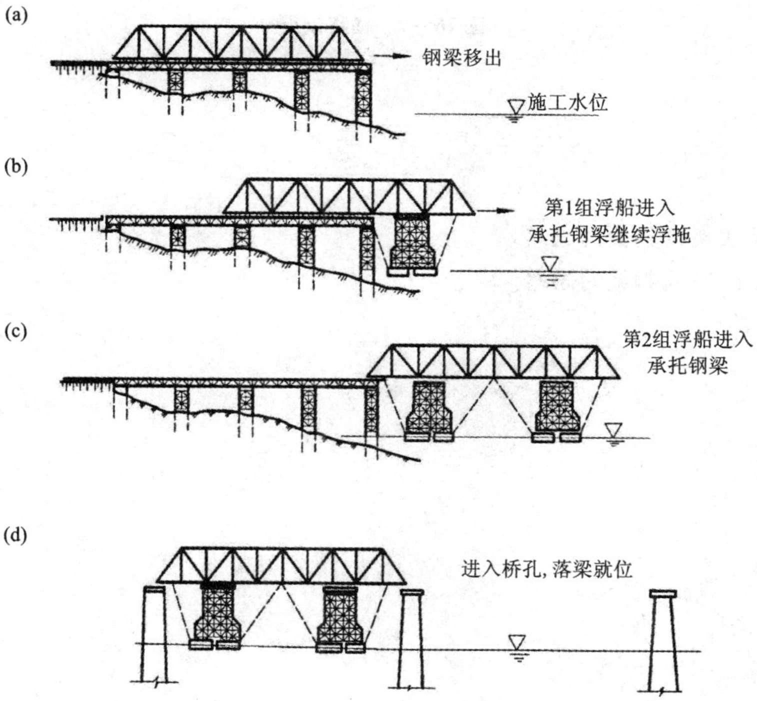


图 16 − 8　纵移钢梁

### 2. 横移钢梁

根据钢梁的长度，修建 2 座伸入河中的临时码头。拼铆好的钢梁沿码头横向滚移至码头前端，再将浮船驶入钢梁下面预定的位置，从浮船内抽水，使浮船托起钢梁，然后将钢梁浮运至预定桥孔，落梁就位。这种方法较方便、简单，但码头工作量大，如图 16－9 所示。

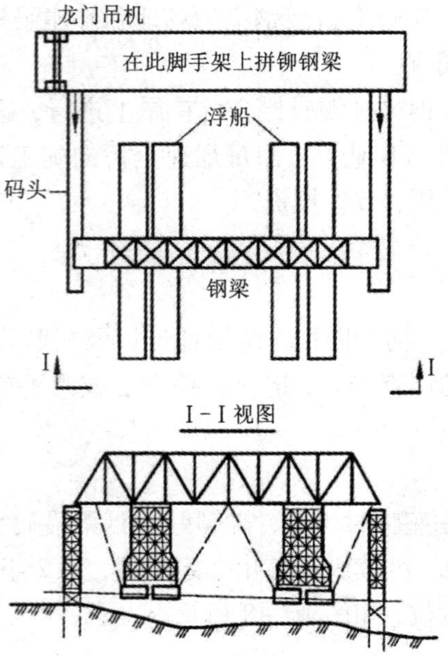


**图 16－9　横移钢梁**

## 习　题

1. 简述拖拉法架设钢梁的思路。
2. 简述浮运法架设钢梁的思路。

# 项目17　涵洞施工

铁路跨越河川溪谷需修建桥梁，跨越较小沟渠时需修建涵洞。涵洞是铁路跨越水流较小的河沟，或为排泄路堤附近的地面水，或路堤在跨越农业排灌沟渠时作为通道而设置的一种建筑物。它还可作为横跨大小道路的立交涵洞，兼作排水和人、畜及车辆的通道。

涵洞作为过水建筑物和小桥相比，有施工简便、构造简单、维修工作量小、承受大于设计洪水时出现水害的机遇比小桥小等优点。然而在纵坡较陡的沟床上布置涵洞比布置小桥困难，在泥沙较多的沟床上容易淤塞。

## 任务17.1　一般涵洞施工

### 一、涵洞的施工准备工作

(1)涵洞施工前，应对涵洞位置、孔径、长度、方向、出入口高程，与既有沟槽、排水渠道及道路的连接等，结合现场实际地形、地质情况与设计文件进行核对。

(2)修筑涵洞的准备工作主要有场地规划、砂石备料以及基底疏干。

(3)应尽量选择在旱季施工。

(4)为防止水流进入基坑，对于有小股流水的河沟应临时改沟导流

### 二、涵洞基础施工

**1. 基坑放样与开挖**

(1)涵洞基底纵向有坡度，因此端墙的基础比涵身的基础埋得深。

(2)基坑开挖线应比基础轮廓线尺寸大一些，以方便施工。

(3)为减少挖基数量，基坑边坡的坡度可比明挖基础放坡开挖的坡度适当放陡。

(4)基坑开挖至设计高程后，进行清理整平，经监理人员检查确认后定好基础样线，方可修筑基础。

(5)当涵洞较长、挖基数量大，且基底不需作特别处理时，可以采用自上游端开始，逐节开挖，逐节下基，逐节封闭的方法，以免基坑暴露时间过长，且可将后段开挖弃土用于前段的回填封闭。

**2. 基础砌筑**

(1)基坑经检查合格后，应尽可能快地修筑基础，以免基底被水浸泡软化。

(2)基础修筑可分段进行，段与段之间用沉降缝隔离。

(3)上拱度的设置，一般采用三角形拱度。

(4)圆涵是将预制的管节安装在基础上作为洞身，这要求各段基础的长度准确，以免造成基础和洞身的沉降缝对不齐。

(5)拱涵和盖板箱涵的基础顶面即为流水面，流水槽两侧应接砌边墙。

### 三、圆涵施工

新建铁路常需跨越为数众多的洼地、沟渠等，需要通过的流量很小，适宜采用圆涵，因

此，圆涵数量最多。用预制钢筋混凝土管节铺设在事先做好的基础上，就构成了圆涵。

**1. 管节生产**

(1)管节一般是在专门的成品厂集中生产，再运到各工点进行安装。

(2)预制的管节，其质量应满足下列要求：

①管壁内外应平直圆滑，管节端面平正并与其轴线相互垂直；

②管壁不得露筋；管节表面不得有蜂窝，如有蜂窝，每处面积不得大于3 cm×3 cm，其面积不得超过全面积的1%，且必须经过修补后方可使用；

③管节在运输、装卸过程中，应注意防止碰撞或应力集中，避免损坏或产生裂纹。

**2. 管节安装**

(1)管节安装是指按照管节布置图和安装前在基础上画出的中心线位置把管节安到基础上形成涵洞的施工过程。

(2)管节安装前必须核对基底高程、基础尺寸、质量以及沉降缝的位置。

(3)安装管节的顺序，由下游或上游开始向另一端推进，亦可从中间开始向两端推进。

(4)各管节应顺流水坡度成平顺直线，如果管壁厚度不一致，应在内壁取平。

(5)每一管节安装定位后，应用小石块垫稳，以防走动；待全部管节安装好后，应尽快在管节外测沿涵洞纵向两边全长的范围内填塞混凝土，做成凹形管座。

(6)做管座前应将管外壁的泥渣清洗干净。

(7)管节安装所形成的整个涵洞，其纵横断面必须符合设计标准。

(8)对双孔涵洞进行安装时，管节要平行，并不得靠在一起，以免妨碍填筑混凝土。

## 四、拱涵的拱圈施工

**1. 拱架的制作与安装**

拱涵的拱架常用的有钢轨拱架和木拱架2种，见图17－1。

**图17－1 拱架**

1—钢轨底；2，3—连接夹板；4—连接座板；5—角钢弦杆；6—双(单)层弧板；7—斜撑；8—铆钉(栓)连接；9—座板；10—弦撑

(1)钢轨拱架：应尽可能用整根钢轨弯制成型，以热弯或冷弯法加工均可，其优点是构造简单、省工料、能多次反复使用。

(2)木拱架：通常采用5 cm厚的木板锯成梳形弧板，双层叠合以铁钉或螺栓组成。

**2. 浇筑拱圈混凝土**

(1)已立好的拱架，经过检查无误后，即可砌筑拱圈。

(2)拱圈混凝土应由拱脚两侧向拱顶中间对称浇筑。

(3)就地浇筑的混凝土拱圈，要求一次性浇筑完成，不得中途间歇，以尽量减少施工接缝。

**3. 拱架拆除**

(1)拱圈砌筑合龙后，拱架的拆除常采用2种方法：

①待拱圈圬工强度达到设计强度的70%时，方可拆除拱架，但必须达到设计强度100%以后，才能填土；

②当拱架未拆除，拱圈圬工强度达到设计强度的70%时，可进行拱顶填土，但应在拱圈圬工强度达到设计强度的100%后，再拆除拱架。

(2)拆除拱架，应按程序进行，自中间向两侧，先松开对口木楔，拆除纵向联系，然后再拆除支撑，落拱架。

## 任务17.2　防水层、沉降缝及涵洞缺口填土

### 一、防水层

(1)用作防水层的沥青、麻布、石棉粉等材料，在施工前应检查材质的试验资料，均应符合规定的要求。

(2)沥青与石棉沥青的熬制和敷设：

①铁桶装的沥青，应打开桶口小盖，在火炉上以文火使其熔化；

②熬制处应有屋盖，并应位于工地下风方向；

③熔化后的沥青应熬至175℃(不得超过190℃)才能使用；

④石棉沥青是以20%的石棉粉掺入80%的沥青中制成。

(3)铺设沥青麻布应在先涂敷的热沥青或石棉沥青未凝固时进行，必能黏合成一体。

(4)垫层表面应在抹平凝固后清刷干净。涂热沥青前垫层必须干燥无水，清洁无杂物。

(5)防水层接头必须重叠，相邻两幅横向搭接缝应错开，并顺水流方向压盖。

### 二、沉降缝

(1)为避免涵洞不均匀沉陷的影响，应视土壤情况，每隔3～5 m段间设置宽3 cm的沉降缝一处，但无基涵洞仅在洞身涵节与出入口涵节间设置。

(2)基础部分的沉降缝，可将原施工时嵌入的沥青木板留作防水之用。如施工时不用木板，也可用黏土或亚黏土填塞。

(3)沉降缝端面应整齐、方正，基础和涵身上下不得交错，填塞物应紧密填实。

(4)斜交涵洞，其沉降缝应与涵洞中心线垂直。

(5)岩石地基上的涵洞可不设沉降缝。

### 三、涵洞缺口填土

(1)建成的涵管，圬工达到设计的要求强度后，应及时回填。

(2)填土路堤在涵洞每侧不小于 2 倍孔径的宽度及高出洞顶 1 m 的范围内，用不膨胀的土壤从两侧分层对称地填筑并夯实。

(3)用机械填筑涵洞缺口时，须待涵洞圬工达到容许强度后，涵身两侧用人工或小型机具对称夯填高出涵顶至少 1 m，然后再用机械填筑。机械填土时，不得从单侧偏推、偏填，以防涵洞遭受偏压产生走动。

(4)冬季施工时，涵洞缺口路堤、涵身两侧及涵顶 1 m 内，应用未冻结土填筑。

(5)回填缺口时，应将已成路堤土方挖出台阶。

## 任务 17.3 桥涵顶进施工

顶进法对铁路运输干扰时间短，不中断行车，能保证铁路正常运营，同时能保证路基完好和稳定，减少线路恢复工序，减少大量土方和线上工程。顶进法安全可靠、简便易行、施工进度较快、工期短，特别是所施工的框架成整体结构，刚度大、抗震性能好，有利于防止地表水和地下水渗入桥孔，能保证工程施工质量。另外，基底应力小，基本上不受地质条件的限制，受气候条件的影响也较小。

### 一、一次顶进法工艺原理

(1)在铁路线旁开挖工作坑，做一滑板，在滑板上浇筑钢筋混凝土框架。

(2)为开挖土坡的需要以及防止两侧土的坍塌，在框架前端做成向前突出的刃脚，并安装钢刃。

(3)在框架尾部修筑承受反力的后背结构，在后背与框架间安装千斤顶，同时对铁路轨道、轨道的支承进行加固(图 17－2)。

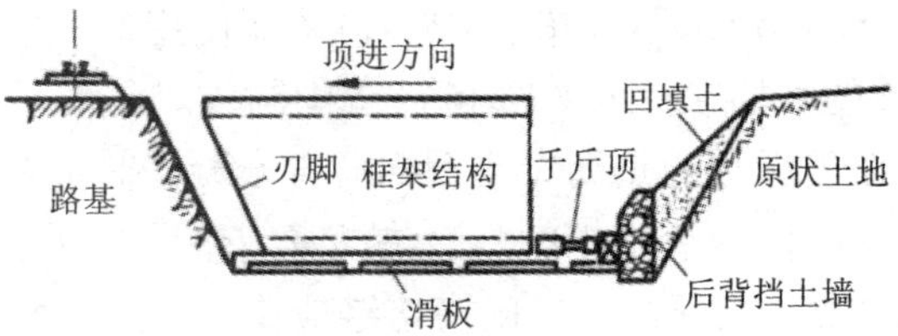


**图 17－2 一次顶进法施工示意图**

(4)用千斤顶将框架顶进路基。顶进时，不断挖土不断顶进，直至框架按设计要求位置全部顶进路基内。

(5)在顶进过程中，为保障安全，铁路列车要慢行通过。

### 二、中继间法工艺原理

(1)前节框架利用后节框架作后背，用节间设置的中继间千斤顶进行顶进(图 17－3)。

(2)中继间内的千斤顶到达最大行程后，前节框架暂停前进，而进行后节框架的顶进。

(3)前节中继间的千斤顶随着后节框架的前进而压缩(回镐)，框架最后一节还是要依靠后背的反力进行顶进。

(4)后背的最大反力仅为最后一节框架的顶力，后背工程可大为减少。

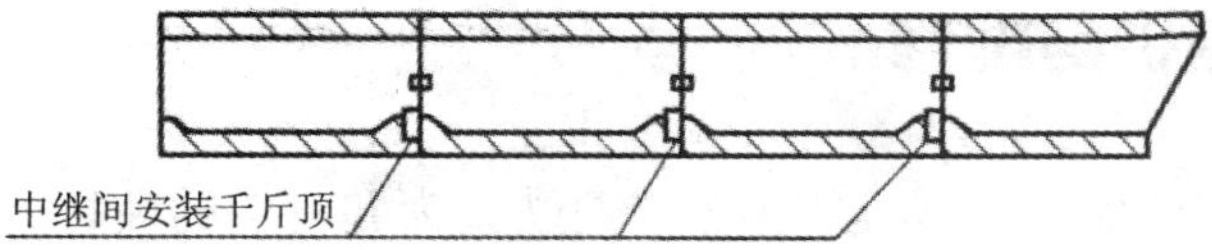


图 17－3　中继间法示意图

## 三、气垫顶进法

(1)在箱身底板与地面接触面之间吸入压缩空气形成垫层。

(2)当气体压力超过箱身自重压力时，箱身将被气体压力微微抬起，可以大大地减少箱身和地面间的接触压力，使箱身摩擦力大为减小，达到减小顶进力的目的，如图 17－4 所示。

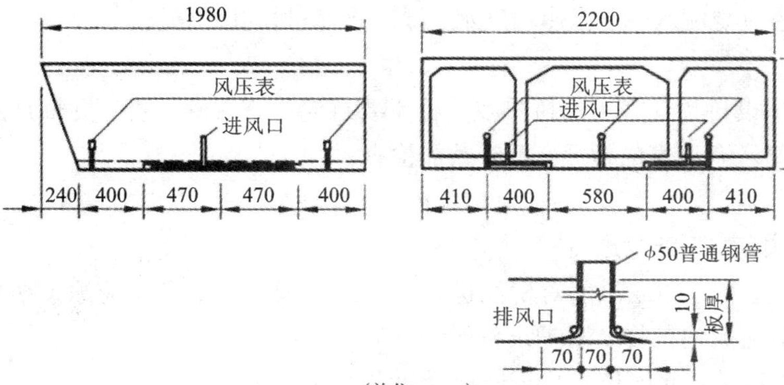


(单位：mm)

图 17－4　气垫顶进法示意图

## 习　题

1. 简述涵洞的防水措施。
2. 简述涵洞顶进施工的工艺原理。

# 项目 18　桥涵养护与维修

由于设计、施工中的缺点，或运用不当或遭受人为和自然的破坏，桥梁在使用中有可能出现问题。为了保持桥梁经常处于良好状态，保证铁路运营，并最大限度地延长其使用寿命，必须对桥梁病害进行检查和分析、修理和加固、局部更新和全部重建等工作。

## 任务 18.1　桥梁检验

### 一、桥梁检查

**1. 经常监视**

由桥梁巡守工负责巡回检查，经常监视管区桥梁的状态、河道及两端各 30 m 范围内的线路状态；汛期内还应观测水位、流速和洪水、漂流物通过桥孔的情况。

**2. 经常检查**

工长每月对未设桥梁巡守工的桥梁及其他重要桥涵检查一遍；领工员每月内有计划地对重点桥涵检查一遍。有病害的桥涵，更应勤加检查。

**3. 定期检查**

每年春秋 2 次，由工务段进行。

(1) 春季检查是在春融或汛前对桥涵进行一次全面检查，重点是流冰过桥的安全，桥涵排水的疏浚，调节河流建筑物及防护设备的完好等。

(2) 秋季检查是对桥涵的技术状态进行全面细致的检查。

**4. 特别检查**

对于特别长大、构造复杂、高墩、有严重病害或新型结构的桥涵进行特别检查，由铁路局桥梁检定队负责会同工务段进行。

### 二、桥梁养护

养护工作是指按照规定的技术标准和验收条件对桥梁进行的养护工作，主要包括桥梁日常保养、桥梁计划维修和桥梁大修等工作。

**1. 日常保养工作**

保持桥梁清洁，清除积水、冰雪、煤烟、污垢和尘土等；保养好各种螺栓，打紧道钉和防爬器；修理桥面木质的个别部分；修补桥梁小片的油漆；添换防火用的砂、水；保养标志等。

**2. 计划维修工作**

桥面修理，钢梁局部油漆；钢结构(包括支座)修理；圬工梁拱及墩台修理；防护设备及调节河流建筑物的修理；安全检查及照明设备的修理。

**3. 大修工作**

更换整孔桥面；油漆整孔钢梁；加固或更换钢梁、圬工梁拱、桥梁墩台及基础；进行桥梁扩孔；更换或增设圬工梁拱防水层；进行整座木桥大修；整治河道；增设或修理防护设备及调节河流建筑物；增设或更换安全检查设备等。

# 任务18.2　养护与维修

## 一、圬工墩台

运营中墩台必须保持良好的状态，不宜有镶面砌缝开裂、砂浆剥落、石料风化破裂、支承垫石松动等现象。因此，应做好墩台养护与维修工作。维修墩台的主要项目有：

(1)搞好勾缝工作；清除桥上及墩台顶面的污秽，防止顶面积水；疏通改善排水设备，防止雨水浸入砌体。

(2)支承垫石薄弱，在活载冲击作用下也可能使砌体松动。若发现支承垫石开裂、损坏，应及时修整。

(3)石砌墩台的砌缝如有裂缝，应凿除残砟重新勾缝。若石料风化可采用喷浆处理。

(4)墩台表面局部损伤、裂纹不太严重时，可在表面喷注一层水泥砂浆；必要时预先在墩台表面包一层铁丝网再喷浆，则效果更好。

(5)对裂纹多而深入圬工内部或内部有空隙的情况，可用压环氧树脂或水泥砂浆的方法处理。问题严重时，可在破坏处或整个墩(台)用钢筋混凝土箍包住，如图18－1所示。

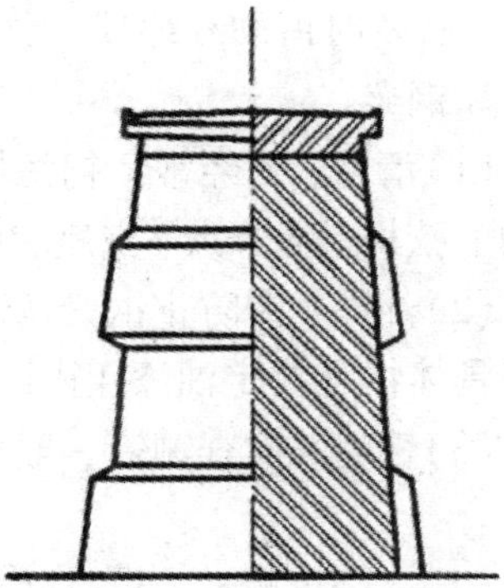

图18－1　钢筋混凝土箍

(6)桥台由于填土压力过大发生开裂时，应把桥头填土改用渗水土壤，必要时改为填石或干砌片石。

(7)经常注意疏通桥址上、下游河道，防止堵塞。经常了解河床变迁、基础冲刷情况，特别是浅基础要加强防护，采取必要措施防止冲刷。

## 二、钢筋混凝土梁

钢筋混凝土梁在运营中必须保持完好，不得有泄水管堵塞、保护层及防水层脱落或开裂、表面出现裂缝或蜂窝麻面等现象。钢筋混凝土梁的裂缝有以下几种：

(1)收缩裂缝：由于混凝土硬化时收缩或徐变而引起的细小裂纹，无明显的方向，长度、深度均不大，仅限于表面，可不予处理。

(2)分层裂缝：位于工作缝上或沿水平方向的裂缝，主要是由于混凝土灌注不良导致接合缝处的黏结力差而引起的。

(3)受力裂缝：一般在跨中是竖向的，在两端是斜向的。裂缝形成的原因有受拉区钢筋不足、支座活动性差、受拉钢筋接头不良及锚固不好等。这些因素使裂缝有可能继续发展。

养护维修措施：钢筋混凝土结构产生裂缝后，水分或空气中有害气体将侵入裂缝，引起钢筋锈蚀，圬工变质；若裂缝继续发展，则问题会更为严重，因此，必须加强维修。对细小裂缝可用沥青漆涂塞；较大裂缝可用水泥砂浆或用环氧树脂修补。把机车放在桥上使裂缝张开以填塞裂缝，效果最好。当表面有蜂窝麻面时，应喷注灰浆或填补混凝土。

## 三、钢桥

**1. 桥面**

(1)桥面和桥上线路直接承受列车荷载，桥面状态直接关系到行车安全和建筑物的使用年限。

(2)对桥面除要求坚固耐用外，还需要保证列车运行时平稳，以免对梁和墩台冲击过大而引起病害；另外还应保证万一列车脱轨时能沿护轨滑行，不致在桥上倾覆。

(3)检查桥面时，主要是查看桥头和桥上线路的平面位置及纵断面是否平顺良好，钢轨接头位置、轨缝大小，桥枕间距与方向，桥枕腐朽或螺栓松动情况及有无吊板(即桥枕下面悬空吊在钢轨下)，还要检查附属设备，如护轨、防火设备、人行道等。

(4)经常保持桥面清洁。检查时除用肉眼观察线路平直、圆顺、高低平顺外，主要依靠道尺，必要时借助经纬仪、水平仪，发现问题应及时纠正。

**2. 钢梁**

(1)清洁：要经常清扫污垢，防止钢梁锈蚀，特别注意桥面系，箱式梁的下弦杆、上承式梁的上弦杆、端节点、支座和缝隙等处。冬季应及时清除积雪。

(2)油漆：为防止钢梁锈蚀，除支座的辊轴、底板和其他活动部件外，都需进行油漆，并根据具体情况决定油漆年限。

(3)铆钉：检查铆钉一般采用表面观察、钎探或敲打的办法，若发现铆钉松动必须及时更换。

(4)高强度螺栓：检查螺栓是否转动或松动，可观察螺帽、垫圈的油漆是否破坏，也可用手锤敲击来判断螺栓是否松动。如发现问题应及时更换。

(5)焊缝：栓焊梁的焊缝，最好用探伤仪检查，也可用高倍数的放大镜检查。发现裂缝应加强观测，若裂缝继续发展问题严重时，应及时采取措施。

(6)钢梁杆件：凡有裂纹、脱层、扭曲、损坏等缺陷，应及时修补或予以更换。

(7)支座：应加强养护使其保持良好状态，辊轴与底板必须密贴，所有螺栓须拧紧。

## 四、拱桥

(1)检查时应着重查看拱圈、拱上结构和墩台。

(2)若出现裂缝应特别注意，加强观测，查明原因，及时补救。还应检查排水设备与防护层，凡发现拱圈下表面有水流痕迹或有雨水渗透到圬工内的现象，可能是防水层不良所致，应及时检查修补。

(3)维修养护措施：

①加固修补损伤的桥孔结构。

在拱跨结构受到损伤，但尚未变形的情况下，可进行加固修补；如拱跨结构虽仍被支承在墩台上，但圬工损伤较严重而损及拱圈，影响拱圈的荷载能力时，则应先将拱圈修补。

②加固修补多孔拱桥中部分损坏的拱跨结构。

多孔拱桥如有部分拱跨损坏而其邻孔拱跨结构仍完好无损，致使桥墩受到单向推力时，则应考虑采取临时平衡单向推力的加固措施及时修复桥孔结构。

③将拱桥改成梁式桥。

损坏的拱跨结构如拱孔过多或跨度较大，修复原有拱跨的工作量太大而有很多困难时，可利用残存墩台或临时墩台改为一孔或多孔的梁式桥孔结构。

## 五、涵洞

**1. 堵塞**

涵渠内如有泥砂沉积物应及时清除，使排水畅通，可在涵渠洞前设置护栅或拦砂坝。

**2. 防寒**

在严寒地区，冬季要用树枝或篱笆把涵洞进口挡起来(下面留出必要的流水口)，并及时清除积雪，以防冰冻和冰雪堵塞。如发现有冻害，则须加筑垂裙伸入冻结线以下，并加深翼墙基础。

**3. 裂缝**

由于基础沉降不均、洞顶填土过薄、列车冲击严重等原因，涵洞会产生裂缝。发现有裂缝，应先消除产生裂缝的原因，再修补裂缝。遇涵洞破裂严重，如过水断面有富裕，可在涵内加套拱，如图 18－2 所示；也可拆除破损部位重做，但应先在线路上扣轨束梁，以保证行车安全。

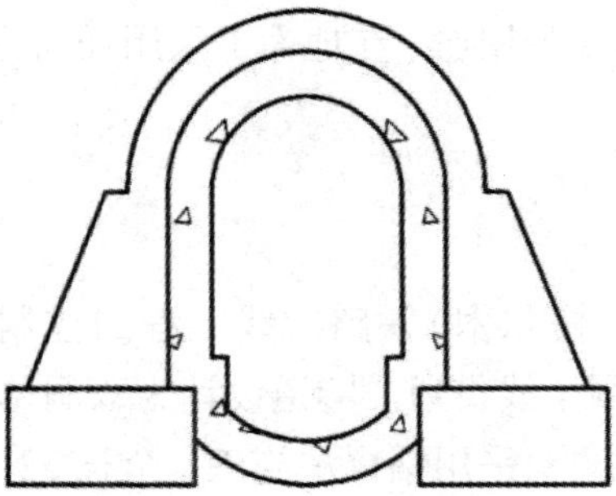

**图 18－2　套拱**

**4. 下沉和脱节**

当涵洞基础发生不均匀下沉时，就会出现脱节现象。处理办法是在线路上扣轨束梁，然后逐节抬高。若问题严重只好改建。

## 习　题

1. 简述桥梁检查的形式及各自的要求。
2. 简述钢筋混凝土梁的裂缝类型。

# 模块 2

# 铁路隧道

## 项目 19　隧道概论

### 任务 19.1　隧道简述

隧道是埋置于地层内，两端有出入口，供车辆、行人、水流及管线等通过的工程建筑物，是人类利用地下空间的一种形式。1970 年国际经济合作与发展组织召开的隧道会议综合了各种因素，将隧道定义为：“以某种用途、在地面下采用任何方法，按规定形状和尺寸修筑的断面积大于 2 $m^2$的洞室”。

**1. 国内典型隧道**

(1)新关角隧道。

新关角隧道为西格(西宁—格尔木)铁路二线工程的控制性工程，2007 年 11 月 6 日开工，2014 年 4 月 15 日 双线正洞全线贯通。隧道设计为双洞单线，线间距 40 m，行车目标值 160 km/h，预留 200 km/h 的条件，采用钻爆法施工，全长 32.645 km，为目前国内规划最长的铁路隧道，见图 19 - 1。

百度百科查询网址：

http：//baike. baidu. com/link？ url = 9RaVsNds8wPWKYEdebT9fqNQKiDTTOuoSK896 mH-Whv7TAjd7wyIvxh0 mmdCQ1bs2TfSbNJRilTkQzaq7M8c70bgc6WH8OwUZx3 - eAkUAyXajDJNGh-Vodi0Vf16_ziYzTkFv3yfiTNnPfMwtKUx54SK

二维码

**图 19 - 1　关角隧道**

(2)乌鞘岭隧道。

乌鞘岭隧道位于兰新线兰武段打柴沟车站和龙沟车站之间，设计为两座单线隧道，隧道长 20050 m，隧道出口段线路位于半径为 1200 m 的曲线上，右、左缓和曲线分别伸入隧道 68. 84 m 及 127. 29 m，隧道其余地段均位于直线上，武警进驻乌鞘岭隧道线间距 40 m，两隧道线路纵坡相同，主要为 11‰的单面下坡，右线隧道较左线隧道高 0. 56 ~0. 73 m，洞身最大埋深为 1100 m 左右。隧道左、右线均采用钻爆法施工，右线隧道先期开通。隧道辅助坑道共计 15 座，其中斜井 13 座、竖井 1 座、横洞 1 座。

百度百科查询网址：

http：//baike. baidu. com/link？ url = duDyHQqFPxFchwJOKCwUM_7XPDHs3uePo8wziiT0yv1YgTfugLCd0Da66 mnA50 mEHFU2D6qqSHWJq276lg4PD _ acdfAPCxoS _ U7sI0hIi7IBfqYx - Qnsl1T0ch7jgNiSUHYl1DpGADAuVM3CiSO0BK

二维码

图 19 -2　乌鞘岭隧道

(3)秦岭隧道。

西(安)(安)康铁路秦岭隧道长 18. 46 km，横穿秦岭山脉，最深处距山顶 1600 m。1999 年 9 月 6 日贯通，该隧道当时居世界山岭隧道第 6 位、亚洲第 2 位。秦岭隧道是我国第一条特长铁路隧道，采用两座平行的单线隧道，分别长 18. 452 km 和 18. 456 km，间距仅为 30 m，见图 19 -3。

百度百科查询网址：

http：//baike. baidu. com/link？ url = YEQKxXErfe9zNb - xa7CjPHfYpzaS27WKc0bcAFPz4dwjuBQjBSf8zErzakXC0gFCYOAarge41si4n4 md2R8NxFGLLkWSUm - DU3AjP6arU2X _ 0zmdlBFPX2hk9cz6RqDD

**2. 国外典型隧道**

(1)青函隧道。

1988 年日本修成了位于本州和北海道两大岛之间横跨津轻海峡的铁路干线上的青函隧道，全长 53850 m，在目前是世界上最长的铁路隧道。

自本洲青森至北海道的函馆间的青函海底隧道，长达 53850 m，海底部分就有 23300 m。这是目前世界上最长的水底隧道。

二维码

图 19－3　秦岭公路及铁路隧道

青函隧道横越津轻海峡，1964 年动工，1987 年建成，共耗资约 27 亿美元。主隧道全长 53.9 km，海底部分 23.3 km，是目前世界上最长的铁路隧道。它由 3 条隧道组成，主隧道宽 11.9 m，高 9 m，断面积 80 $m^2$。最大水深 140 m，最小覆盖层厚 100 m。工程地质条件复杂，施工难度大，施工期间共造成 33 人死亡，1300 余人伤残。海底复杂的地质断层和软岩构造，曾出现多次严重渗水事故，隧道 1969 年和 1976 年两度被海水淹没，每次水害都耗时近 5 个月才整治完成。

百度百科查询网址：

http：//baike. baidu. com/link? url = oNEPPYo8XVjG _ - B1GYc9 - SppLz2Bue _ H3vJzNioEduFx6B _ zW4k _ _ 1lNpnJBj8csSHbStTnroOe48QiMrsRWErykmKZ4Pl - ae8owMF7ZMuqFw6gWCXJS2N01d7kCx2E_

二维码

图 19－4　青函隧道

(2)英吉利海峡隧道。

英吉利海峡隧道 1986 年 2 月 12 日开工，1994 年 5 月 6 日开通，耗资约 100 亿英镑(约 150 亿美元)，是世界上规模最大的利用私人资本建造的工程项目。隧道全长约 51 km，海底段 37.5 km，由 2 条直径 7.6 m 的铁路隧道和 1 条直径 4.8 m 的服务隧道组成。隧道勘探时发现海底有一层泥灰质白垩岩(Chalk Marl)，厚度约 30 m，抗渗性好，硬度不大，裂隙也较少，易于掘进。隧道线路就布置在它的下部，距海底 25 ~ 40 m，最大埋深 100 m。隧道轴线在平面和立面上均呈平坦的 W 形，采用盾构掘进机施工。工程相继解决了“盾构在深层高水压下的密封防水技术”“钢筋混凝土管片衬砌的结构和防水”“长距离掘进的运输”等技术难题。隧道的规划设计把施工和运行安全放在极重要的地位，运输、供电、照明、供水、冷却、排水、通风、通讯、防火等系统都充分考虑了紧急备用的要求，提高了运行、维护的可靠性。例如 2008 年 9 月 11 日，英吉利海峡海底隧道发生火灾，2 天后即 9 月 13 日便开始恢复客运服务。

百度百科查询网址：

http：//baike. baidu. com/link? url = U97LUsTgtpUXxDG7HSznwIKBH2XEC7i71_6Z8YxljpxF41CiA7yCK2cXbJCVYVnVvCWu6 - 1hLwrxC4C407YMZYzm8Ib7Zpim1KTUMt2IytcZT2p40ZDYQKdg01FQ - nA5q9vxu3sTs55yDxFoi_aKs2ZhDJZj1g08 mNhWxTSuy - G

二维码

**图 19－5　英吉利海峡隧道**

## 任务 19.2　隧道的组成与分类

### 一、隧道的组成

隧道结构由永久建筑物和临时建筑物 2 部分组成。

- 隧道结构
  - 永久建筑物
    - 主体建筑物
      - 洞身衬砌
      - 洞门
      - 明洞
    - 附属建筑物
      - 避车洞
      - 电缆槽
      - 防、排水设施
      - 通风设施
      - 下铺段衬砌
      - 洞口缓冲结构
  - 临时建筑物
    - 横洞
    - 斜井
    - 竖井
    - 平行导坑

### 二、隧道的分类

**1. 隧道所处的地质条件**

土质隧道和石质隧道。

**2. 隧道的长度**

(1)短隧道 ($L \leqslant 500$ m);

(2)中长隧道($500 < L \leqslant 3000$ m);

(3)长隧道($3000 < L \leqslant 10000$ m);

(4)特长隧道($L > 10000$ m)。

**3. 横断面积**

(1)极小断面隧道(2 ~ 3 $m^2$);

(2)小断面隧道(3 ~ 10 $m^2$);

(3)中等断面隧道(10 ~ 50 $m^2$);

(4)大断面隧道(50 ~ 100 $m^2$);

(5)特大断面隧道(大于 100 $m^2$)。

**4. 隧道所在的位置**

山岭隧道、水底隧道和城市隧道。

**5. 埋深的深度**

浅埋隧道和深埋隧道。

**6. 用途**

交通隧道、水工隧道、市政隧道和矿山隧道。

## 任务 19.3 隧道的设计荷载

隧道作用(荷载)有很大的不确定性，与隧道所处的地形、地质条件、埋深、支护结构的类型及工作条件、施工方法等多个因素有关。

### 一、作用分类

根据铁路隧道设计规范，作用在隧道上的荷载及分类如表 19 - 1 所示。

**表 19－1　作用(荷载)分类**

<table>
<tr><th>序号</th><th>作用分类</th><th>结构受力及影响因素</th><th colspan="2">荷载分类</th></tr>
<tr><td>1</td><td rowspan="6">永久作用</td><td>结构自重</td><td rowspan="6">永久荷载</td><td rowspan="10">主要荷载</td></tr>
<tr><td>2</td><td>结构附加恒载</td></tr>
<tr><td>3</td><td>围岩压力</td></tr>
<tr><td>4</td><td>土压力</td></tr>
<tr><td>5</td><td>混凝土收缩和徐变</td></tr>
<tr><td>6</td><td>水压力</td></tr>
<tr><td>7</td><td rowspan="9">可变作用</td><td>列车活载</td><td rowspan="4">基本可变荷载</td></tr>
<tr><td>8</td><td>活载所产生的土压力</td></tr>
<tr><td>9</td><td>冲击力</td></tr>
<tr><td>10</td><td>渡槽流水压力(设计渡槽明洞时)</td></tr>
<tr><td>11</td><td>制动力</td><td colspan="2" rowspan="5">其他可变荷载(附加荷载)</td></tr>
<tr><td>12</td><td>温度变化的影响</td></tr>
<tr><td>13</td><td>灌浆压力</td></tr>
<tr><td>14</td><td>冻胀力</td></tr>
<tr><td>15</td><td>施工荷载(施工阶段的某些外加力)</td></tr>
<tr><td>16</td><td rowspan="2">偶然作用</td><td>落石冲击力</td><td colspan="2" rowspan="2">偶然荷载</td></tr>
<tr><td>17</td><td>地震力</td></tr>
</table>

注：表中的水压力主要是针对在富水地层中的隧道，水压力的影响也是必须重点考虑的因素。

隧道荷载类别及影响因素众多，荷载确定应综合考虑其所处地形、地质条件、埋深、结构特征和工作条件、施工方法、相邻隧道间距等因素。施工中如发现与实际不符，应及时修正。对于地质复杂的隧道，必要时应通过实地测量确定。

## 二、作用组合

我国现行《铁路隧道设计规范》(TB 10003—2005)对于隧道设计给出了2种设计方法：概率极限状态法、破损阶段法和容许应力法。与之相应，关于计算荷载组合，有以下两方面的相关规定。

**1. 概率极限状态法中的作用组合**

采用概率极限状态法设计隧道结构时，结构的作用设计值：

$$F_d = \gamma_f F_k \qquad (19-1)$$

式中：$F_d$——作用设计值；

$\gamma_f$——作用分项系数；

$F_k$——作用标准值。

隧道结构的作用应根据不同的极限状态和设计状况进行组合。一般情况下可按作用的基本组合进行设计，基本组合可表达为：结构自重 + 围岩压力或土压力。基本组合中各作用的组合系数取1.0，当考虑其他组合时，应另外确定作用的组合系数。结构自重标准值可按结构设计尺寸及材料标准重度计算。

当考虑地震作用或落石冲击力时，可采用作用的偶然组合，其表达式为：结构自重 + 围岩压力或土压力 + 地震作用或落石冲击力。

此外，在隧道结构上可能出现的荷载，按承载能力要求进行检验时，隧道结构的作用应根据不同的极限状态和设计状态进行组合。

**2. 破损阶段法和容许应力法中的作用组合**

隧道和明洞衬砌按破损阶段检算构件截面强度时，结构所受的荷载按表19－1规定选取，并选择最不利组合工况进行检算。

其中，明洞荷载组合时应符合以下规定：

(1)明洞顶回填土压力计算，当有落石危害需检算冲击力时，可只计洞顶设计填土重力和落石冲击力的影响，具体设计时可通过量测资料或有关计算验证。

(2)当设置立交明洞时，应分不同情况计算列车活载、公路活载或渡槽流水压力。

(3)当计算作用于深基础明洞外墙的列车活载时，可不考虑列车的冲击力、制动力。

## 习 题

1. 简述隧道的主要组成。
2. 简述隧道的设计荷载。

# 项目 20　隧道基本构造

## 任务 20.1　隧道主体建筑物

主体建筑物是为了保持隧道的稳定，保证隧道正常使用。

### 一、洞身衬砌

隧道开挖以后，为了保持坑道的稳定，一般都需要在坑道周围修建支护结构，即衬砌。常用的衬砌结构类型有：整体式混凝土衬砌、拼装式衬砌、喷锚衬砌和复合式衬砌等。

**1. 整体式混凝土衬砌**

整体式混凝土衬砌采用模筑现浇而成，对地质条件的适应性较强，易于按需要成型，整体性好，抗渗性强，适用于多种施工条件，可用木模板、钢模板或衬砌台车等，在我国隧道工程中被广泛采用。它采用混凝土现浇而成，在灌注以后不能立即承受荷载，必须经过一个养护的过程，因而施工进度受到一定的限制。最典型的有 2 种：直墙式衬砌（图 20－1）和曲墙式衬砌（图 20－2）。

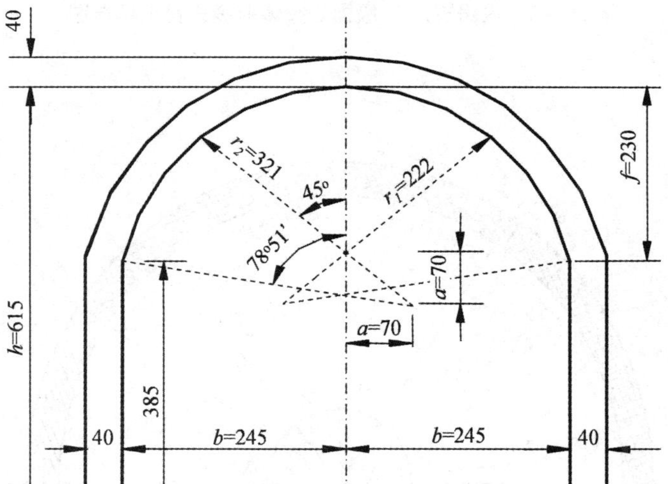


（单位：cm）

**图 20－1　我国单线非电化铁路隧道直墙式衬砌**

**2. 拼装式衬砌**

拼装式衬砌是将一环衬砌分成若干块构件，工厂预制后运入隧道内，用机械拼装成一环接着一环的衬砌（图 20－3）。

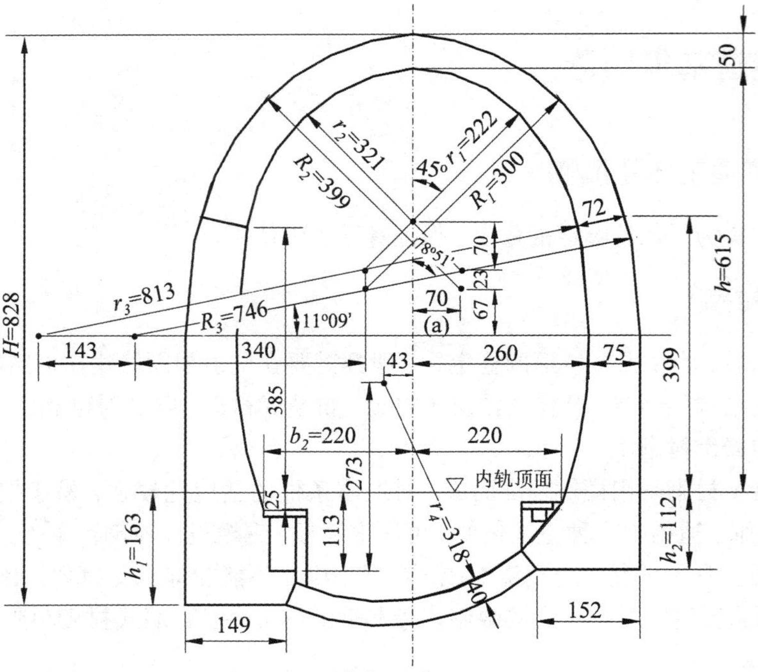


（单位：cm）

**图 20－2 铁路隧道 V 级围岩整体曲墙式衬砌标准图**

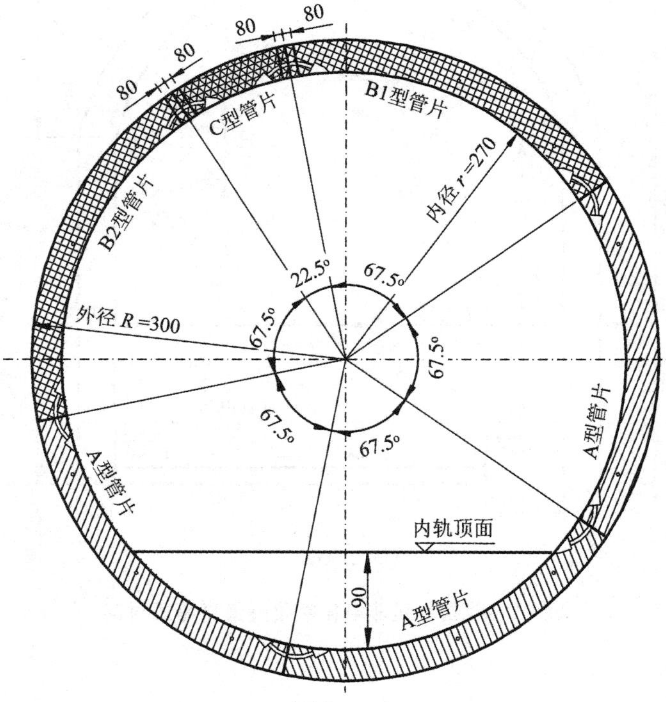


（单位：cm）

**图 20－3 装配式衬砌**

**3. 喷锚衬砌**

喷锚衬砌是指采用锚杆加固围岩，同时在围岩表面喷射混凝土而形成的联合支护体系。喷锚衬砌是目前常用的一种围岩支护手段，可充分发挥围岩的自承能力。

通过喷射混凝土和施作锚杆，与围岩合成一体，充分发挥围岩本身的自稳能力，是柔性衬砌。

**4. 复合式衬砌**

复合式衬砌由初衬（外衬）和二衬（内衬）组成。隧洞开挖后，先在洞壁表面喷射一层早强混凝土，厚度多在5～20 cm，有时也同时施作锚杆，凝固后形成薄层柔性支护结构，即为初衬。待初衬与围岩变形基本稳定后，即可绑扎钢筋、推移模板台车就位、就地灌注混凝土施作二衬。为了防止地下水流入或渗入隧道内，可在初衬和二衬之间设防水层。

## 二、洞门

洞门是隧道洞口用圬工砌筑并加以建筑装饰的支挡结构物，是隧道进、出口的标志。习惯上将大里程桩号端定义为出口洞门，小里程桩号端定义为进口洞门。

铁路隧道的长度指进出口洞门墙外表面与线路内轨顶面标高线交点之间的距离。

**1. 端墙式洞门**

端墙式洞门是在隧道洞口正面设置端墙，用于支护洞口仰坡，保持其稳定，并将仰坡水流汇集排出，如图20－4所示。端墙式洞门适用于地形开阔、岩质基本稳定的Ⅰ～Ⅲ级地区。

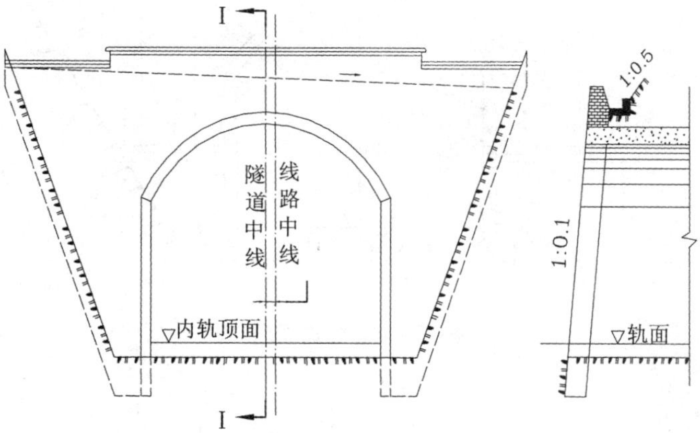


**图20－4　端墙式洞门**

**2. 翼墙式洞门**

翼墙式洞门是在端墙以外增加单侧或双侧的翼墙，如图20－5所示。翼墙与端墙共同作用，以抵抗山体纵向推力，增加洞门的抗滑动和抗倾覆的能力。翼墙式洞门适用于洞口地质条件较差、山体纵向推力较大、围岩级别在Ⅳ级及以下的地区。

**3. 柱式洞门**

柱式洞门是在端墙中部设置2个断面较大的柱墩，如图20－6所示。柱墩与端墙共同作用，以增加端墙的稳定性。柱式洞门主要适用于地形较陡、地质条件较差、仰坡有下滑的可

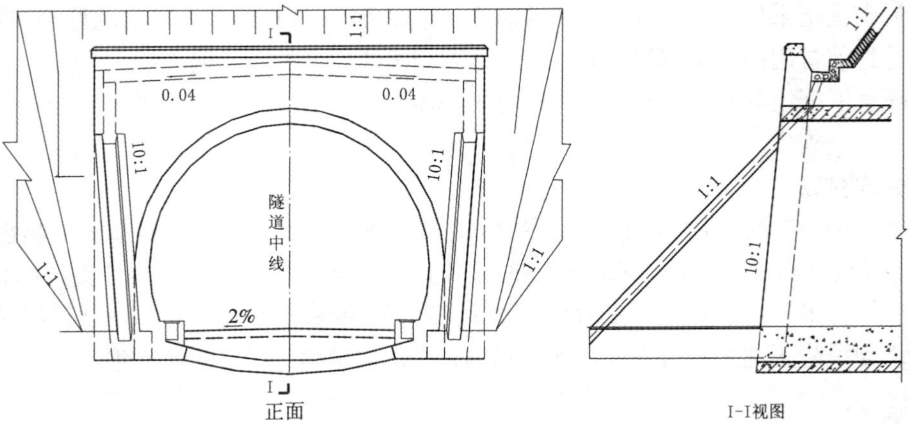


图 20-5 翼墙式洞门

能，而又受地形或地质条件限制不能设置翼墙的地区。

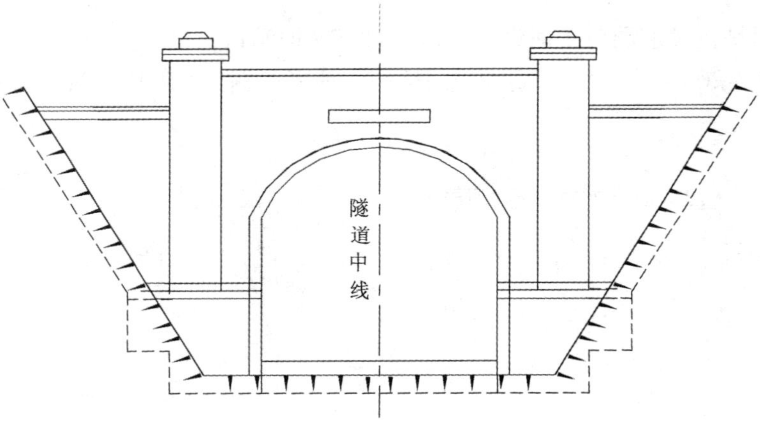


图 20-6 柱式洞门

**4. 台阶式洞门**

为适应洞门两侧高程不等的情况而将端墙顶部改为逐步升级的台阶形式，这就是台阶式洞门，如图 20-7 所示。为提高洞门的纵向稳定性，也可在端墙外增加单侧或双侧的翼墙。台阶式洞门可以减少仰坡土石方开挖量，主要适用于傍山侧坡地区。

## 三、明洞

明洞是用明挖法修建的隧道，一般修筑在隧道的进、出口处。当遇到地质状况差且洞顶覆盖层薄，用暗挖法难以进洞时，或洞口路堑边坡上有落石而危及行车安全时，或铁路、公路、河渠必须在铁路上方通过且不宜做立交桥或涵渠时，均需要修建明洞。

明洞的结构类型因地形、地质和危害程度的不同而有许多种形式，采用最多的是拱式明洞（一般简称明洞）和棚式明洞（一般简称棚洞）2 种。

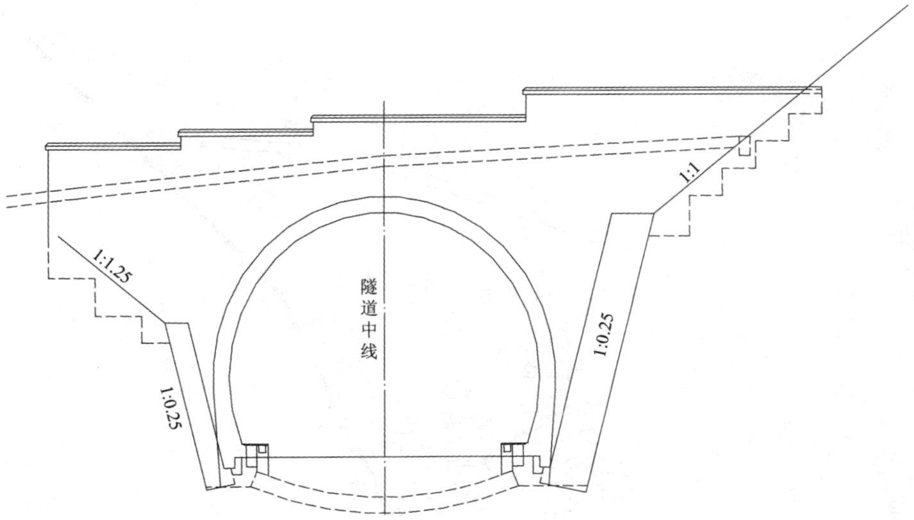


图 20－7　台阶式洞门

**1. 拱式明洞**

拱式明洞依路堑形式和受力条件之不同，可分为路堑对称型（图 20－8）和路堑偏压型（图 20－9）、半路堑偏压型（图 20－10）、半路堑单压型（图 20－11）。

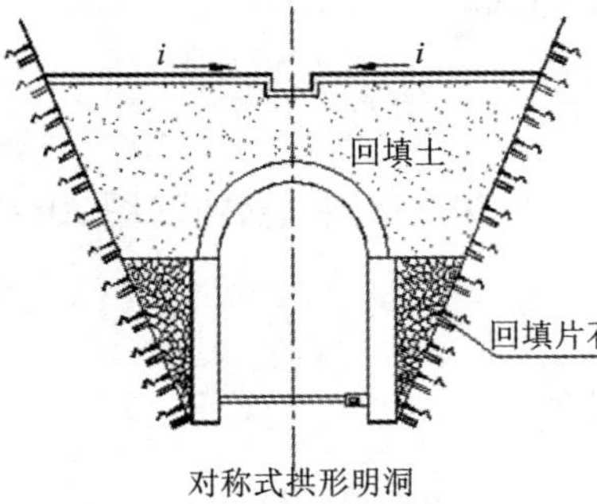


图 20－8　对称式拱形明洞

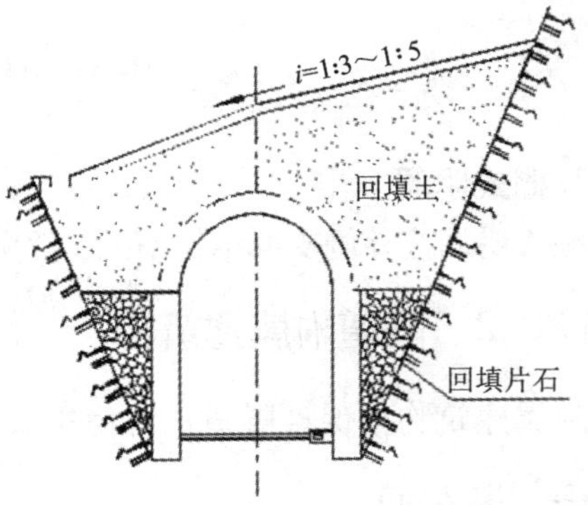


图 20－9　路堑偏压型明洞

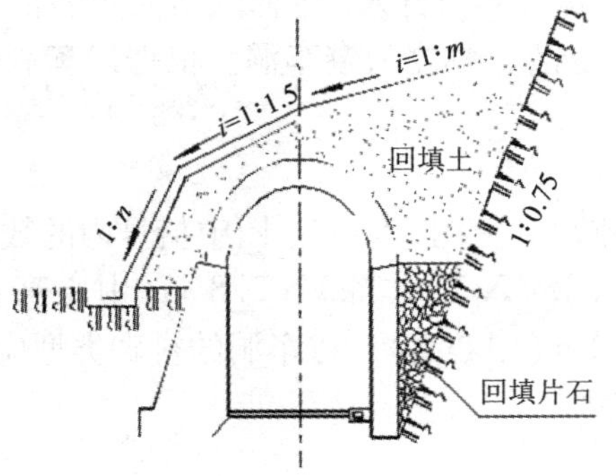


图 20－10　半路堑偏压斜墙式明洞

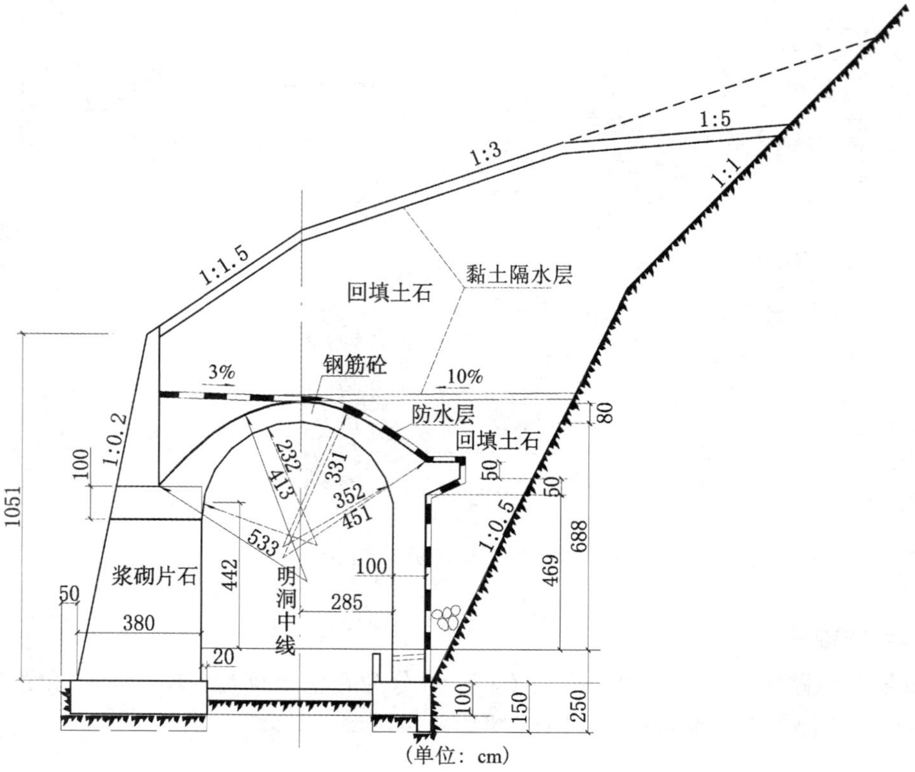


**图 20－11　半路堑单压耳墙式明洞**

**2. 棚式明洞**

棚式明洞按外侧支撑结构不同，常见的形式有盖板式(图 20－12)和悬臂式(图 20－13)。

## 任务 20.2　隧道附属建筑物

附属建筑物指保证隧道正常使用所需的各种辅助设施。

### 一、避车洞

**1. 避车洞平面布置**

当列车通过隧道时，为了保证洞内行人、维修人员及设备的安全，在隧道两侧边墙上交错均匀地修建洞室，用于躲避列车，称之为避车洞。根据避车洞室的大小，分为大避车洞和小避车洞(图 20－14)。

**2. 避车洞的净空大小**

大小避车洞的形状及基本尺寸见图 20－15，图中括号内的数字为小避车洞的尺寸。大避车洞的净空尺寸为 4.0 m(宽)×2.5 m(深)×2.8 m(中心高)。小避车洞的净空尺寸为 2.0 m(宽)×1.0 m(深)×2.2 m(中心高)。避车洞的衬砌类型应与隧道衬砌类型相适应。

### 二、电缆槽

隧道内应设置电缆槽，用于铺设照明、通讯、信号以及电力等电缆。电缆槽用混凝土浇

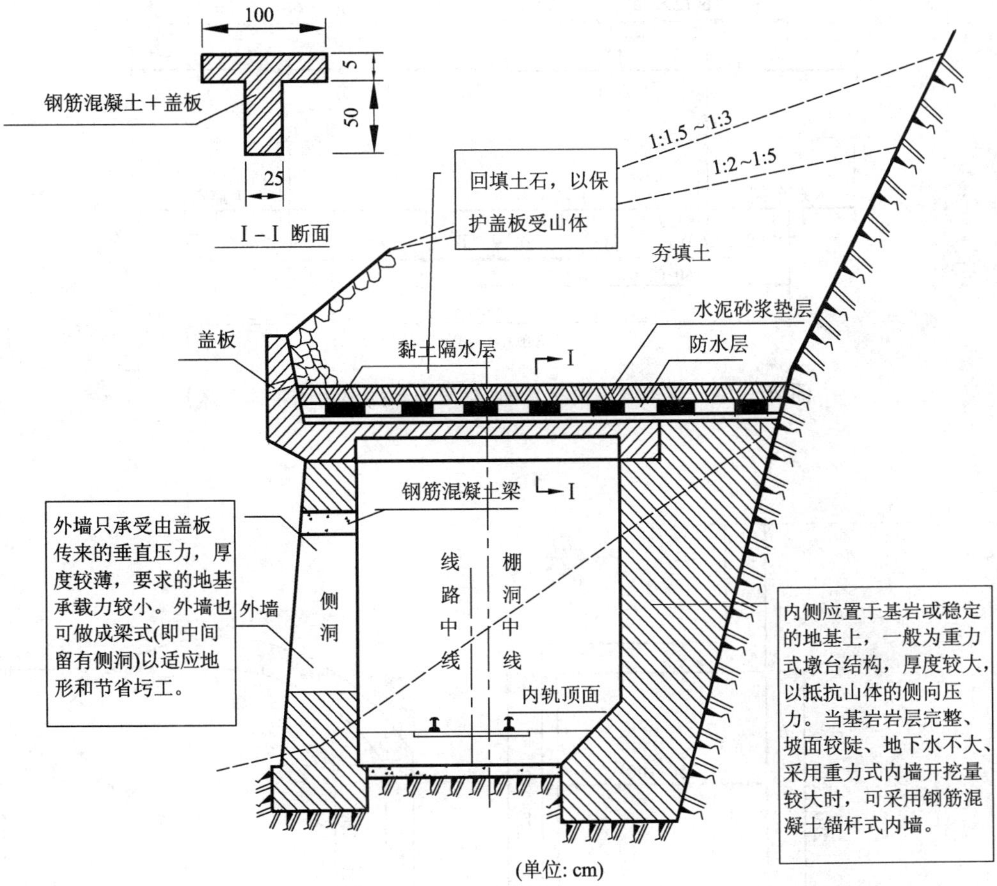


**图 20－12　盖板式棚洞**

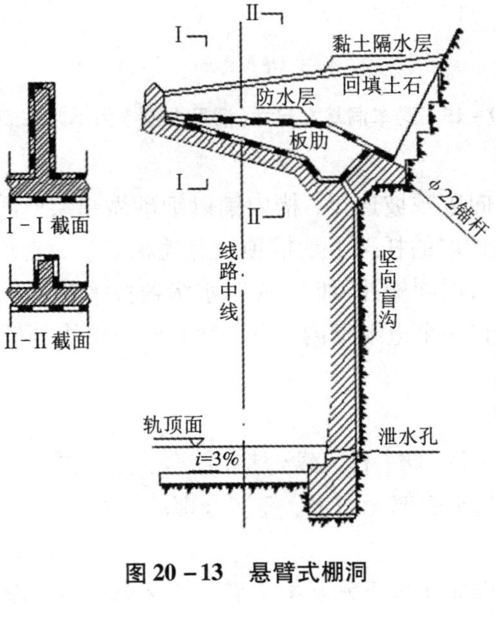


**图 20－13　悬臂式棚洞**

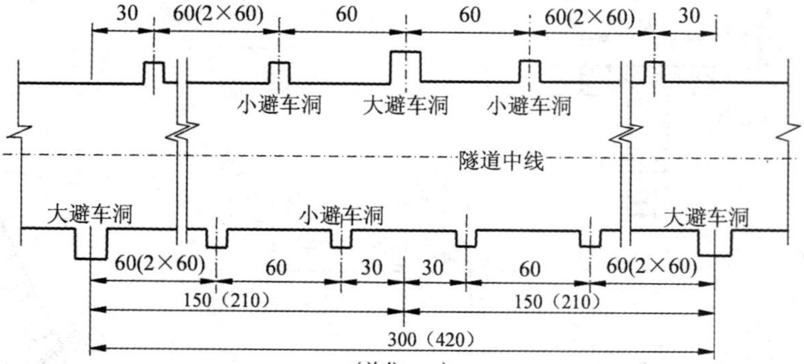


**图 20－14　避车洞平面布置图(括号内数据适用于整体道床)**

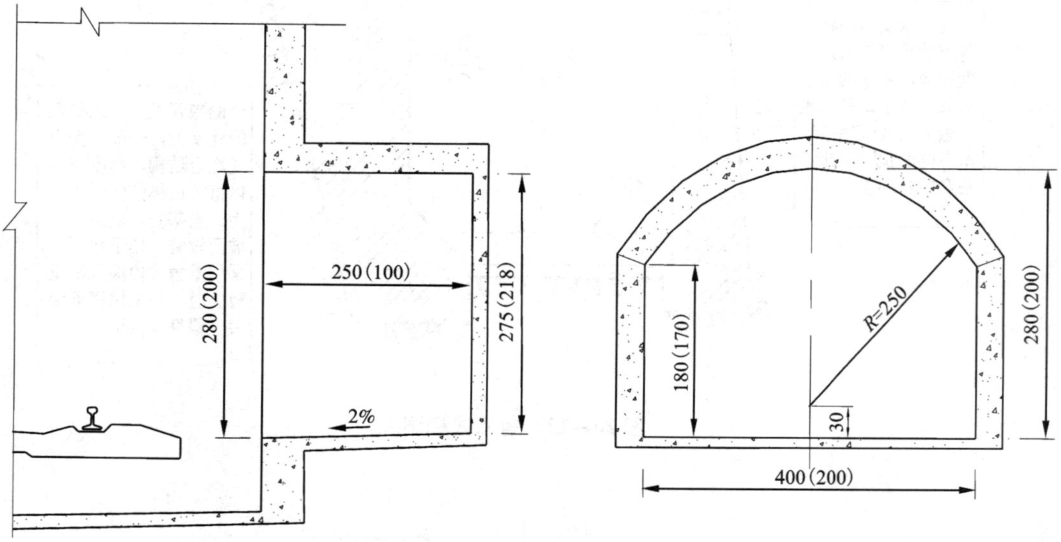


**图 20－15　避车洞基本尺寸(括号中数字为小避车洞尺寸)**

筑，槽底有高低差时，纵向应顺坡连接，槽内铺以细砂做垫层，低压电缆可直接放在垫层面上，高压电缆则吊在槽边预埋的托架上。槽顶设有盖板防护，盖板顶面应与避车洞底面或道床顶面齐平，当电缆槽与水沟同侧并行时，应与水沟盖板平齐。

通信、信号电缆可设在一个电缆槽内，但必须和电力电缆分槽敷设。

## 三、防排截水设施

隧道防、排水一般应采取“防、排、截、堵相结合，因地制宜，综合治理”的原则，达到防水可靠、排水通畅、线路基床底部无积水、经济合理的目的。

**1. 防水**

防水是指衬砌防水，即防止地下水从衬砌背后渗入隧道内。其办法是充分利用混凝土结构的自防水能力，并在衬砌与支护之间设置防水层。

(1)防水混凝土结构。

厚度不应小于 30 cm，抗渗等级不得低于 P6，裂缝宽度不得大于 0.2 mm，并不得贯通；当为钢筋混凝土时，迎水面主筋保护层厚度不应小于 5 cm。

(2)防水层。

防水层种类很多，大致可归纳为 2 类，一类为粘贴式防水层，另一类为喷涂式防水层。

粘贴式防水层，如用沥青将油毡(或麻布)粘贴在衬砌的外表面(适用于明挖修建的地下工程)，复合式衬砌在初期支护与二次模筑衬砌之间可粘贴软聚氯乙烯薄膜、聚乙丁烯片、聚乙烯片等防水卷材。

喷涂式防水层，如“881”涂膜防水胶、阳离子乳化沥青等防水剂。

(3)衬砌各类缝隙防水。

①施工缝的防水。

施工缝是衬砌混凝土间歇灌注时造成的。常见施工缝防水的单一构造形式如图 20－16 和图 20－17 所示。

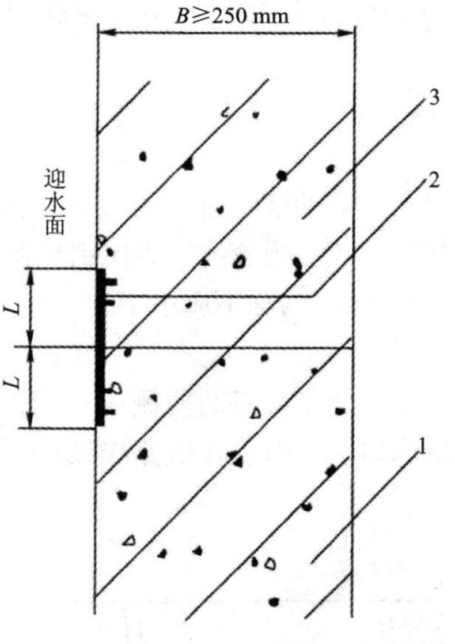


**图 20－16　施工缝单一防水构造——外贴式止水带**

1—先浇混凝土；2—外贴止水带；3—后浇混凝土

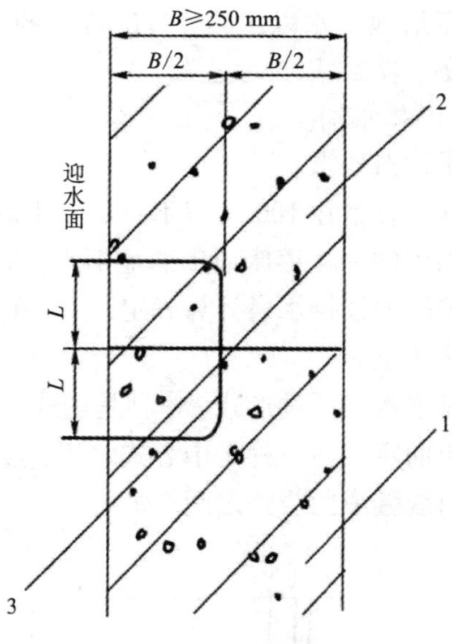


**图 20－17　施工缝单一防水构造——中埋式止水带**

1—先浇混凝土；2—后浇混凝土；3—中埋式止水带；

L—止水带

②变形缝(沉降缝、伸缩缝)的防水。

沉降缝是为了防止不均匀沉陷所引起衬砌的开裂而设置的，在地质条件有显著变化处、明洞与隧道衬砌连接处，均应设置沉降缝。

伸缩缝是为了防止因温度变化使混凝土自由伸缩产生裂缝而设置的。由于隧道内温差较小，故除严寒地区外，一般地区在隧道内不设置伸缩缝。

常见变形缝的复合防水构造形式如图 20－18 所示。

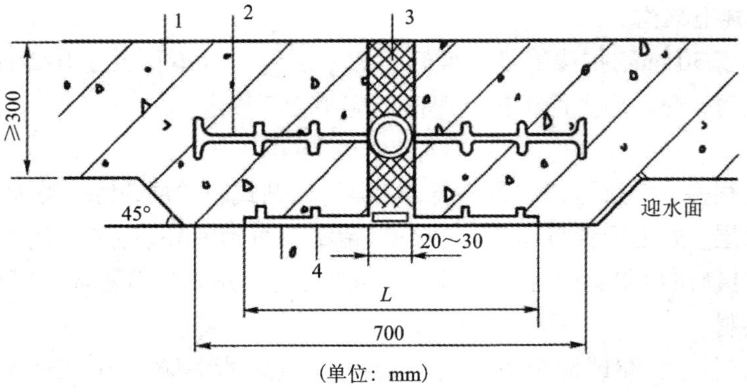


**图 20－18　中埋式止水带与外贴式防水层复合防水构造**

1—混凝土结构；2—中埋式止水带；3—填缝材料；4—外贴防水层

**2. 排水**

排水是将地下水引入隧道内，再经由洞内水沟排出洞外。绝对堵死地下水是做不到的，如果不给地下水以出路，衬砌背后的地下水位就会逐渐升高，以致给隧道衬砌施加很大压力，故一般要“以排为主”。

(1)排水沟。

①构造要求。

除了长度在 100 m 以下且常年干燥无水的隧道以外，一般的隧道都应设置排水沟，使渗漏到洞内的和从道床涌出的地下水，沿着带有流水坡的排水沟，顺着线路方向引出洞外。排水沟的断面按排水量计算确定，但一般沟底宽不应小于 40 cm，沟深不应小于 35 cm。

②类型。

排水沟有两种形式，一种是侧式水沟，这种形式的水沟设在线路的两侧或一侧，视水流量大小而定。另一种是中心式水沟，隧道采用整体式道床时，水沟设在线路中线的下方，或设在双线隧道两线路之间，如图 20－19 所示。

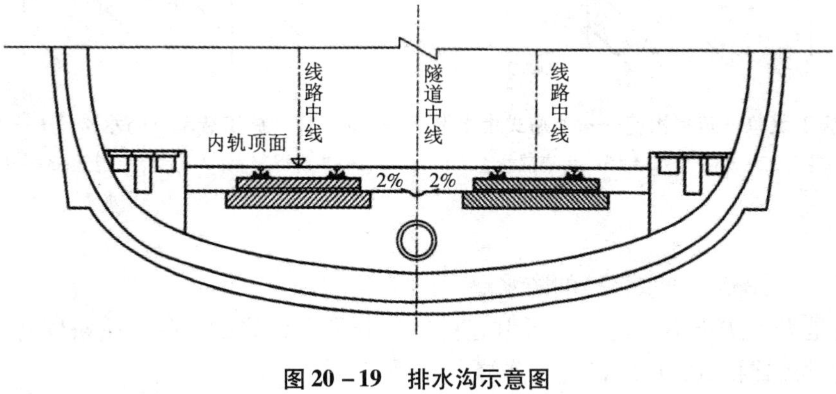


**图 20－19　排水沟示意图**

(2)盲沟。

在衬砌背后，用片石或埋管设置环向或竖向盲沟，以汇集衬砌周围的地下水，并通过盲沟底部泄水孔(或预埋管)引入隧道侧沟排出。

**3. 截水**

截水指截断地表水和地下水流入隧道的通路。

(1)洞顶天沟。

为防止地表水冲刷仰坡，流入隧道，一般应在洞口边仰坡上方设置天沟，但当地表横坡陡于1∶0.75时可不设。

天沟设于边仰坡坡顶以外，应不小于5 m，黄土地区应不小于10 m。天沟一般沿等高线向线路一侧或两侧排水。天沟坡度根据地形设置，但应不小于0.3%，以免淤积。

(2)泄水洞。

泄水洞一般是在地下水特别发达、涌水地段较长且水压较高，用其他防、排水措施难以收效时才采用。泄水洞应设在地下水上游一侧，与隧道方向平行或近似平行，如图20－20所示。

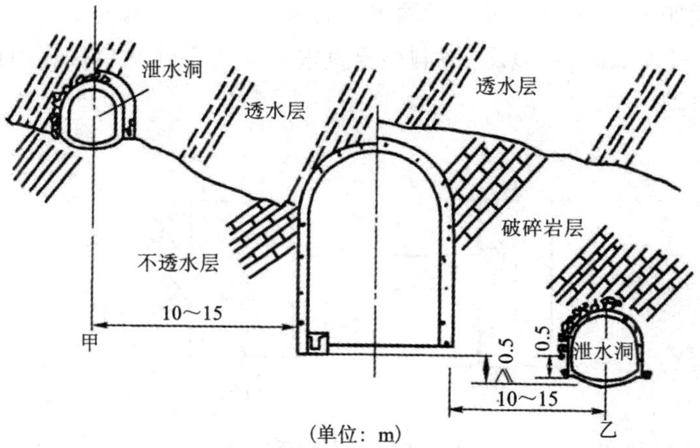


**图20－20　拦截地下水疏干地层泄水洞**

泄水洞断面尺寸除应保证有足够的排水能力外，还应便于施工和检查维修，一般定为不小于1.2 m(宽)×1.8 m(高)，泄水洞越长，尺寸应适当加大。

## 任务20.3　隧道临时建筑物

隧道临时建筑(辅助坑道)分横洞、斜井、竖井及平行导坑4种。它是为增加隧道工作面、缩短工期、改善施工通风、排水和运输条件等所加设的临时性隧道附属工程。有的为运营通风、排水和防灾害使用，则为永久性的隧道附属建筑。辅助坑道应提前开工，为隧道施工创造有利条件。

### 一、横洞

横洞是在隧道侧面修筑的与之相交的坑道。当傍山、沿河隧道需要设置辅助坑道时，宜优先采用横洞，如图20－21所示。横洞的位置应考虑施工需要和施工主攻方向。

横洞与隧道中心线连接处的平面角，根据地形及隧道施工组织设计安排而定，一般宜为

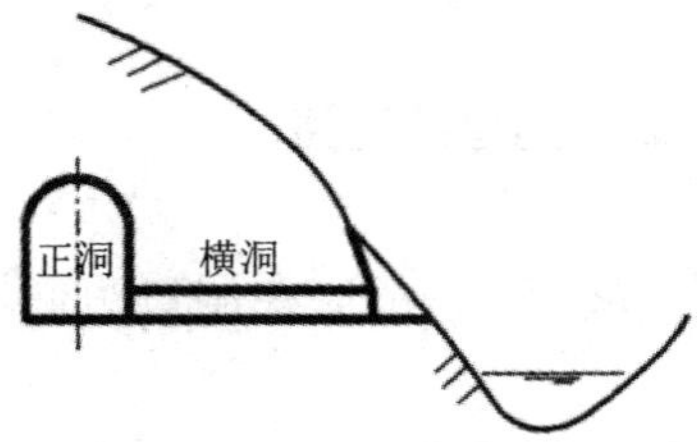


图 20－21　横洞

40°～45°。横洞的长度不超过隧道长度的 1/10～1/7。横洞洞身的纵断面在与隧道交接处，一般应与隧道开挖底部高程相同。为了便于排水及出砟运输，横洞洞身应有向外不小于 0.3% 的下坡。

横洞的断面有单道断面、双道断面及部分双道断面 3 种。

横洞平面布置如图 20－22 所示，横洞施工宜及早进洞，尽量少施作洞口土石方，进洞前应根据地质情况，妥善加固边仰坡。横洞洞身宜根据地质条件及是否利用作为永久通风洞而进行局部或全部衬砌。

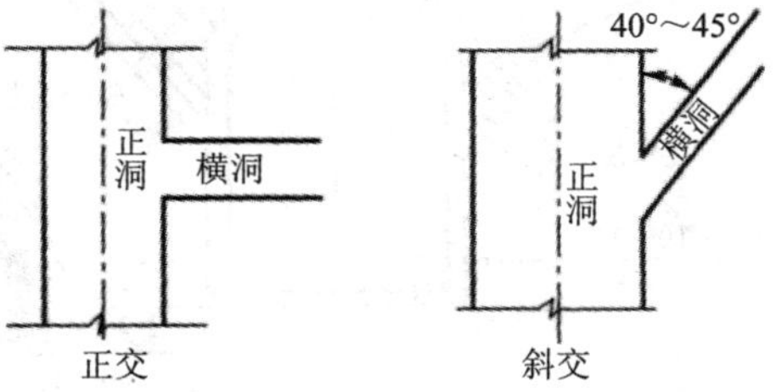


图 20－22　横洞平面布置图

## 二、斜井

斜井由井口、井深及井底车场组成，其剖面如图 20－23 所示。

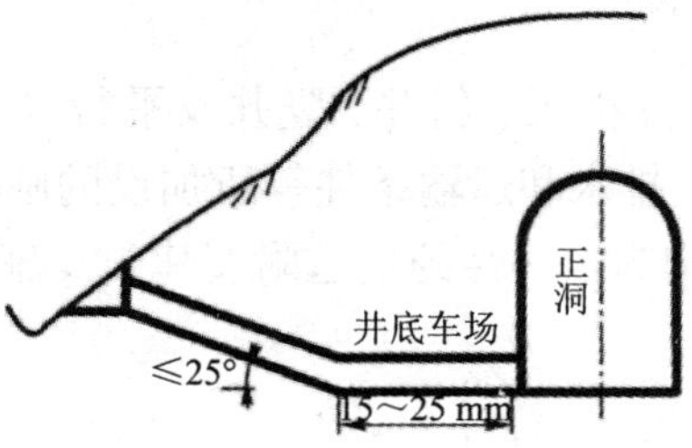


图 20－23　斜井剖面图

斜井长度一般不超过 200 m，以降低工程造价及保证运输效能。井深倾角一般以不大于

25°为宜，且井深不设变坡。

斜井井底与隧道连接处，采用平坡，称为井底车场。井底车场与井深间用半径 15 ~ 25 m 的竖曲线相连。井底车场的长度应根据调车作业的需要确定，其高程与隧道底部高程相同。

斜井井口位置不应设在洪水淹没区。井口外场地应满足调车作业、材料堆放及设置有关机械设备的要求，最小宽度一般不小于 20 m，并应有向井口外不小于 3% 的泄水坡度，以避免车辆溜滑或地表水流入井内。

## 三、竖井

竖井是在隧道上方修筑的与隧道相连的竖向坑道。

隧道覆盖层较薄或在中间适当位置覆盖层不厚，施工中又需增加工作面时，可采用竖井方案。竖井深度一般不超过 150 m。

**1. 竖井的位置选择**

竖井应设在较低处或沟谷的两侧，防止洪水危害。

竖井可设在隧道一侧，与隧道净距 15 ~ 25 m，如图 20 – 24 所示。

竖井也可设置在隧道正上方。竖井设置在隧道一侧时，施工安全，干扰少，但通风效果差；竖井设在隧道正上方时，通风效果好，不需另设水平通道，但施工干扰大，施工不安全。

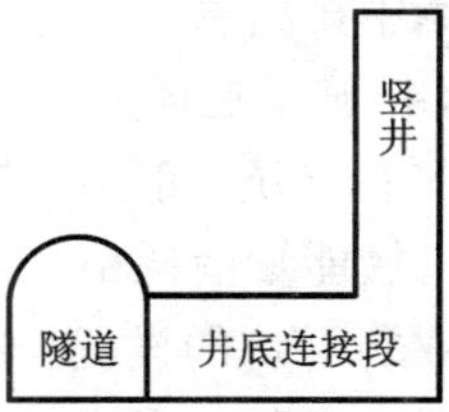

**图 20 – 24　竖井的位置**

**2. 竖井的断面**

竖井断面可采用圆形和矩形。圆形断面受力条件好，能承受较大的围岩侧压力，但断面利用率低，开挖、支撑及衬砌比较困难。矩形断面施工较为方便，但受力条件差。

竖井断面尺寸应根据斗车尺寸、通风排水设施与安全梯的布置，以及安全间隙等因素确定，直径为 4 ~ 6 m。

**3. 竖井的构造**

竖井由井口圈、井筒、壁座、井筒与隧道间的连接段、井下集水坑等部分组成，如图 20 – 25 所示。

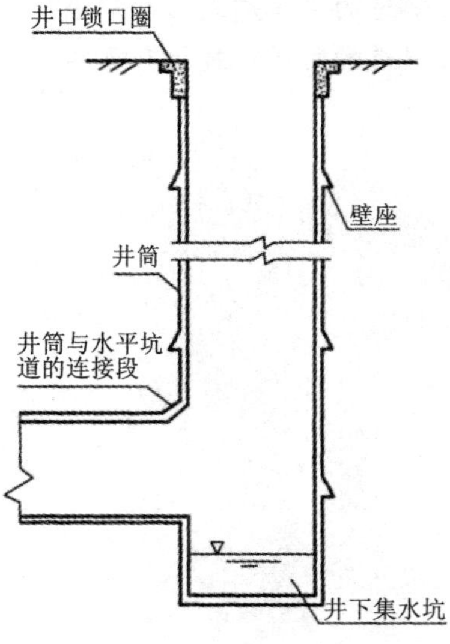

**图 20 – 25　竖井的构造**

## 四、平行导坑

**1. 平行导坑的设置**

对于长大越岭隧道，由于地形限制，或因通风排水的需要，不宜选用横洞、竖井、斜井等辅助坑道时，为加快施工速度可采用平行导坑方案。平行导坑常设于正线隧道的一侧，与正洞平行修建，其底面高程略低于正洞，并每隔一定间距设置横通道与正洞相连，如图 20 – 26 所示。

**2. 平行导坑的作用**

(1) 提前探明隧道施工前方地质情况。

平行导坑超前掘进，可以进行地质勘察，充分掌握前方地质情况。

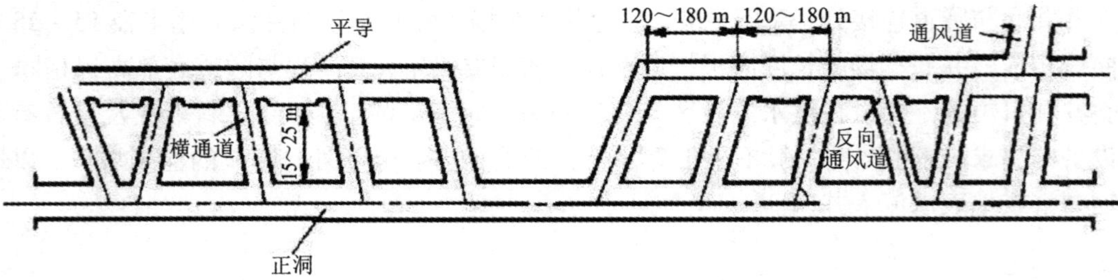


**图 20－26　平行导坑布置示意图**

(2)加快正洞施工速度。

平行导坑通过横通道与正洞联络，为正洞施工开辟工作面，加快了正洞施工速度。

(3)施工排水。

平行导坑领先于正洞，其底面高程又低于正洞隧底，大部分地下水可以流入平行导坑排走，使正洞的施工环境得到改善。同时，正洞的地下水可分段经横通道的侧沟流入平行导坑内，集中排出洞外。

(4)施工通风。

平行导坑、正洞及横通道组成一个完善的巷道式通风系统，该系统通风量大，通风阻力小，机械能量消耗小，通风效果好，特别适用于有瓦斯渗出的隧道内通风。

平行导坑的设置，将使隧道工程的造价提高 15% ~25%，因此，设置平行导坑应从技术经济等方面综合考虑。

## 习　题

1. 隧道的主体建筑物有哪些?
2. 隧道的附属建筑物有哪些?

# 项目 21　围岩分级与围岩压力

围岩是指隧道开挖后其周围产生应力重分布范围内的岩体或土体，或指隧道开挖后对其稳定性产生影响的那部分岩体或土体。

## 任务 21.1　围岩分级

### 一、基本分级

铁路隧道围岩分级采用以围岩稳定性为基础的两步分级模式。首先根据岩石坚硬程度和岩体完整程度 2 个因素确定围岩基本分级，如表 21－1 所示。然后考虑地下水状态、初始地应力状态等因素进行修正。

**表 21－1　铁路隧道围岩分级判定**

| 围岩级别 | 围岩主要工程地质条件 | | 围岩开挖后的稳定状态(单线) | 围岩弹性纵波速度 $V_p$/(km · $s^{-1}$) |
|---|---|---|---|---|
| | 主要工程地质特征 | 结构特征和完整状态 | | |
| Ⅰ | 硬质岩(单轴饱和抗压极限强度 $R_c$ > 60 MPa)：受地质构造影响轻微，节理不发育，无软弱面(或夹层)；层状岩层为厚层，层间结合良好 | 呈巨块状整体结构 | 围岩稳定，无坍塌，可能产生岩爆 | >4.5 |
| Ⅱ | 硬质岩($R_c$ > 30 MPa)：受地质构造影响较重，节理较发育，有少量软弱面(或夹层)和贯通微张节理，但其产状及组合关系不致产生滑动；层状岩层为中层或厚层，层间结合一般，很少有分离现象，或为硬质岩石偶夹软质岩石 | 呈大块状砌体结构 | 暴露时间长，可能会出现局部小坍塌；侧壁稳定；层间结合差的平缓岩层，顶板易塌落 | 3.5 ~ 4.5 |
| | 软质岩($R_c$ ≈ 30 MPa)：受地质构造影响轻微，节理不发育；层状岩层为厚层，层间结合良好 | 呈巨块状整体结构 | | |
| Ⅲ | 硬质岩($R_c$ > 30 MPa)：受地质构造影响严重，节理发育，有层状软弱面(或夹层)，但其产状及组合关系尚不致产生滑动；层状岩层为薄层或中层，层间结合差，多有分离现象；或为硬、软质岩石互层 | 呈块石、碎石状镶嵌结构 | 拱部无支护时可产生小坍塌，侧壁基本稳定，爆破震动过大易塌 | 2.5 ~ 4.0 |
| | 软质岩($R_c$ ≈ 5 ~ 30 MPa)：受地质构造影响较严重，节理较发育；层状岩层为薄层、中层或厚层，层间结合一般 | 呈大块状砌体结构 | | |

**续表 21－1**

| 围岩级别 | 围岩主要工程地质条件 | | 围岩开挖后的稳定状态(单线) | 围岩弹性纵波速度 $V_p$/(km·$s^{-1}$) |
|---|---|---|---|---|
| | 主要工程地质特征 | 结构特征和完整状态 | | |
| Ⅳ | 硬质岩($R_c$ > 30 MPa)：受地质构造影响很严重，节理很发育；层状软弱面(或夹层)已基本被破坏 | 呈碎石状，压碎结构 | 拱部无支护时可产生较大的坍塌，侧壁有时失去稳定 | 1.5～3.0 |
| | 软质岩($R_c$≈5～30 MPa)：受地质构造影响严重，节理发育 | 呈块(石)碎(石)状，镶嵌结构 | | |
| | 土体：①略具压密或成岩作用的黏性土及砂性土；②黄土($Q_1$、$Q_2$)；③一般钙质铁质胶结的碎石土、卵石土、大块石土 | ①和②呈大块状，压密结构；③呈巨块状，整体结构 | | |
| Ⅴ | 石质围岩位于挤压强烈的断裂带内，裂隙杂乱，呈石夹土或土夹石状 | 呈角(砾)碎石状，松散结构 | 围岩易坍塌，处理不当会出现大坍塌，侧壁经常小坍塌；浅埋时易出现地表下沉或塌至地表 | 1.0～2.0 |
| | 一般第四系的半干硬至硬塑的黏性土及稍湿至潮湿的碎石土、卵石土、圆砾、角砾土及黄土($Q_3$、$Q_4$) | 非黏性土呈松散结构，黏性土及黄土呈松软结构 | | |
| Ⅵ | 软塑状黏性土及潮湿的粉细砂等 | 黏性土呈易蠕动的松软结构；砂性土呈潮湿松散结构 | 围岩极易坍塌变形，有水时土砂常与水一齐涌出；浅埋时易塌至地表 | <1.0(饱和状态的土<1.5) |

## 二、围岩级别修正

围岩级别应在围岩基本分级的基础上，结合隧道工程的特点，考虑地下水状态、初始地应力状态等因素进行修正。

地下水是造成施工塌方，使隧道围岩丧失稳定的重要因素之一。地下水对围岩的影响主要表现在：

(1)软化围岩，对软岩尤其突出，对土体则可促使其液化或流动，对致密的岩石影响较小。

(2)软化结构面，水会冲走充填物或使夹层软化，从而减少层间摩阻力，促使岩块滑动。

(3)承压水可增加围岩的滑动力，使围岩失稳。

地下水对围岩级别的修正，宜按表 21－2 进行。

表21－2　地下水影响的修正

| 地下水状态分级 | 围岩级别 | | | | | |
|---|---|---|---|---|---|---|
| | Ⅰ | Ⅱ | Ⅲ | Ⅳ | Ⅴ | Ⅵ |
| Ⅰ | Ⅰ | Ⅱ | Ⅲ | Ⅳ | Ⅴ | — |
| Ⅱ | Ⅰ | Ⅱ | Ⅳ | Ⅴ | Ⅵ | — |
| Ⅲ | Ⅱ | Ⅲ | Ⅳ | Ⅴ | Ⅵ | — |

岩体地应力为存在于岩体中未受扰动的自然应力，或称原岩应力。岩体的初始地应力场主要由自重应力（由地心引力作用引起）和构造应力（由地壳构造运动引起）组成。

初始地应力对围岩级别的修正，宜按表21－3进行。

表21－3　初始地应力影响的修正

| 初始地应力状态 | 围岩级别 | | | | |
|---|---|---|---|---|---|
| | Ⅰ | Ⅱ | Ⅲ | Ⅳ | Ⅴ |
| 极高应力 | Ⅰ | Ⅱ | Ⅲ或Ⅳ | Ⅴ | Ⅵ |
| 高应力 | Ⅰ | Ⅱ | Ⅲ | Ⅳ或Ⅴ | Ⅵ |

## 任务21.2　围岩压力

围岩压力是指引起地下开挖空间周围岩体和支护变形或破坏的作用力。它包括由地应力引起的围岩应力以及围岩变形受阻而作用在支护结构上的作用。

### 一、围岩压力的分类

根据围岩压力的表现形式不同，一般可以分为：松动（散）压力、形变压力、膨胀压力、冲击压力。

**1. 松动（散）压力**

由于隧道开挖而松动或坍塌的岩体以重力形式直接作用在支护结构上的压力称为松动（散）压力。松动压力按作用在支护上的位置不同分为竖向压力、侧向压力和底压力。

**2. 形变压力**

形变压力是由于围岩变形受到与之密贴的支护结构抑制，在围岩与支护结构共同变形过程中，围岩对支护结构施加的接触压力。形变压力除与围岩应力状态有关外，还与支护刚度及施作时机有关。

**3. 膨胀压力**

由于围岩吸水而膨胀崩解所引起的压力称为膨胀压力，主要发生在膨胀岩中。与形变压力的基本区别在于它是由吸水膨胀引起的，其值大小取决于围岩的水理性质。

**4. 冲击压力**

在（极）高地应力完整硬脆性的岩体中开挖隧道，由于岩体中积累了大量的弹性变形能，隧道开挖解除围岩的部分约束，被积累的弹性变形能突然被释放，引起岩块抛射所产生的巨大压力，这就是冲击压力。

## 二、影响围岩压力的因素

影响围岩压力的因素很多，通常分为 2 大类。

(1) 地质因素，包括原始应力状态、岩石力学性质、岩体结构面等。

(2) 工程因素，包括施工方法、支护设置时间、支护本身刚度、隧道位置及形状等。

在隧道开挖过程中，由于受到开挖面的约束，使其附近的围岩不能立即释放全部瞬时弹性位移，这种现象称为开挖面的“空间效应”。当采用紧跟开挖面支护的施工方法时，支护时间将会大大影响围岩压力的大小和稳定性。

## 习 题

1. 围岩的作用是什么？
2. 围岩压力如何分级？

# 项目22　隧道施工基本知识

隧道施工方法是：隧道开挖、支护与量测方法、施工技术和施工管理的总称。在隧道修建方法中，根据不同的结构用途、水文地质条件、周边环境要求、安全风险分析、成本投入、工程规模、我国国情等条件，先后形成了多种隧道工程施工方法。

## 任务22.1　隧道施工方法

根据隧道穿越地层的不同情况和目前隧道施工方法的发展，隧道施工方法可按表22－1分类。

**表22－1　不同隧道施工方法**

| 隧道类别 | 山岭隧道 | 浅埋及软土隧道 | 水底(江河、海峡)隧道 |
|---|---|---|---|
| 施工方法 | 1. 钻爆法(矿山法)<br>(1)传统矿山法<br>(2)新奥法<br>2. 明挖法(明洞部分)<br>3. 掘进机法 | 1. 明挖法<br>2. 地下连续墙法<br>3. 浅埋暗挖法<br>4. 盖挖法<br>5. 盾构法或半盾构法 | 1. 预制管段沉埋法(沉管法)<br>2. 盾构法 |

**1. 钻爆法**

因最早应用于矿山开采而得名，由于在这种方法中，大多数情况下都需要采用钻眼爆破进行开挖，故又称为钻爆法。自20世纪60年代，新奥法正式问世以后，矿山法有了长足的发展。由于新奥法从理论到施工上都与旧的矿山法有很大的不同，为了明确概念，将矿山法又分为传统矿山法和新奥法。

**2. 明挖法**

该法是采用先将隧道部位的岩(土)体全部挖除，然后修建洞身、洞门，再进行回填的施工方法。通常用于隧道洞口段、浅埋段或者地下铁道车站施工。

**3. 掘进机法**

该法以开敞式掘进机破岩，开挖、支护过程为一体的自动化为特征，以采用围岩自承为主的支护设计理论和复合式衬砌结构为理论与技术来作为支撑，适用于硬岩特长隧道的施工方法。

**4. 浅埋暗挖法**

该法针对隧道埋深浅、多在软弱地层中穿过、环境保护要求高、施工难度大的问题，强调保护与提高围岩的自承能力，按照“管超前、严注浆、短开挖、强支护、快封闭、勤量测”的“18字方针”，采用复合式衬砌和中小型机械开挖，通常同时采用多种辅助工法以控制地层的变形。

**5. 盖挖法**

盖挖法是由地面向下开挖至一定深度后，将顶部封闭，其余的下部工程在封闭的顶盖下进行施工。主体结构可以顺作，也可以逆作。

盖挖顺作法是在地表作业完成挡土结构后，以定型的预制结构(包括纵、横梁和路面板)置于挡土结构上维持交通，往下反复进行开挖和加设横撑，直至设计标高。

盖挖逆作法是先在地表向下做基坑的维护结构和中间桩柱，和盖挖顺作法一样，基坑维护结构多采用地下连续墙或帷幕桩，中间支撑多利用主体结构本身的中间立柱以降低工程造价。随后即可开挖表层土体至主体结构顶板地面标高，利用未开挖的土体作为土模浇筑顶板。

**6. 盾构法**

盾构法是暗挖法施工中的一种全机械化施工方法。它是将盾构机械在地中推进，通过盾构外壳和管片支承四周围岩以防止发生往隧道内的坍塌。同时在开挖面前方用切削装置进行土体开挖，通过出土机械运出洞外，靠千斤顶在后部加压顶进，并拼装预制混凝土管片，形成隧道结构的一种机械化施工方法。该法以高度自动化为特征，采用围岩—支护共同作用为支护设计理论。

**7. 沉管法**

沉管法是预制管段沉放法的简称，是在水底建筑隧道的一种施工方法。其施工顺序是先在船台上或干坞中制作隧道管段(用钢板和混凝土或钢筋混凝土)，管段两端用临时封墙密封后滑移下水(或在坞内放水)，使其浮在水中，再拖运到隧道设计位置。定位后，向管段内加载，使其下沉至预先挖好的水底沟槽内。管段逐节沉放，并用水力压接法将相邻管段连接。最后拆除封墙，使各节管段连通成为整体的隧道。

**8. 新奥法**

1963 年，由奥地利学者 L · 腊布兹维奇教授命名为“新奥地利隧道施工法(New Austria-Tunnelling Method)”，简称“新奥法(NATM)”。它是以控制爆破或机械开挖为主要掘进手段，以锚杆、喷射混凝土为主要支护方法，理论、量测和经验相结合的一种施工方法。同时又是一系列指导隧道设计和施工的原则。新奥法理论的核心是“保护”“爱护”岩体，充分发挥围岩的自承能力。

新奥法施工流程如图 22 – 1 所示。

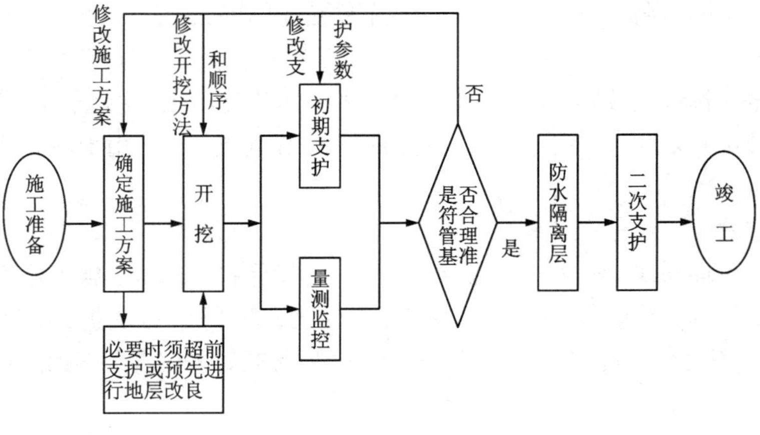


**图 22 – 1 新奥法施工基本流程图**

新奥法理论的基本要点：

(1)少扰动。

在进行隧道开挖时，要尽量减少对围岩的扰动次数、扰动强度、扰动范围和扰动持续时间。因此，要求能用机械开挖的就不用钻爆法的开挖；采用钻爆法开挖时，要严格进行控制爆破；尽量采用大面积开挖；根据围岩级别、开挖方法和支护条件选择合理的循环掘进尺度；自稳性差的围岩，循环掘进尺度应短一些；支护要尽量紧靠开挖面，缩短围岩应力松弛时间。

(2)早喷锚。

开挖后及时施作初期锚喷支护，使围岩的变形进入受控制状态。一方面是为了使围岩不致因变形过度而产生坍塌失稳；另一方面是使围岩变形适度发展，以充分发挥围岩的自承能力，必要时可采取超前支护措施。

(3)勤量测。

以直观、可靠的量测方法和量测数据来准确评价围岩(或围岩加支护)的稳定状态，或判断其动态发展趋势，以便及时调整支护形式和开挖方法，确保施工安全和顺利进行。量测是现代隧道及地下工程理论的重要标志之一，也是掌握围岩动态变化过程的手段和进行工程设计、施工的依据。

(4)紧封闭。

一方面采取喷射混凝土等防护措施，避免围岩因长时间暴露而致使强度和稳定性的衰减，尤其是对于易风化的软弱围岩；另一方面更为重要的是适时为围岩旋作封闭支护，这样不仅可以及时阻止围岩变形，而且可以使支护和围岩能进入良好的共同工作状态。

## 任务22.2　隧道开挖方法

隧道开挖是以钻孔、爆破工序为主，配以装运机械出砟，完成隧道施工的方法，是隧道施工的基本作业之一，占用整个隧道循环时间的40%左右，它的成败与好坏直接影响到围岩的稳定及后续工序的正常进行和施工速度，是隧道建设非常重要的组成部分。

### 一、凿岩机具

**1. 工作原理**

工作原理都是利用镶嵌在钻头体前端的凿刃反复冲击并转动破碎岩石而成孔。

**2. 分类**

(1)风动凿岩机

风动凿岩机又称风钻，如图22－2所示，其以压缩空气为动力，其优点是结构简单、维修方便、操作容易、使用安全等，但压缩空气的供应设备较为复杂，机械效率低、耗能大、噪声大、凿岩速度比液压凿岩机低。

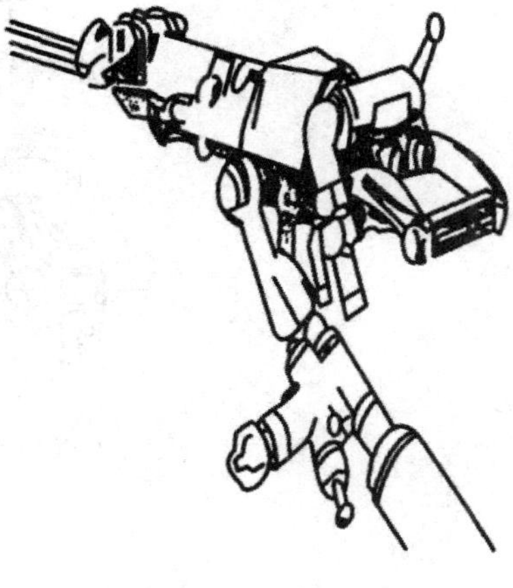

图22－2　风动凿岩机

(2)液压凿岩机。

液压凿岩机是以电力带动高压油泵，通过改变油路，使活塞往复运动，实现冲击作用，如图22－3所示。液压凿岩具有以下主要特点：

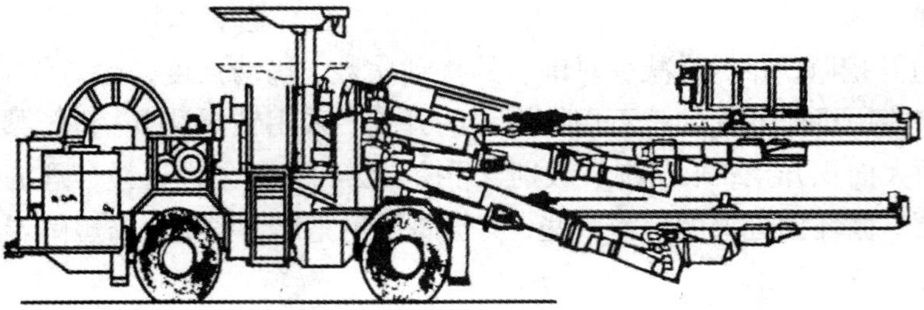

图 22－3 凿岩台车(实腹、轮胎)

①动力消耗较小，能量利用率高。液压凿岩机动力消耗仅为风动凿岩机的 1/3～1/2；能量利用率，液压的可达 30%～40%，风动的仅有 15%～20%。

②凿岩速度较快。液压的比风动的凿岩速度快 50%～150%。在花岗岩中纯钻进速度可达 170～200 cm/min。

(3)凿岩台车。

将多台液压凿岩机安装在一个专门的移动设备上，实现多机同时作业，称为凿岩台车。

实腹式凿岩台车通常为轮胎行走，可以安装 1～4 台凿岩机及一支工作平台臂。其立定工作范围，宽度可达 10～15 m，高度 7～12 m，分别使用于不同断面的隧道中。

## 二、钻头和钻杆

### 1. 钻头

钻头直接连接在钻杆前端(整体式)或套装在钻杆前端(组合式)，常用钻头的钻孔直径有 38 mm、40 mm、42 mm、45 mm、48 mm 等，如图 22－4 所示。

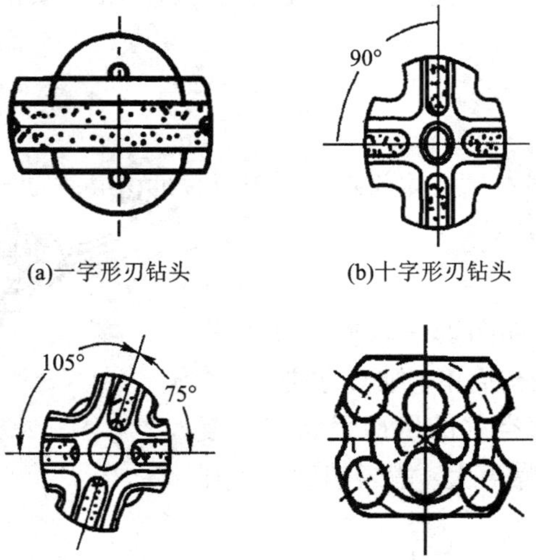


(a)一字形刃钻头 (b)十字形刃钻头

(c)X形刃钻头 (d)柱齿刃钻头

图 22－4 钻头形式

**2. 钻杆**

钻杆尾则套装在凿岩机的机头上，钻头前端则镶入硬质高强耐磨合金钢凿刃。

## 三、爆破的一般知识

炸药爆炸反应是极为迅速的，一旦发生爆炸则在瞬间产生大量的高温、高压气体，在极短的时间内释放出大量能量而对周围介质做功。

**1. 炸药的性能**

炸药的性能主要取决于其所含的化学成分。炸药的主要性能如下：

(1)敏感度。

敏感度简称为感度，是指炸药在外能作用下爆炸反应的难易程度，也就是炸药爆炸对外界起爆能的需要程度。

①热敏感度。热敏感度亦称爆发点，即使炸药爆炸的最低温度。

②火焰感度。火焰感度表示炸药对火焰的敏感度，如黑火药接触明火星便易燃烧爆炸。

③机械感度。机械感度是指炸药对机械能(撞击、摩擦)作用的敏感程度。

④爆轰感度。爆轰感度是指炸药对爆炸能的敏感程度。通常在起爆作用下，炸药的爆炸是由冲击波、爆炸产物或高速运动的介质颗粒的作用而激发的。

(2)爆力。

爆力是表示炸药爆炸所产生的冲击波和爆轰气体对周围介质产生压缩、破坏和抛掷的能力。炸药的爆力越大，其破坏能力越强，破坏的范围及体积也越大。

(3)猛度。

炸药的猛度是指炸药爆炸后对与其接触的局部介质的破碎程度。猛度的大小主要取决于爆速，爆速越高，猛度越大。

(4)殉爆距离。

一个药包爆炸后，能引起与它不相接触的邻近药包爆炸的最大距离称为殉爆距离。

**2. 隧道工程常用的炸药**

(1)硝酸铵类炸药。

它是铵梯、铵油、浆状、乳化等炸药的总称。

①铵梯炸药。

一般由硝酸铵、梯恩梯、木粉3种成分配成。铵梯炸药的特性是：敏感度较低，安全性好，威力较高。但吸湿性和结块性强。吸湿、结块后敏感度大大降低，甚至拒爆。

②铵油炸药。

它是由硝酸铵、柴油、木粉三种成分配成。铵油炸药的特性是：材料来源多、成本低、安全性高，但敏感度低，起爆比较困难，容易吸湿、结块，爆炸威力较低。储存期一般不能超过7天。因成本低，还可以在施工现场配制，故多用于大爆破。

③浆状炸药。

浆状炸药是由氧化剂水溶液、敏化剂和凝胶剂为基本成分组成的混合炸药。浆状(水胶)炸药具有抗水性强、密度高、爆炸威力较大、原料广、成本低和安全等优点，常用于露天有水深孔爆破中。

④乳化炸药。

通常以硝酸铵，硝酸钠水溶液与炭质燃料通过乳化作用，形成混合炸药，亦称为乳胶炸药。乳化炸药具有传爆性能好、抗水性能好、环境污染小、原料来源广和生产成本低的优点。

(2)硝化甘油炸药。

它又称为胶质炸药，是一种高猛度炸药，它的主要成分是硝化甘油。硝化甘油炸药抗水性强、密度高、爆炸威力大，因此适用于有水和坚硬岩石的爆破。

**3. 起爆方法和起爆材料**

(1)火雷管起爆法。

这是利用点燃的导火索产生的火焰先使雷管爆炸，进而引起药包爆炸的起爆方法，如图22－5所示。

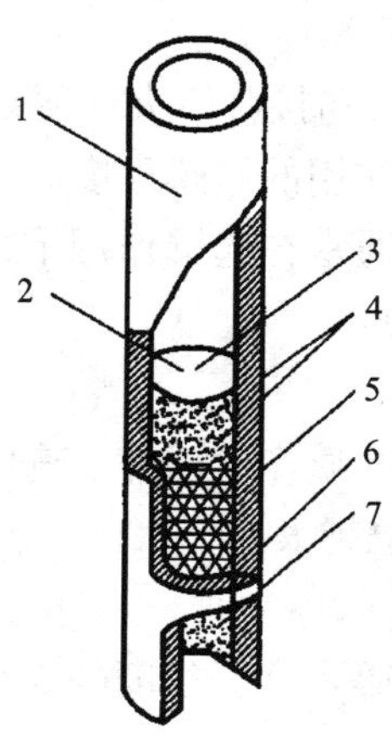


**图22－5　火雷管构造**

1—加强帽；2—纸壳；3—传火孔；4—副装药；5—二遍主装药；6—头遍主装药；7—聚能穴

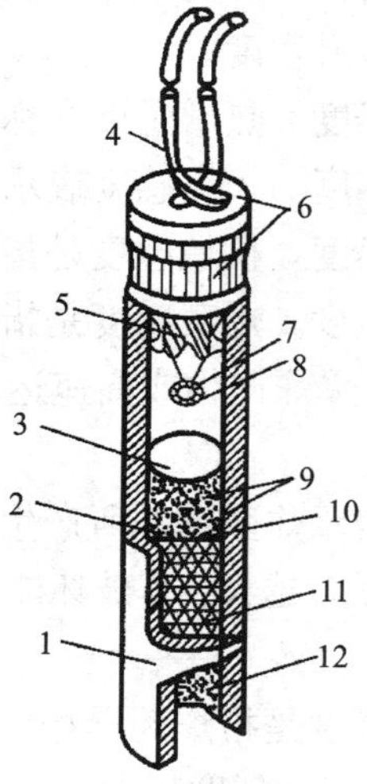


**图22－6　电雷管构造**

1—纸壳；2—加强帽；3—传火口；4—脚线；5—铁箍；6—卡口；7—桥丝；8—引火头；9—副装药；10—二遍主装药；11—头遍主装药；12—聚能穴

(2)电雷管起爆法。

这是一种利用雷管通电起爆，进而引起药包爆炸的起爆方法，如图22－6所示。

(3)导爆索起爆法。

导爆索与导火索外形相似，它是以黑索金等单质炸药为药芯，以棉、麻等纤维为被覆材料制成的索状起爆器材，为了区别导火索，表面一般染成红色。它的端部用雷管起爆后，便通过自身的爆炸性能引爆整个网路的药包。

(4)塑料导爆管起爆法。

这是一种新型的不用电起爆的起爆方法。导爆管是一根薄塑料软管，外径约3 mm，内壁涂有一薄层单质炸药。导爆管必须用起爆枪或者雷管才能起爆，用火或者撞击均不能起爆。

**4. 炮眼布置**

合理地确定炮眼布置、数目、深度和角度、装药量和装药结构、起爆方法、起爆顺序，安排好循环作业等，以正确指导钻爆施工，达到预期的效果。

(1)炮眼的种类和作用。

隧道开挖爆破的炮眼数目，与隧道断面的大小有关，多在几十至数百，如图22－7所示。炮眼类型按其所在位置、爆破作用、布置方式和有关参数的不同可分为如下几种：

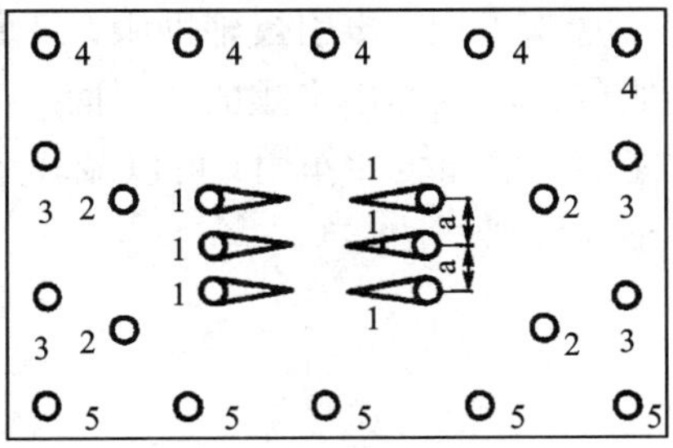

图22－7　炮眼种类

①掏槽眼。针对隧道开挖爆破只有一个临空面的特点，为提高爆破效果，宜先在开挖断面的适当位置(一般在中央偏下部)布置几个装药量较多的炮眼，如图22－7所示的1号炮眼。其作用是先在开挖面上炸出一个槽腔，为后续炮眼的爆破创造新的临空面。

②周边眼。沿隧道周边布置的炮眼称为周边眼。如图22－7所示的3号、4号、5号炮眼，其作用是炸出较平整的隧道断面轮廓。按其所在位置的不同，又可分为帮眼(3号眼)、顶眼(4号眼)、底眼(5号眼)。

③辅助眼。位于掏槽眼与周边眼之间的炮眼称为辅助眼。如图22－7中的2号炮眼。其作用是扩大掏槽眼炸出的槽腔，为周边眼爆破创造临空面。

(2)炮眼的布置原则和方法。

布置炮眼时，必须获得良好的爆破效果，并考虑钻眼效果。一般按照下列原则：

①先布置掏槽眼，其次周边眼，最后辅助眼。

②周边眼的位置一般是沿着设计轮廓线均匀布置，其炮眼间距和最小抵抗线长度应比辅助眼小。

③辅助眼的布置主要是解决炮眼间距 $E$ 和最小抵抗线 $W$ 的问题，这可以由施工经验决定，一般抵抗线 $W$ 为炮眼间距的60%～80%，$W$ 一般取0.6～0.9 m。

要想取得比较好的爆破效果，除合理布置炮眼及装药外，还应根据各种炮眼所起的作用来确定起爆顺序。一般是先掏槽眼、辅助眼、底板眼、周边眼。

**5. 控制爆破**

(1)光面爆破。

光面爆破是一种控制岩体开挖轮廓的爆破技术，是通过一系列措施对开挖部位的周边实行正确的钻孔和爆破，并使周边眼最后起爆的爆破方法。其主要标准为：开挖轮廓成型规则，岩面平整；围岩壁上保存有50%以上的半面炮眼痕迹，无明显的爆破裂缝；超欠挖符合规定要求，围岩壁上无危石等。

光面爆破对围岩扰动小，又尽可能保存了围岩自身原有的承载能力，从而改善了衬砌结构的受力状况；由于围岩壁面平整，减少了应力集中和局部落石现象，增加了施工安全度，减少了超挖和回填量，若与锚喷支护相结合，能节省大量混凝土，降低工程造价，加快施工进度；因光面爆破可减轻振动和保护围岩。

(2)预裂爆破。

预裂爆破是由于首先起爆周边眼，在其他炮眼未爆破之前先沿着开挖轮廓线预裂爆破出一条用以反射爆破地震应力波的裂缝而得名。预裂爆破的爆破目的同光面爆破，只是在炮眼的爆破顺序上，光面爆破是先引爆掏槽眼，再引爆辅助眼，最后引爆周边眼；而预裂爆破则是首先引爆周边眼，使沿周边眼的连心线炸出平顺的预裂面。由于这个预裂面的存在，对后爆的掏槽眼、辅助眼的爆轰波能起反射和缓冲作用，可以减轻爆轰波对围岩的破坏，保持岩体的完整性，爆破后的开挖面整齐规则。

## 任务22.3 洞口施工

### 一、概念

洞口段是指隧道开挖可能给洞口地表造成不良影响(下沉、塌穴等)的洞口范围。一般情况下，可将洞口浅埋段划为洞口段，如图22－8所示。

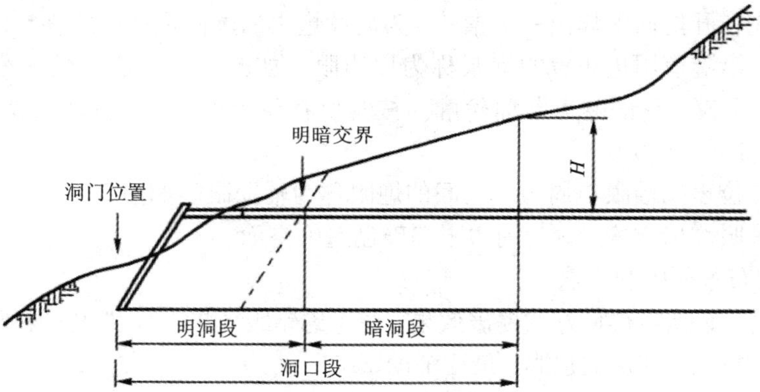


**图22－8 洞口段的一般范围**

注：$H$—深浅埋分界处覆盖层厚度，为2～2.5倍天然拱高度。

隧道洞口工程主要包括边仰坡土石方、边仰坡防护、路堑挡护、洞门圬工、洞口排水系统、洞口检查设备安装和洞口段洞身衬砌等。洞门结构一般在暗洞施工一段以后再做，边仰坡防护应及时做好。

### 二、进洞方法

洞口段施工中最关键的工序就是进洞开挖。隧道进洞前应对边仰坡进行妥善防护或加固，做好排水系统。

**1. 全断面法进洞**

当洞口段围岩为Ⅱ级及以上，地层条件良好时，一般可采用全断面直接开挖进洞，初始10～20 m区段的开挖，应将爆破进尺控制在2～3 m。洞口3～5 m区段可以挂网喷混凝土及设钢拱架予以加强，其余施工支护一般采用素喷混凝土支护即可，视情况也可在拱部设置局部锚杆。

**2. 台阶法进洞**

当洞口段围岩为Ⅲ～Ⅳ级，地层条件较好时，可采用台阶法进洞。爆破进尺控制在1.5～2.5 m。施工支护采用系统锚杆和钢筋网喷射混凝土，必要时设置钢拱架加强施工支护。

隧道洞口地段，一般覆盖浅、地质条件差，且地表水汇集，施工难度较大。施工时要结合洞外场地和相邻工程的情况，全面考虑、妥善安排、及早施工，为隧道洞身施工创造条件。

## 任务22.4　浅埋暗挖法

### 一、概念

浅埋暗挖法是以超前加固、处理软弱地层为前提，采用足够刚性的复合衬砌（由初期支护和二次衬砌及中间防水层所组成）为基本支护结构的一种用于软土地层近地表隧道的暗挖施工方法。

### 二、特点

(1)使用于各种地质条件和地下水条件；

(2)具有适合各种断面形式（单线、双线及多线、车站等）和变化断面（过渡段、多层断面等）的高度灵活性；

(3)通过分部开挖和辅助施工方法，可以有效地控制地表下沉和坍塌；

(4)与盾构法相比较，在较短的开挖地段使用也很经济；

(5)与明挖法相比较，可以极大减轻对地面交通的干扰和对商业活动的影响，避免大量的折装；

(6)从综合效益观点出发，是比较经济的一种施工方法。

### 三、原则

(1)管超前。管超前指采用超前管棚或小导管注浆等措施先行支护，实际上就是采用超前支护的各种手段，提高掌子面的稳定性，防止围岩松动和坍塌。

(2)严注浆。严注浆指在导管超前支护后，立即压注水泥浆或其他化学浆液，填充围岩空隙，使隧道周围形成一个具有一定强度的客体，以增强围岩的自稳能力。

(3)短开挖。短开挖指一次注浆。多次开挖，即限制一次进尺的长度，减少围岩的松动。

(4)强支护。强支护指在浅埋的松软地层中施工，初期支护必须十分牢固，具有较大的刚度，以控制开挖初期的变形。

(5)快封闭。快封闭指在台阶法施工中，如上台阶过长，变形增加较快，为及时控制围岩松动，必须采用临时仰拱封闭，开挖一环，封闭一环，提高初期支护的承载能力。

(6)勤测量。勤测量指对隧道施工过程进行经常性的测量。掌握施工动态，并及时反馈以指导设计和施工。

## 习 题

1. 隧道常见的施工方法有哪些?
2. 洞口施工应注意什么?
3. 隧道开挖方法有哪些?

# 项目 23　隧道支护结构的形式与构造

## 任务 23.1　隧道支护的作用及分类

### 一、作用

隧道开挖后，为了有效约束和控制围岩的变形，增强围岩的稳定性，保证施工安全，以及为了确保运营过程中的稳定、耐久，减少阻力和美观，均须施作必要的结构作为支护。

### 二、分类

支护分为初期支护、超前支护和二次衬砌支护 3 种类型。

支护结构：
- 初期支护（喷射混凝土支护、锚杆支护、钢架支护、锚喷支护）
- 超前支护（超前锚杆、管棚、超前小导管注浆、超前深孔帷幕注浆）
- 二次衬砌

## 任务 23.2　初期支护

### 一、喷射混凝土支护

喷射混凝土是用压力喷枪喷射混凝土的施工法。常用于灌筑隧道内衬、墙壁、天棚等薄壁结构或其他结构的衬里以及钢结构的保护层。

喷射混凝土的工艺流程有干喷、潮喷、湿喷和混合喷 4 种。它们之间的主要区别是：各工艺流程的投料程序不同，尤其是加水和速凝剂的时机不同。

**1. 干喷**

将砂、石、水泥按一定的比例干拌，均匀投入喷射机，同时加入速凝剂，用高压空气将混合料压送到喷头，再在该处与高压水混合后高速喷射到岩面上。它的工艺流程如图 23 – 1 所示。

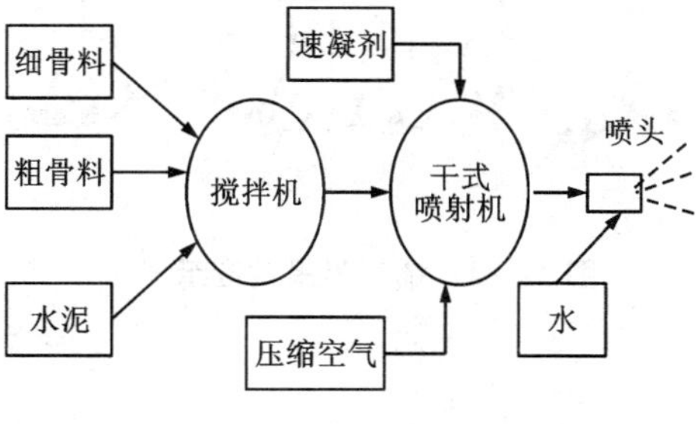


**图 23 – 1　干喷、潮喷工艺流程**

**2. 潮喷**

将砂、石料预加水，使其浸润成潮湿状，再加水泥拌和均匀，从而降低上料和喷射时的粉尘，其工艺流程如图 23 －1 所示，其施工机械与干喷相同。

**3. 湿喷**

用湿喷机压送拌和好的混凝土，在喷头处添加液态速凝剂，再喷到岩面上，其工艺流程如图 23 －2 所示。

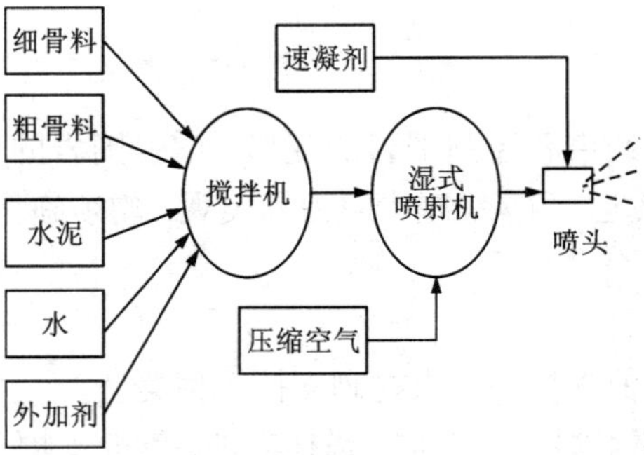


**图 23 －2　湿喷工艺流程**

## 二、锚杆支护

**1. 锚杆的支护机理**

锚杆是用金属或其他高抗拉性能的材料制作一种杆状构件。使用机械装置、黏结介质，将其安设在地下工程的围岩或其他工程体中，形成能承受荷载，阻止围岩变形的锚杆支护。

**2. 锚杆的作用**

(1)悬吊效应。

把隧道洞壁附近具有裂痕、节理的不稳定岩体，用锚杆固定在深层的坚固稳定的岩体上，可将不稳定岩体的自重传递给深层坚固的岩体，以起到悬吊效应，如图 23 －3 所示。

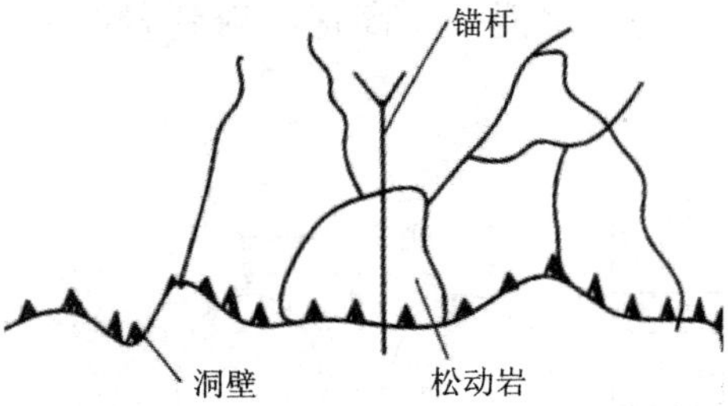


**图 23 －3　锚杆悬吊效应示意图**

(2)组合效应。

锚杆可将若干层层状岩体或节理发育的岩体串联在一起，增大层间的磨阻力形成组合梁效应，或者锚杆将围岩中不稳定的岩块和岩层连接起来形成整体，以阻止岩层的滑移和坍塌，如图 23 －4 所示。

(3)加固效应。

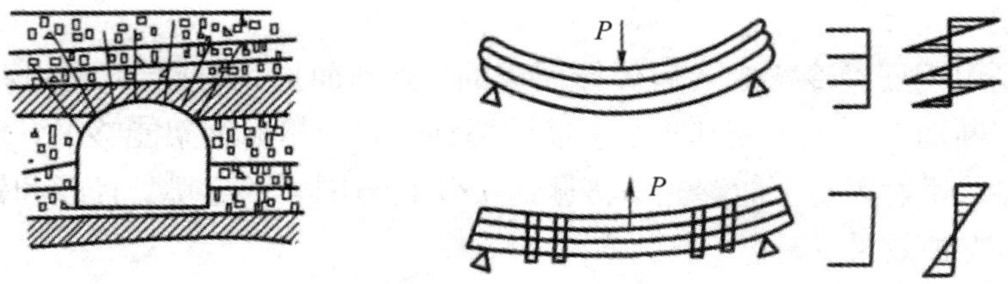


**图 23－4　锚杆组合效应示意图**

按一定间距在隧道周边呈放射状布置的成组锚杆(或称系统锚杆)，可使一定厚度范围内有节理、裂隙的破裂岩体或软弱岩体紧压在一起形成连续压缩带，如图 23－5 所示。

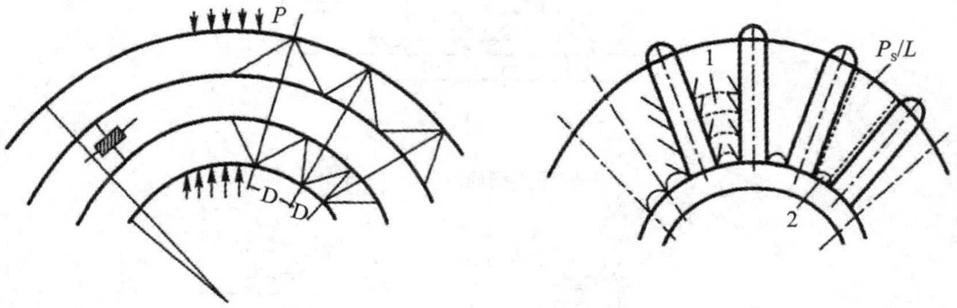


**图 23－5　锚杆加固效应示意图**

1—拱效应；2—两锚杆间的松动带

在锚杆预张应力 $P$ 的作用下，每根锚杆周围都形成一个两头呈圆锥形的筒状压缩区，各锚杆所形成的压缩区彼此搭接，形成一条厚度为 $W$ 的均匀压缩带。使围岩接近于三向受力状态，增加了围岩的稳定性。

**3. 锚杆网址及二维码**

百度百科查询网址：

http：//baike. baidu. com/link？ url = JPWCQUwajuJD64iZLzbpIa2UGbFP － eKlQp_hsmND-DRhhNuLHoJD6zivCcKAvHBuubp0gf7hf4gdnUG － TRa － F8AwfQZZt38Cvmd47afFWPZW

二维码：

## 三、钢架支护

钢支撑具有承载能力大的特点，常常用于软弱破碎或土质隧道中，并与锚杆、喷混凝土等共同使用。钢支撑按其材料的组成可分为钢拱架和格栅钢架(图 23－6)。

**1. 钢拱架**

钢拱架是工字钢或钢轨制造而成的刚性拱架。这种钢架的刚度和强度大，可用作临时支撑并单独承受较大的围岩压力，也可设于混凝土内作为永久衬砌的一部分。钢拱架的最大特点是架设后能够立即承载。

**2. 格栅钢架**

格栅钢架是由钢筋经冷弯成形后焊接而成的，其断面形状有圆形、门形、三边形、四边形等。格栅钢架断面有3根主筋和4根主筋的两种形式。格栅钢架能够很好地与喷射混凝土一起与围岩密贴，喷射混凝土能够充满格栅钢架及其与围岩的空隙，且能和锚杆、超前支护结构连成一体，支护效果好。

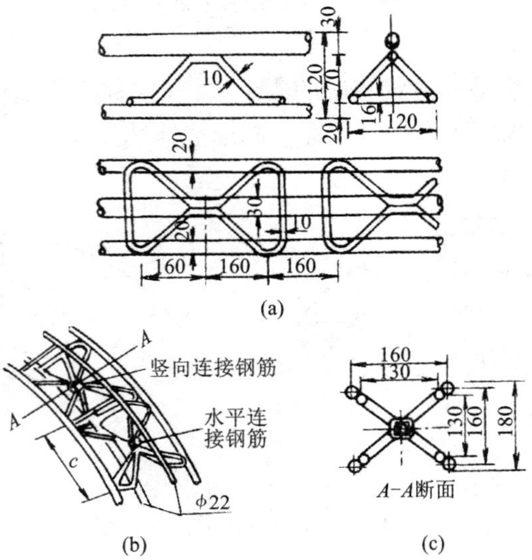


**图 23-6 钢架构造**

## 四、锚喷支护

锚喷支护是目前通常采用的一种围岩支护手段，包括锚杆支护、喷射混凝土支护、喷射混凝土锚杆联合支护、喷射混凝土钢筋网联合支护、喷射混凝土与锚杆及钢筋网联合支护、喷钢纤维混凝土支护、喷钢纤维混凝土锚杆联合支护，以及上述几种类型加设型钢(或钢拱架)而成的联合支护。

# 任务23.3 超前支护

隧道施工过程中，当遇到软弱破碎围岩时，其自支护能力是比较弱的，经常采用的超前支护措施有超前锚杆、插板或小钢管，管棚，超前小导管注浆，开挖工作面及围岩预注浆等。

## 一、超前锚杆支护

此法的要点是开挖掘进前，在开挖面顶部一定范围内，沿坑道设计轮廓线，向岩体内打入一排纵向锚杆(或型钢，或小钢管)，以形成一道顶部加固的岩石棚，在此棚保护下进行开挖等作业(图23-7)，至一定距离后(在尚未开挖的岩体中必须保留一定的超前长度)，重复上述步骤，如此循环前进。

超前锚杆宜采用早强砂浆锚杆，锚杆可用不小于 $\phi$22 mm 的螺纹钢筋。超前锚杆主要适用于地下水较少的软弱破碎围岩的隧道工程中。

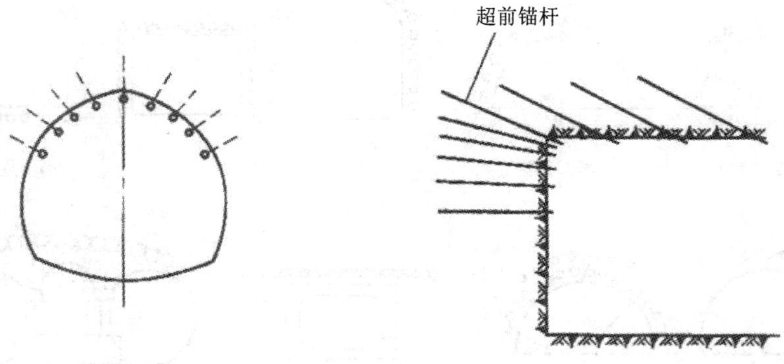


**图23-7　超前支护**

## 二、管棚支护

管棚是沿隧道开挖断面外轮廓，以较小的外插角向开挖面前方打入钢管构成的棚架体系。为增加钢管外围岩的抗剪切强度，从插入的钢管内压注充填水泥浆或砂浆，使钢管与围岩一体化（图23-8）。

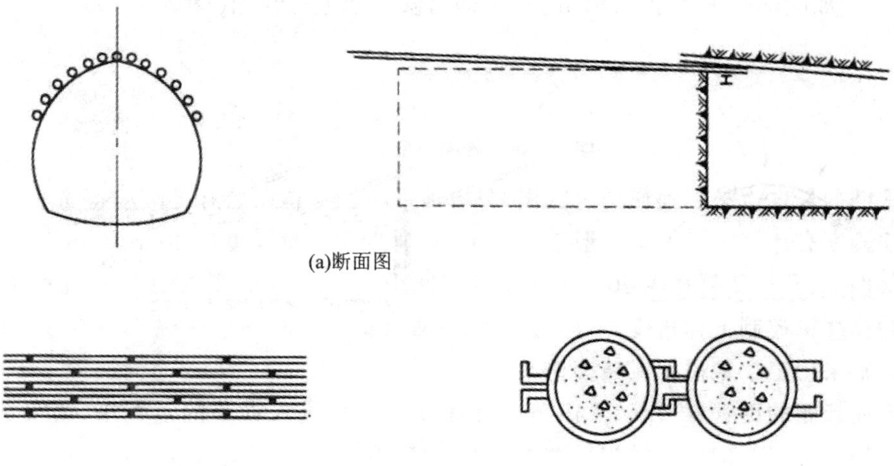

(a)断面图

(b)管棚钢管纵向错接

(c)钢管端部横向联接

**图23-8　管棚超前支护围岩**

管棚主要适用于围岩压力来得快来得大，用于对围岩变形及地表下沉有较严格限制要求的软弱破碎围岩隧道工程中。

管棚的配置、形状、施工范围、管棚间隔及断面等应根据地质条件、周边环境、隧道开挖断面、埋深以及开挖方法等因素来决定。一般多采用图23-9所示的形状。

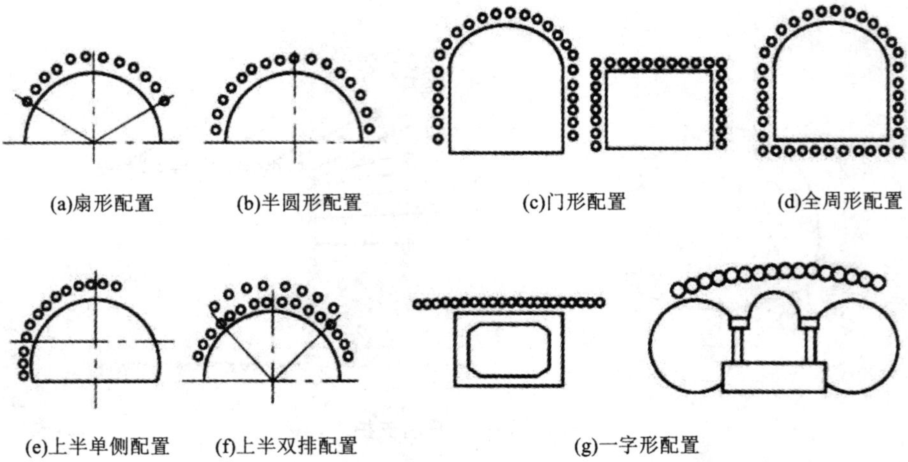


**图 23-9　管棚的配置和形状**

## 三、超前小导管注浆支护

超前小导管注浆是在开挖掘进前，先通过喷混凝土将开挖面和 5 m 范围内的坑道封闭，然后沿坑道周边打入带孔的纵向小导管并通过小导管向围岩注浆，待浆液硬化后，在坑道周围形成了一个加固圈，在此加固圈的防护下即可安全地进行开挖(图 23-10)。

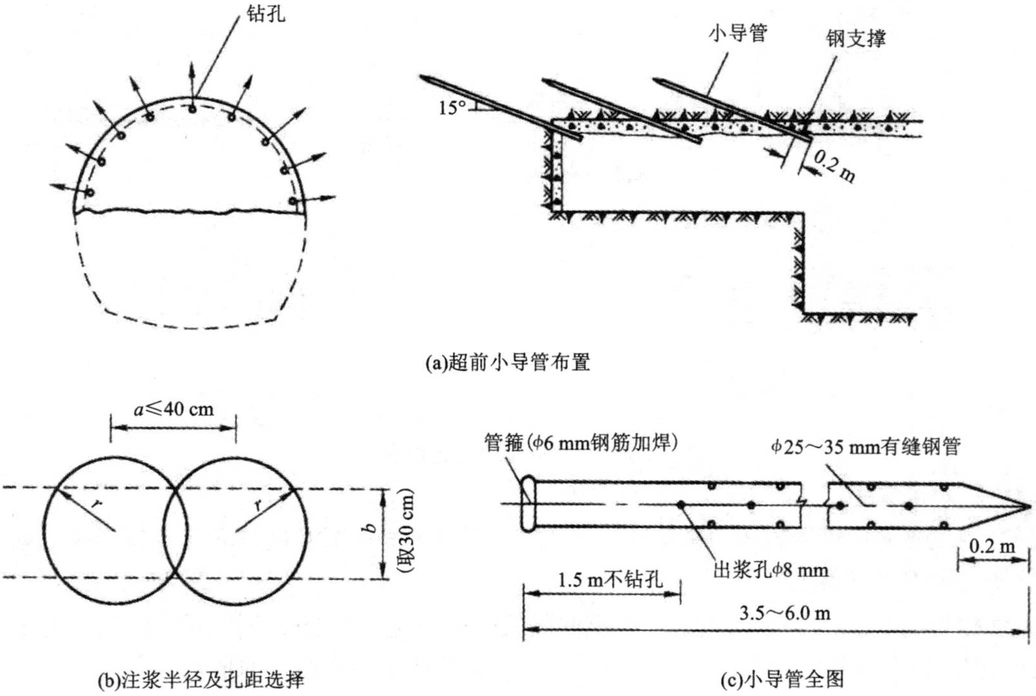


**图 23-10　超前小导管注浆**

超前小导管注浆不仅适用于一般软弱破碎围岩，也适用于地下水丰富的松软围岩。

## 四、预注浆加固围岩支护

预注浆方法是在掌子面前方的围岩中将浆液注入，从而提高了地层的强度、稳定性和抗渗性，形成了较大范围的筒状封闭加固区，然后在其范围内进行开挖作业。

预注浆加固围岩有洞内超前注浆、地表超前注浆和平导超前注浆3种方式。图23-11(a)所示为在开挖工作面上打超前长导管注浆的加固方式；对于浅埋隧道，可以从地表向隧道所在区域打幅射状或平行状钻孔注浆[图23-11(b)]；对于深埋长大隧道，可设置平行导坑，由平行导坑向正洞所在区域钻孔注浆[图23-11(c)]。

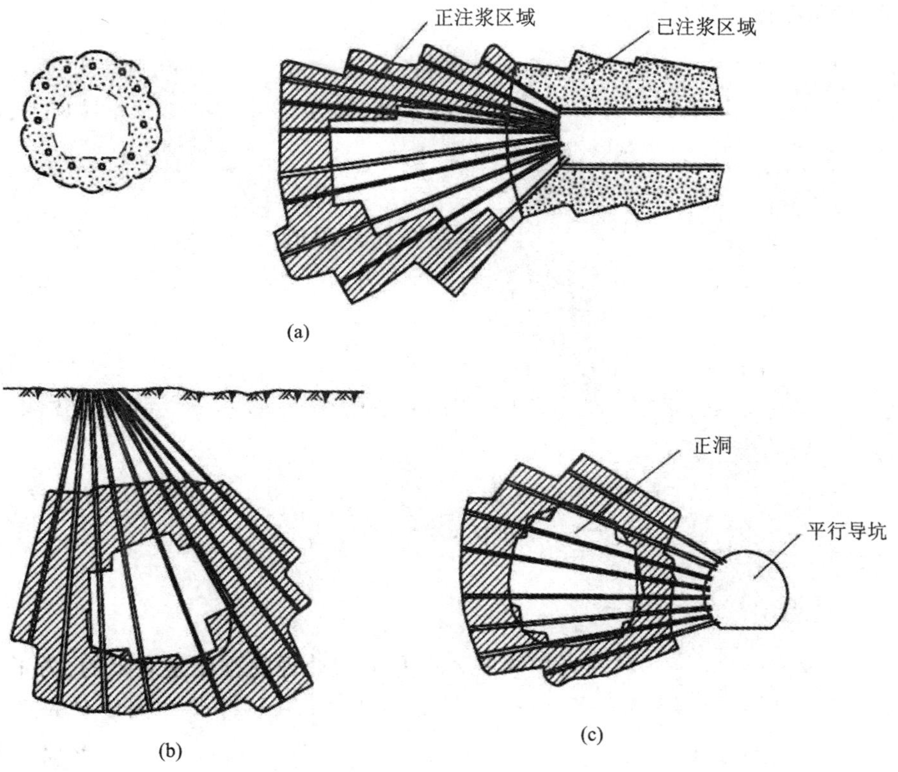


图23-11　地层超前注浆

## 任务23.4　二次衬砌支护

复合式衬砌是由初期支护和二次支护所组成，初期支护是帮助围岩达成施工期间的初步稳定，二次支护则是提供安全储备或承受后期围岩压力。

复合式衬砌中的二次衬砌，除了起饰面和增加安全度的作用外，实际上也承受了在其施工后发生的外部水压、软弱围岩的蠕变压力、膨胀性地压，或者浅埋隧道受到的附加荷载等。

二次衬砌施工工序：

(1)混凝土材料及模板的选择；

(2)模筑衬砌施工准备工作；
(3)混凝土的制备和运送；
(4)混凝土灌注施工；
(5)模筑混凝土灌注作业机械化；
(6)混凝土的养护及拆模；
(7)压浆、仰拱和底板。

## 习　题

1. 支护的作用是什么？
2. 支护有哪几种类型？

# 项目24　辅助坑道施工

辅助坑道施工时宜采用喷锚支护，斜井、竖井井段中不良地质地段、井底调车场、作业洞室等处应加强支护，在特殊情况下，应在开挖前采取超前支护措施。各种辅助坑道的适用条件及其特点见表24－1。

**表24－1　辅助坑道的适用条件及特点**

| 类型 | 适用条件 | 特点 |
|---|---|---|
| 横洞 | 1. 隧道沿河傍山，侧面覆盖不厚；<br>2. 隧道洞口桥隧相连，施工互相干扰，或影响弃砟及场地布置；<br>3. 洞口地质不良或路堑土石方数量大，工期紧迫，难以及时从正洞进洞；<br>4. 横洞长度一般小于1/7～1/10隧道长度 | 能增加正洞工作面，设备简单，施工及管理方便，出砟、进料运输距离较短，但通风排烟较差，故事先应做好通风机具准备，施工中搞好通风管理 |
| 斜井 | 1. 隧道旁侧有较低地形，覆盖不厚；<br>2. 井身地质较好，地下水流不大 | 能增加正洞工作面，出砟、进料运输距离较短，但要有提升设备 |
| 竖井 | 1. 隧道洞身局部地段覆盖层较薄；<br>2. 井身地质较好，地下水流不大 | 能增加正洞工作面，出砟、进料运输距离较短，但提升设备较复杂，深度大于150 m者造价很大 |
| 平行导坑 | 1. 长度较大的深埋隧道，难以采用其他类型的辅助坑道；<br>2. 有大量地下水或瓦斯 | 能增加正洞工作面，提高施工速度，解决施工通风、排水和运输干扰等问题，超前正洞可起到提前预报地质的作用 |

## 一、横洞施工注意事项

**1. 进洞时机**

横洞施工宜及早进洞，尽量少施作洞口土石方，进洞前应根据地质情况，妥善加固边仰坡。横洞施工方法，应根据其断面大小及地质情况综合确定。横洞洞身宜根据地质条件及是否利用作为永久通风洞而进行局部或全部衬砌。

**2. 工作面设置**

一般情况下，横洞较短，比较经济，因此在地形条件允许时，宜优先考虑横洞来增辟工作面。

**3. 运营通风口**

在考虑横洞作为运营时的通风口时，横洞断面大小应按通风要求及施工需要一并考虑，并宜修筑永久衬砌。

**4. 正洞衔接**

有时在隧道洞口处桥隧相连影响施工，或地质条件差、地形条件不利、路堑开挖量大尚未完工而需进洞等情况下，可利用横洞进入正洞，以避免施工干扰和达到提前进洞的目的。

## 二、斜井施工注意事项

**1. 炮眼**

开挖时炮眼的方向应与斜井倾角一致，底眼可适当向下倾斜，并加深10%～20%。

**2. 扒砟**

采用耙斗装砟机扒砟，一般每20 m移动一次，距工作面安全距离不小于6 m，每次移动后均应检查机身与固定装置是否牢靠。装砟时，除驾驶员外，其他人员均应退至安全地点，工作重点注意保护电线路。装砟后应对机械进行检查、保养和用挡板防护。

**3. 倾角**

斜井施工，需要支护的地段，以采用喷锚支护为宜。倾角大于25°的斜井，也可采用构件支撑，其支柱斜度宜为斜井倾角的一半。

**4. 衬砌**

斜井一般不做衬砌，对于井口及井底车场地段，为了保证安全，可做一定长度的衬砌。若是井深通过不良地质或渗水严重地段，也需做衬砌。衬砌一般采用弧形拱圈及直边墙的形式。

## 三、竖井施工注意事项

**1. 炮眼**

开挖一般采用钻眼爆破的方法，用人力装砟。按照平面布置的要求，再布置抽水管路附近设加深的掏槽炮眼，以便爆出集水坑。

**2. 支护**

向下掘进时，每掘进一定深度(一般为2 m)应根据地质条件对竖井井壁进行支护。支护可采用临时木框架，也可灌注混凝土护壁。为了确保安全，井口应在开挖前设置混凝土锁口圈。

**3. 井口**

施工中，在井口、井底需有必要的安全措施及通信信号设备。

**4. 衬砌**

围岩较破碎时需修筑永久衬砌，开挖面与衬砌之间的距离不宜超过30 m，衬砌厚度由设计计算确定，并不小于20 cm。

## 四、平行导坑施工注意事项

**1. 进度**

平行导坑的施工，应配备较强的设备及专业工班快速掘进，以确保平行导坑超前正洞两个横通道的距离；但也不宜超前太远，否则平行导坑内通风困难。

**2. 风水管路**

平行导坑内应单独安设风水管路，采用高效配套的有轨运输。

**3. 交叉口**

平行导坑与横通道的交叉口，应在平行导坑掘进时一次挖成，以减少对平行导坑掘进的正常干扰。

**4. 支护**

平行导坑宜优先使用喷锚支护；平行导坑与横通道交叉口处，跨度较大，围岩压力亦较大，支护应予加强。

**5. 衬砌**

平行导坑一般可不修筑衬砌，但作为永久通风道或泄水洞时应作衬砌。平行导坑内地质复杂、渗漏严重、空间大、暴露时间长的地段也应衬砌。衬砌一般采用直边墙、曲拱的形式，采用衬砌片石或混凝土等材料。

**6. 运输**

平行导坑一般做有轨运输。

## 习　题

1. 斜井施工要点有哪些？
2. 平行导坑施工要点有哪些？

# 项目25 隧道防、排水技术

## 任务25.1 概述

### 一、防、排水原则

《铁道隧道设计规范》(TB 10003—2005)规定，隧道防、排水应遵循“防、排、截、堵相结合，因地制宜，综合治理”的原则，采取切实可靠的设计、施工措施，保障结构物和设备的正常使用和行车安全。对地下水应作妥善处理，洞内外应形成一个完善的防、排水系统。

“防”是指隧道衬砌应具有一定的防水能力，防止地下水渗入；

“排”是指衬砌背后空隙及围岩不积水，减小衬砌背后的渗水压力和渗水量；

“截”是指在洞外和衬砌外侧采用工程措施，入口设洞顶截水沟、防渗漏铺砌填补工程和修建泄水洞等，把流向隧道的水源拦截引流；地表水应截流、汇集排除，防止积水下渗；隧道衬砌背后的地下水宜引排，减小衬砌的渗水压力和渗水量；

“堵”是指在隧道内对衬砌表面可见的渗漏处，采用衬砌圬工内压浆、喷浆、喷涂乳化沥青和抹面封闭等内贴式防水层，封堵归槽引排，使地下水按预定路径排走。

### 二、分类

隧道可分为防水型隧道和排水型隧道。

**1. 防水型隧道(承受水压)**

通过采取各种措施，如防水层、止水带等，将水封堵在隧道衬砌之外。不排水的全封闭防水型隧道在静水头不超过30 m的地方广泛应用。如武广客运专线浏阳河隧道就是采用全防水型。在防水型隧道中也要设置排水系统，为隧道渗漏水预留排水通道。

**2. 排水型隧道**

排水型隧道又可以分为控制排水型和不控制排水型。在高水位以及不允许过量排放地下水处修建时，应采取“以堵为主，限量排放”，即“控制排放”的原则。地下水允许排放量是根据隧道周围的具体情况确定的，如挪威奥斯陆峡湾跨海通道。

## 任务25.2 隧道防水措施

隧道防水工程措施包括围岩注浆堵水、初期支护喷射混凝土防渗、防水层防水、施工缝及变形缝防水、衬砌自防水及衬砌背后回填注浆等。

### 一、围岩注浆堵水

对地下水发育、地下水无控制排放影响生态环境等情况，采用开挖前预注浆或开挖后围岩注浆等措施对地下水进行截堵，是防、排水系统设计的重要措施，如图25-1所示。在隧道开挖线外围一定范围内注浆截断或阻塞地下水与隧道之间的水流通路，达到限制地下水排放量及排放方向的目的，同时起到加固围岩的作用，改善隧道受力条件，从而保证隧道运营安全。注浆材料可选择普通水泥、超细水泥及化学浆液等。

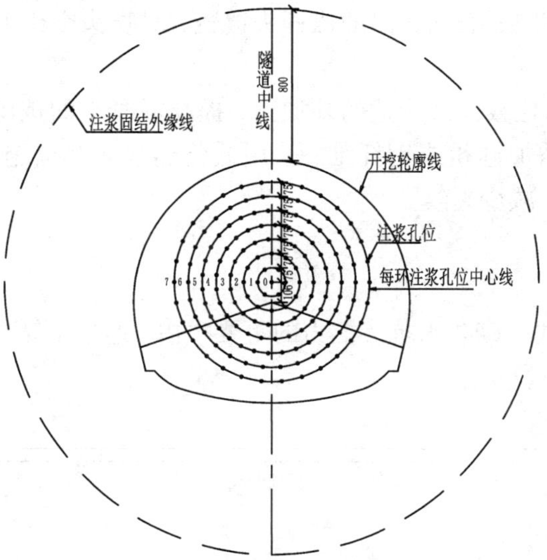


(a)注浆钻孔正面图

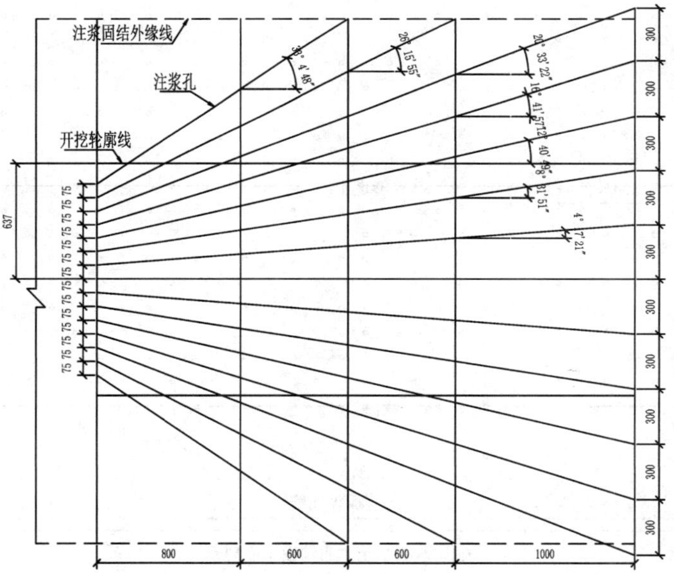


(b)注浆钻孔剖面图

**图25－1　注浆示意图**

## 二、初期支护喷射混凝土防渗

喷射混凝土是复合式衬砌的外层支护及第一道防水屏障，其质量对隧道防水效果影响明显。为提高防水质量，应做到以下几点：

(1)喷射前认真处理围岩基面，清除松散危石，大股涌水宜采用注浆堵水，小股涌水或渗水，可采用注浆或导管引排。

(2)加强对钢架等支护体背面喷射的检查，避免造成喷射混凝土内部及其与围岩接触面之间不密实，形成空隙。

(3)喷射混凝土应将围岩表面露出的锚杆头覆盖，对喷头突出的钢筋头应切割后补喷或用砂浆覆盖。

(4)调整混凝土配合比或掺加合适的外加剂，提高混凝土的抗渗能力。特别是当地下水具有腐蚀性时，可通过添加硅粉或钢纤维、采用低化热水泥等措施，提高混凝土防渗性能。加强喷射混凝土的养护，减少裂纹。

## 三、防水层防水

防水层是提高复合式衬砌防水抗渗能力的重要举措，通常由缓冲垫层与防水板 2 部分组成，铺设示意如图 25－2 所示。

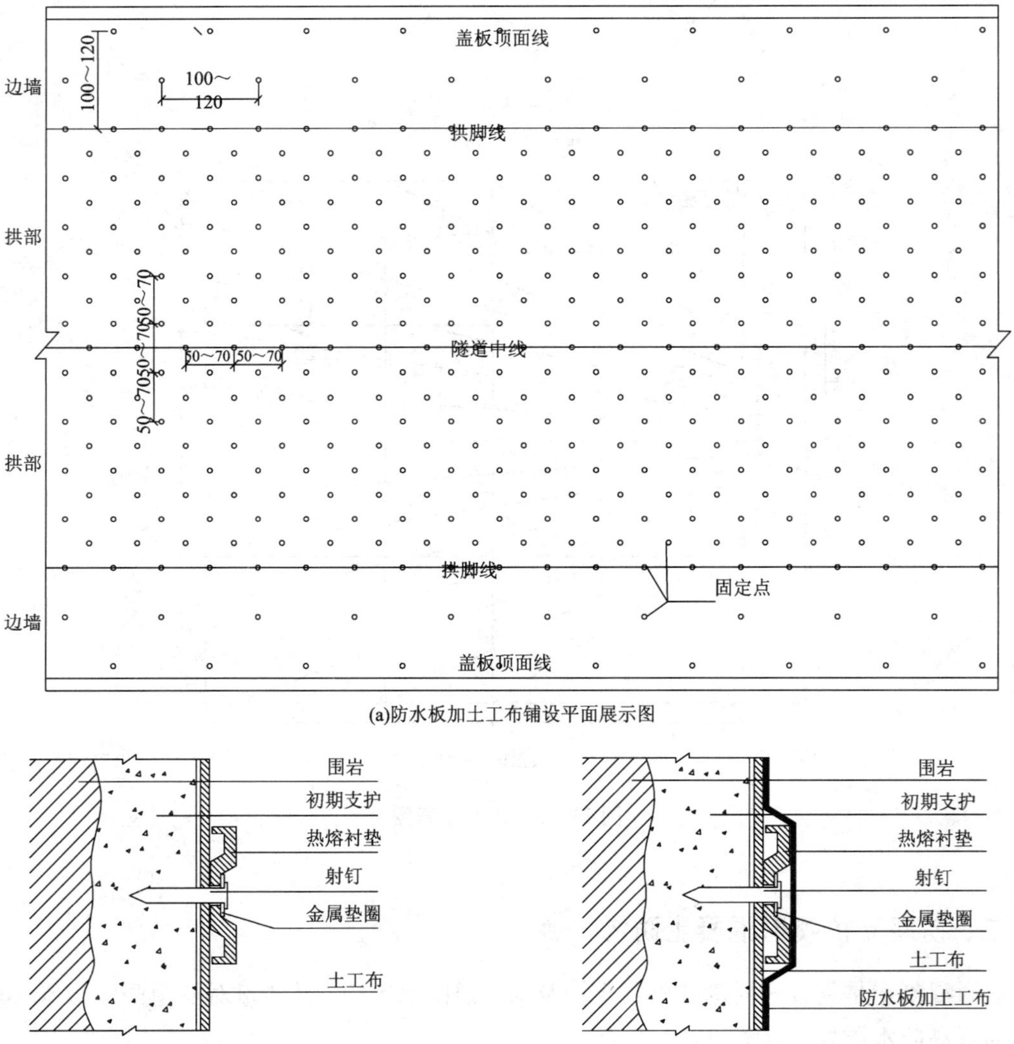


(a)防水板加土工布铺设平面展示图

(b)固定点土工布铺设示意

(c)固定点防水板铺设示意

**图 25－2　防水板铺设示意图**

缓冲垫层直接安设在基层上作为防止静力穿刺的保护层，也起到一定的排水反滤作用。一般采用不小于4 mm的聚乙烯(PE)和质量为300～400 g/m$^2$的无纺布。

## 四、施工缝及变形缝防水

### 1. 施工缝防水

施工缝是施工中由于混凝土不连续灌注而出现的缝隙，分为环向及纵向2种。纵向施工缝主要采用刷涂混凝土界面剂的处理措施；素混凝土拱墙段环向施工缝可采用设置中埋波纹排水管及钢板腻子止水带等防水措施；仰拱环向施工缝可采用设置中埋式钢板腻子止水带防水；钢筋混凝土拱墙段环向施工缝设置中波纹排水管及橡胶止水带等防水措施。常见的隧道施工缝构造形式如图25－3所示。

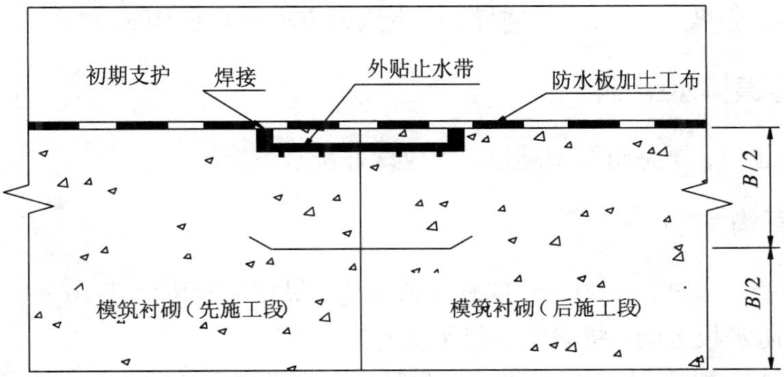


图25－3　施工缝防水

### 2. 变形缝防水

变形缝分为沉降缝和伸缩缝。为防止由于衬砌产生不均匀下沉而引起的裂损，在地质条件变化显著、衬砌受力不匀地段，应设置沉降缝。为防止由于温度变化剧烈或混凝土凝结时收缩影响而引起衬砌开裂，应设置伸缩缝。常见的变形缝如图25－4所示。

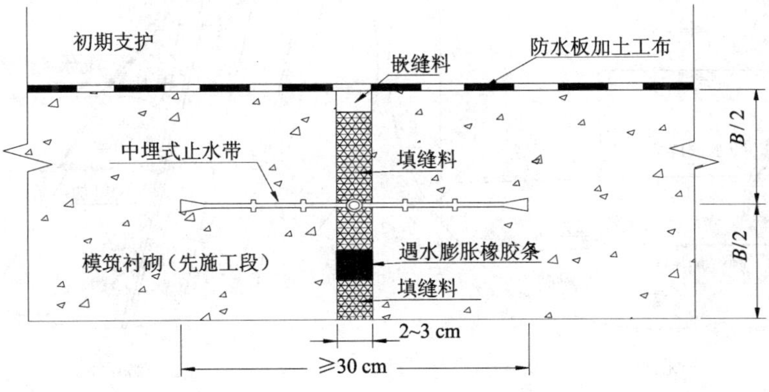


图25－4　变形缝

## 五、衬砌自防水

隧道二次衬砌应采用具有自防水能力的混凝土，厚度不应小于 30 cm，裂缝宽度不得大于0.2 mm，并不得贯通；当为钢筋混凝土时，迎水面主筋保护层厚度不应小于5 cm。

铁路隧道衬砌混凝土抗渗等级不得低于 P6，并可根据需要和埋置深度采用抗渗等级不低于 P8 的防水混凝土。在有冻害地段或最冷月平均气温低于 -15℃的地区，防水混凝土的抗渗等级还应适当提高。处于侵蚀性介质中的防水混凝土，其耐侵蚀系数不应小于0.8。

## 六、衬砌背后回填注浆

回填注浆是二次衬砌完成后，为了填充二次衬砌与防水板之间的空隙而进行的注浆。注浆材料宜选用水泥浆液、水泥砂浆或掺有石灰、黏土、膨润土、粉煤灰的水泥浆液。回填注浆应在衬砌混凝土强度达到70%后进行，注浆压力应小于0.5 MPa。

# 任务25.3 隧道排水措施

无论排水型隧道，还是防水型隧道，都应做好排水系统。

## 一、排水盲沟

环向排水盲管一般选用 $\phi$50 mm 的软式透水管，纵向间距不大于10 m，布置在岩面和初衬之间、初衬与防水板之间，将渗水引流至纵向排水管。

纵向排水盲管一般选用 $\phi$80 ~ 150 mm 弹簧排水盲管或带孔透水管，如图 25 -5 所示，设置在衬砌底部防水板与初衬之间，将环向排水管的水汇集并排至侧沟或中央排水沟。

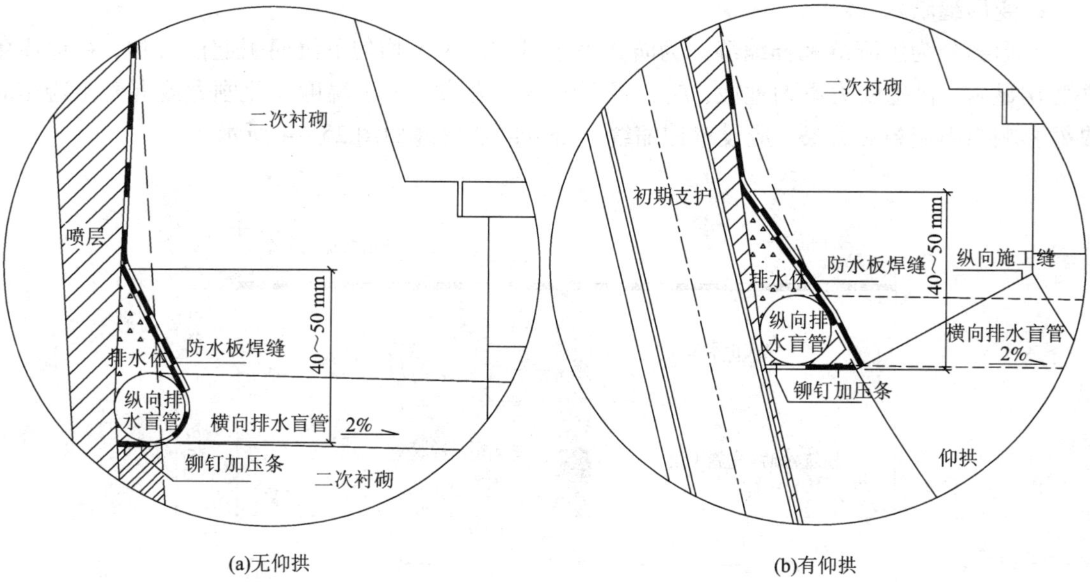


**图 25 -5 纵向盲沟铺装节点详图**

横向排水盲管一般选用高强度硬质塑料管，沿隧道横向设于衬砌基础的下部，连接纵向排水管与侧沟或中央排水沟。施工时需保证与纵向盲管的接头牢固，以免漏水，造成翻浆冒泥。

## 二、侧沟与中央排水沟

隧道内侧沟主要用于汇集地下水，并将水引入中央排水沟。不设中央排水沟时，可直接将水引至隧道外。中央排水沟采用带孔预制混凝土管段拼接而成，纵向间隔一定距离设置检查井。侧沟与中央排水沟设计时需要满足以下要求：

（1）水沟坡度应与线路坡度一致。在隧道中分坡平段范围内和车站内的隧道，排水沟底部应有不小于1‰的坡度。排水沟在一定长度上应设检查井，以便随时清理淤砟。

（2）隧道应设置双侧水沟，对于排水量小且预计今后水量不会有大的增加时，可考虑设置单侧排水沟。

（3）水沟靠道床侧墙体应留泄水孔。泄水孔孔径为4～10 cm，间距为100～300 cm。在电缆槽底面紧靠水沟侧，应在水沟边墙上预留泄水槽，槽宽不小于4 cm，间距不大于500 cm。

（4）水沟断面应视水量大小选定，应有足够的过水能力。单线隧道水沟断面不得小于25 cm×40 cm（高×宽），双线隧道断面不应小于30 cm×40 cm（高×宽）。水沟的设置应便于清理和检查，并应铺设盖板。

（5）最冷月平均气温低于－5℃地区冬季有水隧道的冻害地段，宜设置保温水沟、中心深埋水沟或防寒泄水洞等，配套排水设施应能防寒，使水流畅通。

## 三、衬砌局部涌水处置

遇围岩地下水出露处，应在衬砌背后加设竖向盲管或排水管（槽）、集水钻孔等予以引排，对于颗粒易流失的围岩，采用集中疏导排水时，应采取防颗粒流失的特殊反滤措施。

## 习　题

1. 隧道防水措施有哪些？
2. 隧道排水措施有哪些？

# 项目 26　特殊地质地段隧道施工

在修建隧道时，常遇到一些不利于施工的特殊地质地段，如膨胀土围岩、黄土、溶洞、断层、松散地层、流沙、岩爆等，若在开挖、支护和衬砌过程中处理不当，则极易引起坍方及衬砌下沉等安全质量方面的严重事故，并影响隧道的顺利进行。

## 任务 26.1　膨胀性围岩

膨胀性围岩系指土中黏土矿物成分主要由亲水性矿物组成，同时具有吸水显著膨胀软化和失水收缩硬裂 2 种特性，且具有湿胀干缩往复变形的高塑性黏性土。

### 一、膨胀性围岩对隧道施工的危害

由于膨胀性围岩的特殊工程地质及其围岩压力特性，使膨胀性围岩的隧道围岩具有普遍开裂、内挤、坍塌和膨胀等变形现象。施工中常见的几种危害情况，如下所述：

**1. 围岩裂缝**

隧道开挖后，由于开挖面上土体原始应力释放产生胀裂；另外，因为表层土体风干而脱水，产生收缩裂缝。

**2. 坑道下沉**

由于坑道下部膨胀性围岩的承载力较低，加之上部围岩压力过大，而产生坑道下沉变形。坑道的下沉，往往造成支撑变形、失效，进而引起土体围岩坍塌等现象。

**3. 围岩膨胀突出和坍塌**

膨胀性围岩开挖过程中或开挖后，围岩产生膨胀变形，周边岩体向洞内膨胀突出，开挖面缩小。在岩体丧失支撑或支撑力不够的状态下，由于围岩压力和膨胀压力的综合作用，使岩体产生局部破坏，由裂缝发展到出现溜坍，然后逐渐牵引周围土体连续破坏，形成坍塌。

**4. 底鼓**

隧道底部开挖后，在洞底围岩的上部压力解除，又无支护约束的条件下，由于应力释放，洞底围岩产生卸荷膨胀；加之坑道积水，使洞底围岩产生浸水膨胀。因而造成洞底围岩鼓出变形。

### 二、膨胀性围岩的隧道施工要点

**1. 加强调查、量测围岩的压力和流变**

在施工过程中应对围岩压力及其流变情况进行充分的调查和量测，分析其变化规律。对地下水亦应探明分布范围及规律，了解水对施工的影响程度，以便根据围岩动态采取相应的施工措施。

**2. 合理选择施工方法**

在施工中应以尽量减少对围岩产生的扰动和防止水的浸湿为原则。

**3. 防止围岩湿度变化**

隧道开挖后及时喷射混凝土，封闭和支护围岩。在有地下水渗流的隧道，应采取切断水源，加强洞壁与坑道防、排水措施，防止施工积水对围岩浸湿等。

**4. 合理进行围岩支护**

膨胀性围岩支护必须适应围岩的膨胀特性。在施工时应注意以下两点：

(1)喷锚支护，稳定围岩；

(2)衬砌结构及早闭合。

## 任务26.2　黄土

黄土在我国分布较广，黄河中游的河南西部、山西南部、陕西和甘肃大部分地区为我国黄土和湿陷性黄土的主要分布区。这些地区的黄土分布厚度大、地层全而连续，发育亦较典型。

黄土是在干燥气候条件下形成的一种具有褐黄、灰黄或黄褐等颜色，并有针状大孔、垂直节理发育的特熟土。

### 一、黄土地层对隧道施工的影响

**1. 黄土节理**

在隧道开挖时，土体容易顺着节理张松或剪断。若这种地层位于坑道顶部，则极易产生“坍顶”。若位于侧壁，则普遍出现侧壁掉土，若施工时处理不当，常会引起较大的坍塌。

**2. 黄土冲沟地段**

隧道在黄土冲沟或塬边地段施工时，当隧道在较长范围内沿着冲沟或塬边平行走向，而覆盖较薄或偏压很大的情况下，容易发生较大的坍塌或滑坡现象。

**3. 黄土溶洞与陷穴**

黄土溶洞与陷穴，是黄土地区经常见到的不良地质现象，隧道若修建在其上方，则有基础下沉的危险。隧道若修建在其下方，常有发生冒顶的危险。隧道若修建在其邻侧，则有可能承受偏压。

**4. 水对黄土隧道施工的影响**

当黄土层受水浸湿后，呈不同程度的湿陷性，会发生突然下沉现象，使开挖后的围岩迅速丧失自稳能力，如果支护措施满足不了变化后的情况，就极容易造成坍塌。

### 二、黄土地层隧道施工要点

(1)施工中发现工作面有失稳现象，应及时用喷射混凝土封闭、加设锚杆、架立钢支撑等加强支护。

(2)施工时特别注意拱脚与墙脚处断面，如超挖过大，应采用浆砌片石回填。

(3)黄土隧道施工，宜先一次灌注成型，仰拱距离掌子面宜控制在30 m以内。

(4)施工中如发现不安全因素，应暂停开挖，加强临时支护，以便采取相应的工序安排。

## 任务26.3　溶洞

溶洞是以岩溶水的溶蚀作用为主，间有潜蚀和机械坍陷作用而造成的基本水平方向延伸的通道。

### 一、溶洞对隧道施工的影响

(1)当隧道穿过可溶性岩层时，有的溶洞岩质破碎，容易发生坍塌。有的溶洞位于隧道底部，充填物松软且深，使隧道基底难于处理。

(2)有时遇到填满饱含水分的充填物溶槽，当坑道掘进至其边缘时，含水充填物不断涌入坑道，难以遏止，甚至使地表开裂下沉，山体压力剧增。

(3)有时遇到大的水囊或暗河，岩溶水或泥砂夹水大量涌入隧道。

(4)有的溶洞、暗河迂回交错，分支错综复杂，范围宽广，处理十分困难。

### 二、溶洞地段隧道施工要点

(1)当施工达到溶洞边缘时，各工序应紧密衔接，支护和衬砌赶前。施工前应结合施工现场情况，查明溶洞的分布范围、类型、规模、发育程度、填充物及地下水情况，及时正确地制订施工方案及安全措施。

(2)施工中注意检查溶洞顶部，及时处理为宜。当溶洞较大较高且顶部破碎时，应先喷混凝土加固，再在靠近溶洞顶部附近打入锚杆，并应设置施工防护架或钢筋防护网。

(3)在溶蚀地段的爆破作业应尽量做到多打眼、打浅眼，并控制爆破药量以减少对围岩的扰动。

(4)在溶洞充填体中掘进，如充填物松软，可同超前支护施工。

(5)溶洞未作处理方案前，不要将弃砟随意倾填于溶洞中。因弃砟覆盖了溶洞，不但不能了解真实情况，而且会造成更多困难。

## 任务 26.4　松散地层

### 一、松散地层对隧道施工的影响

(1)松散地层结构松散，胶结性弱，稳定性很差，有地下水时更甚，施工中极易产生坍方。

(2)隧道穿过这类地层时，应减少对围岩的扰动，一般采用先护后挖方法，密闭支撑、边挖边封闭的原则，必要时采用超前注浆改良地层或控制地下水等措施。

(3)在这类地层中施工，由于它本身松散不能自立，一旦暴露，很容易坍塌，若有承压水时，更易造成水带石、砂、土一起涌入坑道内。

### 二、松散地层隧道施工要点

下面介绍几种主要的施工方法。

**1. 超前锚杆**

开挖前将超前锚杆打入掘进前方岩层内。末端支撑在拱部围岩内的系统锚杆或者钢支撑上，使其起到支护掘进进尺范围内的拱部上方的作用，有效约束围岩在爆破后的一定时间内部发生松弛坍塌。

**2. 管棚**

此法适用于围岩砂黏土、黏砂土、亚黏土、粉砂、砂夹卵石等松散、破碎的地层，钻孔口极易坍的地层。在采用此法时，管棚长度应按地质情况选用，但应保证开挖后管棚有足够的超前长度。

**3. 超前小导管注浆**

超前小导管注浆是沿开挖轮廓线，以一定角度打入管壁带孔的小导管，并以一定压力向管内注水泥或化学浆液的措施。

**4. 降水、堵水**

松散地层中含水，对隧道施工危害极大。降水可采取在洞内或辅助坑道内井点降水的方法。

在地下水丰富，而且排水条件或排水费用较高时，经过技术经济比选，可采用注浆堵水措施。注浆堵水分为地面预注浆或洞内开挖预注浆。

# 任务26.5　坍方

## 一、坍方对隧道施工的影响

隧道开挖时，导致坍方的原因很多种，概括起来可归纳为：①自然因素，即地质状态、受力状态、地下水变化等；②人为因素，即不适当的设计，或不适当的施工方法等。由于坍方往往会给施工带来很大困难和很大经济损失。因此，需要尽量注意排除会导致坍方的各种因素，尽可能避免坍方的发生。

## 二、坍方地段隧道施工要点

(1) 小坍方，纵向延伸不长，坍穴不高，首先加固坍体两端洞身，并抓紧喷射混凝土或采用锚喷联合支护封闭坍穴顶部和侧部，再进行清砟。

(2) 大坍方，坍穴高，坍砟数量大，坍砟体完全堵住洞身时，宜采用先护后挖的方法。在查清坍穴规模大小和穴顶位置后，可采用管棚法和注浆固结法稳固围岩体和砟体，待其基本稳定后，按先上部后下部的顺序清除砟体，采取短进尺、弱爆破、早封闭的原则挖坍体，并尽快完成衬砌，如图26－1所示。

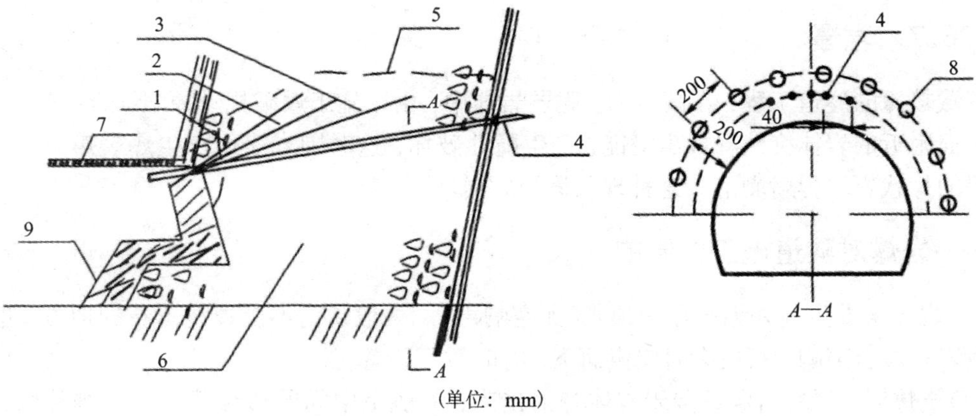


(单位：mm)

**图26－1　大规模坍方处理实例示意图**

1—第一次注浆；2—第二次注浆；3—第三次注浆；4—管棚；5—坍线；6—坍体；7—初期支护；8—注浆孔；9—混凝土封堵墙

(3)坍方冒顶，在清砟前应支护陷穴口，地层极差时，在陷穴口附近地面打设地表锚杆，洞内可采用管棚支护和钢架支撑。

(4)洞口坍方，一般易坍至地表，可采取暗洞明做的方法。

(5)坍方地段的衬砌，应视坍穴大小和地质情况予以加强。

(6)采用新奥法施工的隧道或有条件的隧道，坍方后要加设量测点，增加量测频率，根据量测信息及时研究对策。

## 任务26.6 流砂

### 一、流砂对隧道施工的影响

流砂是砂土和粉质黏土在水的作用下丧失内聚力后形成，多呈糊浆状，对隧道施工危害极大。由于流砂会引起围岩失稳坍塌，支护结构变形，甚至倒坍破坏。因此，治理流砂必先治水，以减少砂层的含水量为主。

### 二、流砂地段隧道施工要点

(1)加强调查，制定方案。施工中应调查流砂特性、规模，了解地质构成、贯入度、相对密度、塑性指数、地层承载力、滞水层分布、地下水压力和透水系数等，并制订出切实可行的治理方案。

(2)因地制宜，综合治水。隧道通过流砂地段，处理地下水的问题，是解决隧道流砂、流泥施工难题中首要关键技术。施工时，因地制宜，采取“防、截、排、堵”的治理方法。

(3)先护后挖，加强支护。开挖时必须自上而下分部进行，先护后挖，紧密支撑，边挖边封闭，遇缝必堵，严防砂粒从支撑缝隙逸出。也可采用超前注浆，以改善围岩结构，用水泥浆或水泥、水玻璃为主的注浆材料注入或用化学药液注浆加固地层，然后开挖。

(4)尽快衬砌，封闭成环。流砂地段，拱部和边墙衬砌混凝土的灌注应尽量缩短时间，尽快与仰拱形成封闭环。这样，即使围岩中出现流砂也不会对洞身衬砌造成破坏。

## 任务26.7 岩爆

埋藏较深的隧道工程，在高应力、脆弱岩体中，由于施工爆破扰动原岩，岩体受到破坏，使掌子面附近的岩体突然释放出潜能，产生脆性破坏，这时围岩表面产生爆裂声，随之有大小不等的片状岩块弹射剥落。这种现象称为岩爆。

### 一、岩爆对隧道施工的影响

(1)岩爆未发生前并无明显的预兆(无空响声)。一般认为不会掉块落石的地方，也会突然发生岩石爆裂声响，石块有时应声而下，有时暂不坠落。

(2)岩爆时，岩块自洞壁围岩本体弹射出来，一般呈中间厚边缘薄的不规则片状，大小多呈几厘米长宽的薄片，个别达几十厘米长宽。严重时，上吨重的岩石从拱部弹落，造成岩爆性坍方。

(3)岩爆发生的地方，多在新开挖工作面及其附近，个别的也有在距新工作面较远处。岩爆发生的频率随暴露后的时间延长而降低。一般岩爆发生在16天之内，但是也有滞后一个月甚至数月还发生岩爆的情况。

### 二、岩爆地段隧道施工要点

(1)如设有平行导坑，则平导应掘进超前正洞一定距离，以了解地质，分析可能发生岩爆的地段，为正洞施工达到相应地段时加强防治，采取必要措施。

(2)爆破应选用预先释放部分能量的方法，如超前预裂爆破法，先期将岩层的原始应力释放一些，以减少岩爆的发生。爆破应严格控制用药量，以尽可能减少爆破对围岩的影响。

(3)根据岩爆发生的频率和规模情况，必要时应考虑缩短爆破循环进尺(1.0~1.5 m，最大不得大于2 m)。初期支护和衬砌要紧跟开挖面，以尽可能减少岩层的暴露时间，防止岩爆的产生。

(4)岩爆引起坍方时，应迅速将人员和机械撤到安全地段；采用摩擦型锚杆进行支护，增大锚固力；采用钢纤维喷射混凝土，抑制开挖面围岩的剥落；采取挂钢筋网或用钢支撑加固；充分做好岩爆现象观察记录；采用声波探测预报岩爆工作。

## 任务26.8　高地温

### 一、高地温对隧道施工的影响

隧道通过高温、高热地段，会给施工带来困难。一般在火山地带修建隧道或地下工程时会遇到高温、高热的情况，如日本某地发电厂工程的隧道，其围岩温度高达175℃。更有甚者，在高温隧道中发生过施工人员由于地层喷出热水或硫化氢等有害气体，而导致烫伤或中毒的情况。

### 二、高地温隧道施工要点

(1)为保证隧道施工人员进行正常的安全生产，我国有关部门对隧道施工作业环境的卫生标准都有规定，如中国铁路总公司规定，隧道内气温不得超过28℃。

(2)为达到规定的标准，在施工中一般采取通风、洒水及通风与洒水相结合的措施。地温较高时，可采用大型通风设备予以降温。地温很高时，在正洞开挖工作面前方一段距离，利用平导超前钻探，如有热水涌出，可在平导内增建降水、排水设施和排水钻孔，以降低正洞的水位。

(3)高地温地段的衬砌混凝土。在高温(如70℃高温)的岩体及喷射混凝土上浇筑二次衬砌混凝土时，即使厚度再薄，水化热也不易逸出。

(4)中暑症的防治措施。在高温条件下施工除采取降温措施外，还应注意中暑症的防治工作。

(5)合理安排高温作业时间。根据坑道内的高温程度、劳动强度和劳动效率，确定劳动工时，以保证施工人员的健康和安全。

(6)加强健康管理。有高血压、心脏病的患者，由于高温作业有引起症状恶化之虞；疲劳、空腹、睡眠不足、酒醉等容易诱发中暑症，对此类人员应禁止参加施工作业。

## 任务 26.9 瓦斯地层

瓦斯是地下坑道内有害气体的总称，其成分以沼气（甲烷 $CH_4$）为主，一般习惯称沼气为瓦斯。

### 一、瓦斯地层对隧道施工的影响

当隧道穿过煤层、油页岩或含沥青等岩层，或从其附近通过而围岩破碎、节理发育时，可能会遇到瓦斯。如果洞内空气中瓦斯浓度已达到爆炸限度，一旦与火源接触，就会引起爆炸，对隧道施工会带来很大的危害和损失。所以，在有瓦斯的地层中修建隧道，必须采取相应措施，才能安全顺利施工。

### 二、瓦斯地层隧道施工要点

（1）隧道穿过瓦斯溢出地段，应预先确定瓦斯探测方法，并制订瓦斯稀释措施、防爆措施和紧急救援措施等。

（2）隧道通过瓦斯地区的施工方法，宜采取全断面开挖，因其工序简单、面积大、通风好、随掘进随衬砌，能够很快缩短煤层的瓦斯放出时间和缩小围岩暴露面，有利于排除瓦斯。

（3）加强通风是防止瓦斯最有效的办法。

（4）当开挖工作面风流中和电动机附近 20 m 以内风流中瓦斯浓度达到 1.5% 时，必须停工、停机，撤出人员，切断电源，进行处理。

（5）在开挖工作面内，局部积聚的瓦斯浓度达到 2% 时，附近 20 m 内，必须停止工作，切断电源，进行处理。

（6）因瓦斯浓度超过规定而切断电源的电气设备，都必须在瓦斯浓度降到 1% 以下时，方可开动机器。

（7）瓦斯隧道必须加强通风，防止瓦斯积聚。

（8）如开挖进入煤层，瓦斯排放量较大，使用一般的通风手段难以稀释到安全标准时，可使用超前周边全封闭预注浆。

（9）采用防爆设施：

①遵守电气设备及其他设备的安全规则，避免发生电火，瓦斯散发区段，使用防爆安全型的电气设备，洞内运转机械必须有防爆性能，避免运转时产生高温火花。

②凿岩时用湿式钻岩，防止钻头产生火花，洞内操作时，防止金属与坚石撞击、摩擦产生火花。

③爆破作业，使用安全炸药及毫秒电雷管，采用毫秒电雷管时，最后一段的延期时间不得超过 130 ms。爆破电闸应安装在新鲜风流中，并与开挖面保持 200 m 左右距离。

## 习 题

1. 特殊地质有哪些？
2. 黄土地层应如何施工？

# 项目27　隧道辅助作业

## 任务27.1　通风防尘

### 一、通风防尘的必要性

在隧道施工中，洞内氧气减少且混入了各种有害气体与岩尘。其原因是：爆破时，炸药分解而放出一氧化碳、二氧化碳；隧道内施工人员的呼吸要消耗氧气，呼出二氧化碳；隧道穿过煤层或某些地层，还会释放出瓦斯、硫化氢；钻眼、爆破和装砟等作业则会产生大量岩尘和污浊空气。此外，随着导坑不断向山体深部延伸，温度和湿度相应提高，对人体亦产生有害影响。

隧道施工通风和防尘的目的，就是为了更换和净化坑道内的空气，冲淡有害气体的浓度，降低粉尘含量，保证施工人员的健康与安全，提高劳动生产率。

### 二、通风方式

实施机械通风，必须有通风机和风道。按照风道的类型即通风机安装位置，分为以下几种通风方式：

**1. 风管式通风**

风管式通风是用软管作风道。根据隧道内空气流向的不同，又分为压入式(图27－1)、吸出式(图27－2)、混合式(图27－3)3种。

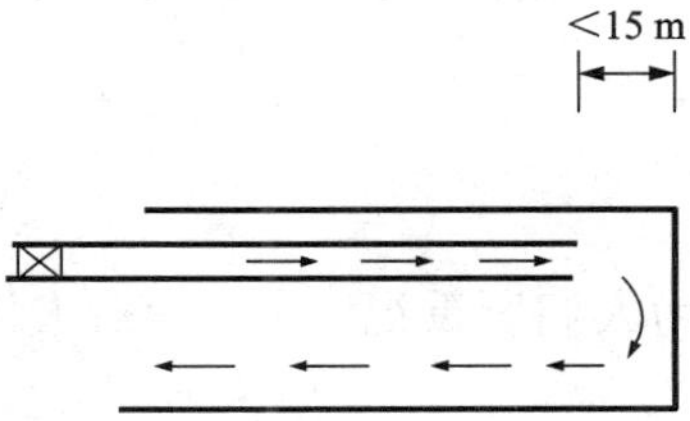


**图27－1　压入式通风**

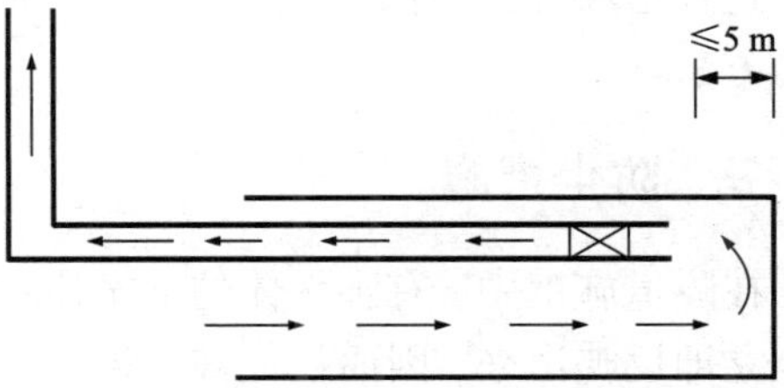


**图27－2　吸出式通风**

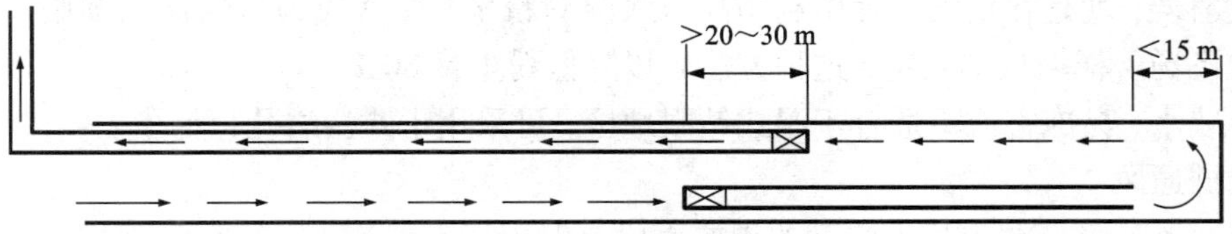


**图27－3　混合式通风**

(1)压入式。

如图27－1所示，通风机和局部扇风机把新鲜空气经风筒压入工作面，污浊空气沿隧道流出，它是一般隧道施工的常用方法。

(2)吸出式通风。

如图 27－2 所示，通风机或局部扇风机经风筒把工作面的污浊空气抽出，新鲜空气流沿隧洞流入。

(3)混合式通风。

如图 27－3 所示。这种方式综合了前 2 种方式的优点，适合于大断面长距离隧道通风，在机械化工作时更为有利。

**2. 巷道式通风**

巷道式通风系统如图 27－4 所示。利用隧道本身和辅助坑道组成主风流和局部风流 2 个系统，使其互相配合而达到通风目的。

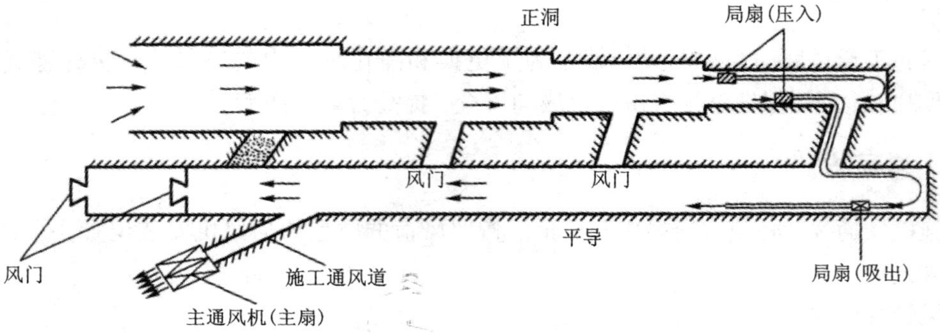


**图 27－4 巷道式通风**

这种通风方式断面小、阻力小，可供应较大的风量，是目前解决长隧道施工通风比较有效的方法。

## 三、防尘措施

在隧道施工中，有害气体的危害比较明显，故一般为人们所重视；而粉尘对人体的危害不能立即反映出来，因而往往被忽视。

粉尘的产生主要自凿岩作业，其约占洞内空气中含尘量来源的 85%；其次是由爆破产生的，要使含尘量降到 2 $mg/m^3$ 的标准，只靠湿式凿岩还是不够的，必须采取综合措施。

**1. 湿式凿岩**

湿式凿岩，就是在钻眼过程中利用高压水湿润粉尘，使其成为岩浆流出炮眼，这就防止了岩粉的飞扬。根据现场测定，这种方法可以降低粉尘量 80%。

对于缺水、易冻害或不适合于湿式钻眼地区，可采用干式凿岩孔口捕尘。

**2. 机械通风**

机械通风是降低洞内粉尘浓度的重要手段。但现场有些工点，往往将炮烟吹散后，就把通风机关闭，实际上未能发挥机械通风在降低粉尘含量方面的效用。因此，要求在主要作业(钻眼、装砟等)进行期间，必须经常保持通风。

**3. 喷雾洒水**

喷雾洒水和冲刷岩壁，不仅可以消除爆破、出砟所产生的粉尘，而且可以吸收或溶解少量有害气体，并能降低坑道温度，使空气变得干净清爽。

**4. 个人防护**

个人防护主要指戴防护口罩。

## 任务 27.2　施工给水与排水

施工中的给水与排水是同施工安全和创造良好的施工条件密切相关的。坑道内出现地下水会软化围岩，引起落石塌方；轨道底部积水不及时排除则会有碍钻眼、爆破和清底；坑道到顶部淋水对工人健康不利，影响施工效率；水量过大时甚至会淹没工作面，迫使停工整顿；而坑道内凿岩、喷雾洒水、灌注衬砌以及洞外空压机冷却和施工人员生活等均需用水，因此隧道工程既要有给水设施，又要有排水设施，方能确保施工顺利进行。

### 一、施工给水

**1. 水质要求**

凡无臭味、不含有害矿物质的洁净天然水都可作施工用水，但仍应做好水质化验工作，以便心中有数。生活用水更要求新鲜洁净。参照国家水质标准，施工用水要求见表 27 – 1，生活用水必须经水质鉴定，符合卫生标准。

**表 27 – 1　施工用水水质要求**

| 用水范围 | 水质项目 | 允许最大值 |
|---|---|---|
| 混凝土作业 | 硫酸盐含量($SO_4$) | ≤1000 mg/L |
| | pH | 不得小于 4 |
| | 其他杂质 | 不含油、糖、酸等 |
| 湿式凿岩与防尘 | 细菌总数 | 在 37℃养 24 h 不超过 100 个/L |
| | 大肠菌总数 | 不超过 3 个/L |
| | 浑浊度 | 不大于 500 mg/L，特殊情况下不大于 10 mg/L |

**2. 给水方式**

给水方式主要根据水源情况而定。常用水源有：(1)山上自流水或泉水；(2)河水；(3)钻井取水。

由上述水源自流引导或机械提升到蓄水池储存，并通过管路送达使用地点。个别缺水地区，则用汽车送水。

蓄水一般采用开口水池，其构造简图如图 27 – 5 所示。水池容积根据水源情况为一昼夜用水量的 1/10 ~ 1/2(用水量大，则储水系数小)，通常为 50 ~ 150 $m^3$。

### 二、洞内排水

开挖隧道时，经常会有地下水进入坑道，施工防尘有废水排出，这些水都应及时引出洞外，排水方式应根据线路坡度情况和水量大小而定。

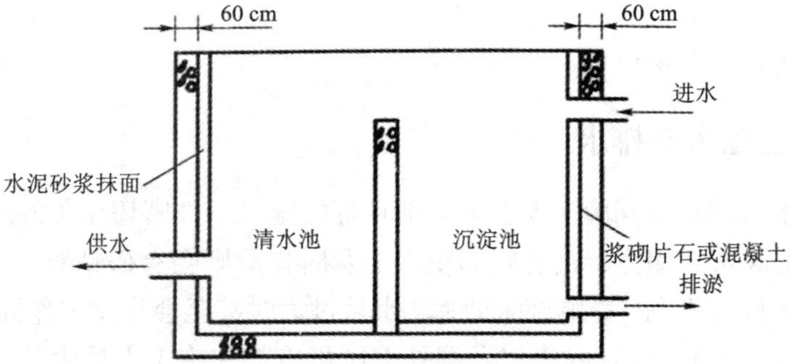


图 27－5　蓄水池构造

**1. 顺坡施工的排水**

向洞内开挖是上坡，叫顺坡施工。因此只需随导坑的延伸，在一侧挖水沟，使水顺坡自然排出洞外即可。

若设有平行导坑，则平道应较正洞低 0.2 ~ 0.6 m，使正洞的水通过横通道引入平行导坑排出，有利于正洞的正常施工。

**2. 反坡施工的排水**

向洞内开挖为下坡，叫反坡施工。因此水向工作面汇集，需用机械排水。排水系统的布置有 2 种方式：

(1) 分段开挖反坡水沟。在分段处挖积水坑，每个积水坑处设一台抽水机，把水抽至后一段反坡，用后一个抽水机把水排出洞外，如图 27－6 所示。

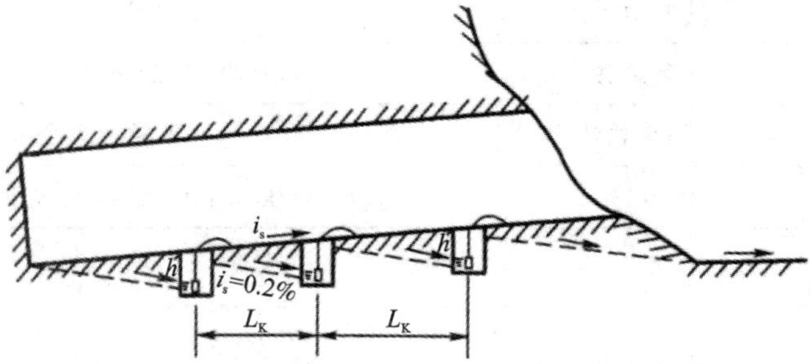


图 27－6　分段开挖反坡水坡

集水坑间距 $L_k$ 用式 (27－1) 计算：

$$L_k = h_k / (i_k + i_s) \tag{27-1}$$

式中：$h_k$——排淤水沟最大开挖深度 (m)，一般不超过 0.7 m；

$i_s$——线路坡度；

$i_k$——水沟底坡度，不小于 0.2%。

这种方式的优点是工作面无积水，抽水机位置固定，亦不需要水管。缺点是所用的抽水机多，而且要开挖反坡水沟。一般隧道较短和坡度较小时采用。

(2)隔开较长距离开挖集水坑。开挖面的积水用水泵抽到最近的集水坑内，再用主抽水机将水排到洞外，如图 27－7 所示。

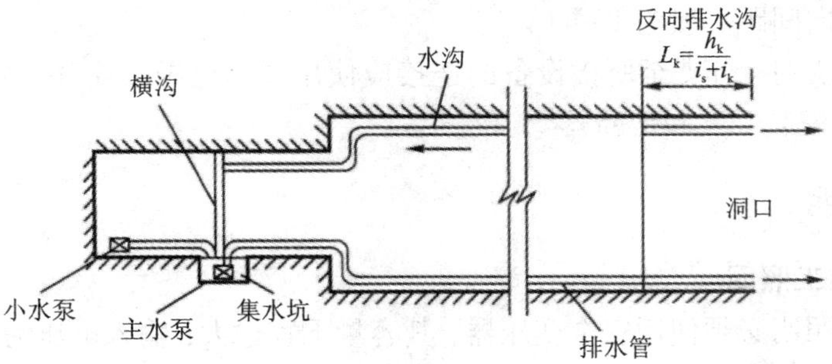


**图 27－7 隔开较长距离开挖反坡水沟**

这种方式的优点是所需抽水机数量少，缺点是要安装水管，抽水机随着坑道的掘进而拆迁前移。在隧道较长，涌水量较大时采用。

## 任务 27.3 施工供电及照明

随着隧道施工机械化程度的提高，隧道施工的耗电量较大，且负荷集中，并且为确保施工质量及施工安全，向隧道内供电的要求较高，因此，施工供电非常重要。

### 一、供电方式

隧道施工供电方式有自设发电站和地方电网 2 种。

一般应尽量采用地方电网供电，只有在地方供电不能满足施工用电需要或距离地方电网太远时，才自设发电站。此外，自发电还可作为备用，在地方电网供电不稳定时采用，在有些重要施工场所还应设置双回路供电网，以保证供电的稳定性。

### 二、供电线路布置要点

供电线路布置在成洞地段用 400 V/230 V 供电线路，一般采用塑料绝缘铝绞线或橡皮绝缘铝芯；线架设；开挖、末衬砌地段以及手提灯应使用铜芯橡皮绝缘电缆。

(1)输电干线或动力，照明线路安装在同一侧时，必须分层架设。其原则是高压在上，低压在下；干线在上，支线在下；动力线在上，照明线在下。且应在风、水管路相对的一侧。

(2)隧道内配电线路分低压进洞和高压进洞。一般隧道在 1000 m 以下(独头掘进时)，采用低压进洞，电压为 400 V，配电变压器设在洞外；当隧道在 1000 m 以上时则采用高压进洞，以保证线路终端电压电压不致过低。高压进洞一般为 10 kV，配电变压器设在洞内。

(3)根据隧道作业特点，电线路架设分 2 次进行。在进洞初期，先用橡套电缆架设临时电路，随着工作面的推进，在成洞地段用胶皮绝缘线架设固定线路，换下电缆供继续前进的工作面需要使用。

(4)洞内敷设的高压电缆，在洞外与架空高压线连接时，应安装相同电压等级的阀型避雷器一组及开关设备。架设低压线路进洞，在洞口的电杆上，应安装低压阀型避雷器一组。

(5)不允许将通电的多余电缆盘绕堆放，以免引起电缆过热发生燃烧和增加线路电压降。

(6)低压进路导线敷设方法分垂直、水平。水平排列占空间较大，影响施工机械通过，故一般采用垂直排列。垂直排列时，采用针式绝缘子固定，线间距为0.2 m，下部导线离地面不小于3 m，横向间距一般为10 m 。

(7)线路需分支时，分支至所接设备的连接应使用橡套电缆，且每一分支接线应在接头与所接设备之间，安装开关和熔断器 。

## 三、施工照明

**1. 普通光源施工照明**

(1)作业地段照明必须使用安全变压器，其容量不宜过大，输入电压为220 V，输出电压有36 V、32 V、24 V、12 V四个等级，并应装有按电源电压下降而能调整的插头。

(2)事故照明设施。不安全因素较大的地段可加大照明，在主要通道、竖井、斜井、涌水较大的抽水机站，高压变电站等重要地点，应有照明。漏水地段应采用防水灯头和灯罩。

**2. 节能新光源照明**

普通光源一般使用的是电灯或荧光灯，价格低，使用方便，但其耗电量较大且亮度较弱。新光源包括低压卤钨灯、高压钠灯及抗钠灯等。

节能新光源有如下优点：

(1)大幅度地增加施工工作面和场地的照明，为施工人员创造一个明亮的作业环境，可保证操作质量；

(2)安全性能好；

(3)节电效果明显；

(4)使用寿命长，维修方便，减少电工劳动程度。

## 习 题

1. 隧道如何通风？
2. 隧道如何照明？

# 项目 28　隧道养护与维修

## 任务 28.1　隧道档案的建立

每座隧道都应建立隧道档案，特别是长大隧道的档案建立更应详细。隧道档案中应收集有关隧道的设计、施工及竣工资料，此外还包括养护与维修过程中的一些记录资料。

### 一、隧道设备的概况

(1)隧道概况。隧道所处线路及区间名称、隧道全长、起讫里程、开关及竣工日期、地质状况等。

(2)隧道结构的断面形状。内轮廓尺寸、衬砌材料、避车洞、避车洞的设置情况等。

(3)辅助坑道。记录竖井、斜井、横洞及平衡导坑的位置及其他情况。

(4)线路情况。纵坡、平面、设备、道床、轨枕、钢轨等情况。

(5)洞内排水设施。排水沟类型、长度、深度；检查井的形状、间距数量；盲沟情况，钻孔排水、泄水洞排水等情况。

(6)洞内排水设施。洞外排水沟及山上排水沟类型、长度等。

(7)路堑的起讫里程、护坡材料。

(8)通风设备情况。

(9)电力及照明设备情况。

(10)通信设施情况。

### 二、主要病害状况卡片

主要病害状态卡片如表 28－1 所示记录。

**表 28－1　主要病害状况卡片**

| 记录日期 | 病害性质 | 位置 | 长度 | 最大数量 | 发生时间 | 危险程度 | 简要分析 |
|---|---|---|---|---|---|---|---|
| | | | | | | | |
| | | | | | | | |

在填写卡片时应注意以下几点：

(1)病害种类包括隧道水害、冻害、衬砌病害、整体道床病害、界限不足及有害气体危害等。

(2)隧道水害分为涌水、漏水、滴水、渗水；隧道冻害分为衬砌冻害、线路冻害、排水沟冻结及挂冰；衬砌病害包括衬砌变形裂损、侵蚀等。

(3)至少每年记录或修改一次。

(4)最大数量是指漏水量或刨冰量(t/d)，以及冻胀量的最高记录。

(5)发生时间是指与季节有关的病害发生时间，如长年漏水、季节漏水或雨后几天漏水等。

## 三、隧道历史概况与现状分析

**1. 隧道历史概况**

在档案建立时要注意收集整理下述资料：

(1)写明开工日期、交付运营日期、设计及施工单位等；

(2)隧道工程中地质及水文地质情况等；

(3)在修建过程中，曾发生过塌方等事故的地点及处理措施等；

(4)交付运营时的工程质量及存在的问题等。

**2. 隧道现状分析**

在定期检查、专项检查及维修之后，应总结分析下述问题：

(1)针对隧道的主要病害状况，分析其原因及危害性，并预测发展趋向；

(2)对主要病害曾采取过哪些整治措施，有何收效及教训；

(3)历史中经过基建、大修解决了哪些问题，还存在哪些问题；

(4)对整治病害及技术改造的意见。

## 四、图纸存档

**1. 技术图纸**

(1)设计单位提供的纵断面图、横断面图、平面图。

(2)施工单位提供的衬砌内轮廓断面图、隧道断面开挖图、山上地形及排水设施图。

(3)其他有关隧道的技术图纸。

**2. 隧道衬砌展示图(略)**

**3. 隧道综合最小限界图(略)**

## 五、各种检查观测记录

(1)衬砌裂缝记录；

(2)隧道洞外降雨记录；

(3)衬砌漏水记录；

(4)隧道洞外内地下水的资源、流量及流速观测记录；

(5)其他观测项目记录(如衬砌腐蚀记录、冬天刨冰记录、洞内排水沟冻结记录、衬砌变形记录等)。

隧道档案的建立是一项细致的工作，需要工务技术人员长期的积累，为隧道的长期使用、维修、改修和扩建提供依据。

# 任务28.2　隧道水害及整治

隧道水害对隧道稳定、洞内设施、行车安全、地面建筑和隧道周围水环境产生诸多不良影响甚至威胁，影响内部结构及附属设施，降低使用寿命，严重时将危害到隧道及地下工程的运营安全。

## 一、隧道渗、漏水的影响和危害

隧道渗、漏水对隧道稳定、洞内设施、行车安全、地面建设和隧道周围水环境产生诸多不良影响甚至威胁。

(1)渗、漏水促使混凝土衬砌风化、剥蚀，造成衬砌结构破坏；渗、漏水还会软化围岩，引起围岩变形；有些隧道渗水中含有侵蚀性介质，造成一般的衬砌混凝土和砌筑砂浆被腐蚀损坏，降低衬砌的承载能力；在寒冷和严寒地区，隧道漏水会造成边墙结冰，侵入隧道建筑限界，还会造成衬砌冻胀裂损。

(2)渗、漏水加快内部设备(通讯、照明、钢轨等)锈蚀，影响设备的正常使用，缩短线路设备的使用寿命，增加维修费用。

(3)水害引发路基下沉、基底裂损、翻浆冒泥等病害，导致铁路线路轨距水平变形超限，冻胀引发洞内线路起伏不平，以及洞内漏水潮湿降低轮轨黏着力，均会影响行车安全；水害使电绝缘失效、短路、跳闸，影响安全运营，引发漏电伤人事故；少数隧道，暴雨后隧道铺底破损涌水，造成淹没轨道，冲空道床，影响行车安全。

## 二、隧道渗、漏水的成因

成因、机理是解决工程问题的基础。隧道水害的成因是，修建隧道破坏了山体原始的水系统平衡，隧道成为所穿过山体附近地下水集聚的通道。当隧道围岩与含水地层连通，而衬砌的防水及排水设施、方法不完善时，就必然要发生隧道水害。

## 三、隧道渗、漏水的防水

隧道防水要“防患于未然”，首先从设计做起，要在水文地质调查的基础上，从工程规划、结构设计、材料选择、施工工艺等方面进行合理设计。防水设计应考虑地表水、地下水、毛细管水等的作用，以及人为因素引起的附近水文地质改变的影响。防水设计要遵循隧道防水原则、定级准确、方案可靠、施工简单、经济合理。

山岭隧道，特别是长大隧道，为保护地面生态环境；城市地下水工程为防止水压在衬砌背后聚集而破坏结构，均不宜单独采用排水型设计，而应采用“排堵结合，以堵为主”的原则，或者称为“以堵为主，适量排放”的原则。

## 四、隧道渗、漏水病害治理

运营隧道的漏水整治，除利用原有排水设施外，在不影响交通的情况下，常采取以下措施：

### 1. 堵治法

对于漏水不严重的渗水或滴水地段可采取堵的方法，通常把衬砌大部分漏水部位，尤其是拱部，设法堵住。

### 2. 引治法

将漏水孔及裂缝凿成连通的倒八字槽。然后在槽内设置塑料管，并用胶浆填塞。水流通过塑料管引至排水沟。

**3. 排治法**

在水源处凿槽(排水暗沟)与排水沟连通，将水引入排水沟。此法虽然凿槽费工，但排水效果明显。不过，使用久后可能会引起暗槽堵塞而失效。

**4. 外部防水法**

在隧道漏水地段，可向衬砌背后压注化学聚合物防水浆液，以充填围岩裂隙，并在围岩与衬砌之间形成一层隔水层来防水。

## 任务 28.3 衬砌裂损及整治

由于形变压力、松动压力作用、地层沿隧道纵向分布及力学形态的不均匀作用、温度和收缩应力作用、围岩膨胀性或冻胀性压力作用、腐蚀性介质作用、施工中人为因素、运营车辆的循环荷载作用等，使隧道衬砌结构物产生裂缝和变形，影响隧道的正常使用，统称为隧道衬砌裂损病害。

### 一、隧道衬砌裂损的影响和危害

衬砌裂损是隧道病害的主要形式，隧道衬砌裂损破坏了隧道结构的稳定性，降低了衬砌结构的安全可靠性，影响隧道的正常使用，甚至危及行车安全。衬彻裂损变形的主要危害有：

(1)降低衬砌结构对围岩的承载能力；

(2)使隧道净空变小，侵入建筑限界，影响车辆安全通过；

(3)拱部衬砌掉块，影响行车和人身安全；

(4)裂缝漏水，造成洞内设施锈蚀，道床翻浆，严寒和寒冷地区产生冻害；

(5)铺底和仰拱破损，基床翻浆、线路变形、危及行车安全，被迫降低车辆运行速度，大量增加养护维修工作量；

(6)在运营条件下对裂损衬砌进行大修整治，施工与运输互相干扰，费用增大。

### 二、隧道衬砌开裂的类型

隧道衬砌裂缝根据裂缝走向及其和隧道长度方向的相互关系，分为纵向裂缝(图 28－1)、环向裂缝(图 28－2)和斜向裂缝(图 28－3)3 种。

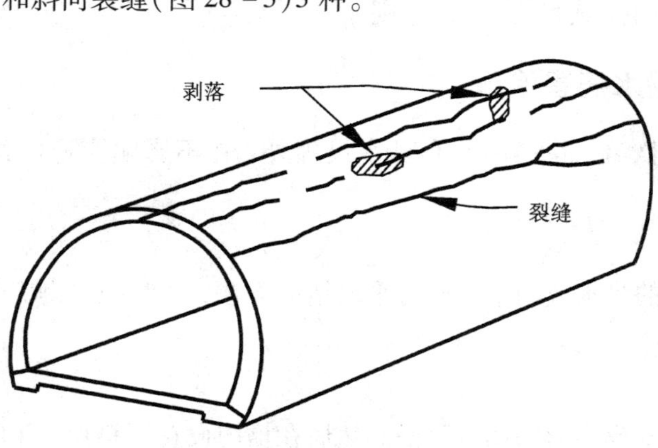


**图 28－1 隧道纵向裂缝图**

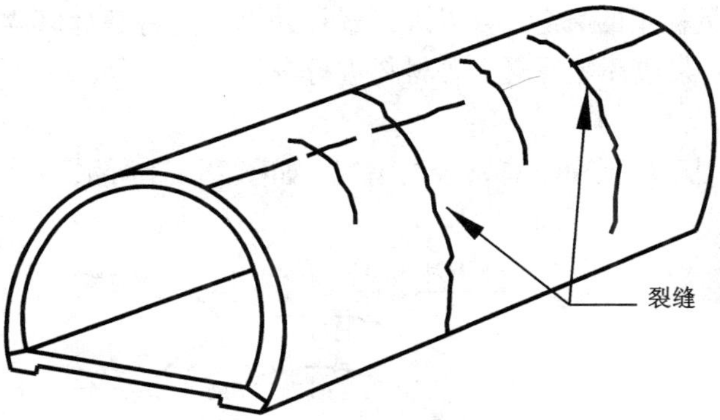


图 28－2　隧道环向裂缝图

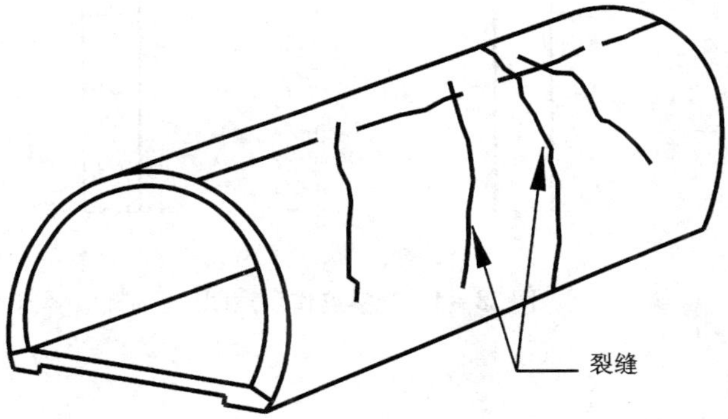


图 28－3　隧道斜向裂缝图

## 三、衬砌裂损的整治

**1. 整治原则**

(1)加强观测，掌握裂缝变形情况和地质资料。

(2)对渗、漏水，腐蚀等病害，一并综合进行整治，贯彻彻底整治的原则。

(3)合理安排施工慢行封锁计划，尽量减少对正常运营的干扰。

(4)精心测量，保证加固后的隧道净空满足隧道限界要求。

**2. 衬砌裂损整治措施**

首先应该明确的是，已裂损的衬砌仍然具有相当大的承载能力，可以充分利用。多数情况下采取加固手段就可以达到稳定的效果。只有在没有加固的条件，或经济上不合理的情形下，或根据长远技术改造的规划要求才考虑更换衬砌。

(1)衬砌背后压浆加固。

这种压浆和围岩固结压浆的目的不同，它主要是针对衬砌的外鼓、侧移而用。通过压浆可以增加对衬砌的约束作用，提高衬砌的刚度和稳定性。一般为局部压浆，主要用在外鼓变形的部位。

(2)嵌补。

对于不严重且已呈稳定的裂缝，可以进行嵌补处理。先将裂缝修凿剔深，然后在缝口用水泥砂浆、环氧树脂砂浆或环氧混凝土等材料进行嵌补。

(3)套拱。

套拱加固衬砌适用于拱顶净空有富余的情况，如图 28 –4 所示。

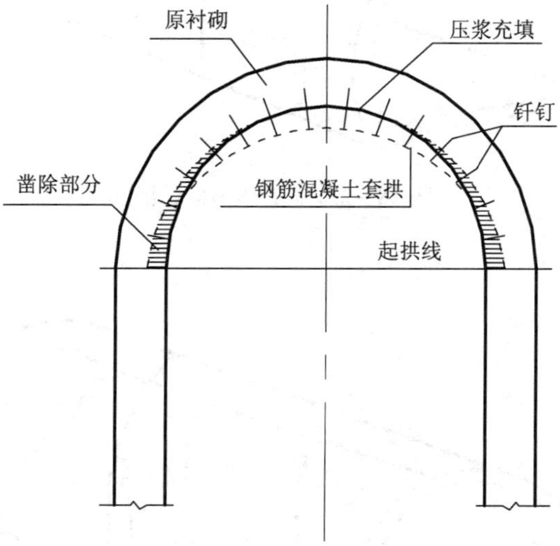


**图 28 –4　套拱施作示意图**

(4)嵌钢拱架。

在拱顶净空无富余的情况下，可以考虑采用嵌钢拱架方法，如图 28 –5 所示。在原衬砌上按一定间距(小于 1 m)环向凿槽，嵌入钢拱架(多为工字钢)，然后灌注混凝土，成为一环形钢筋混凝土结构物，以加固原有拱圈。

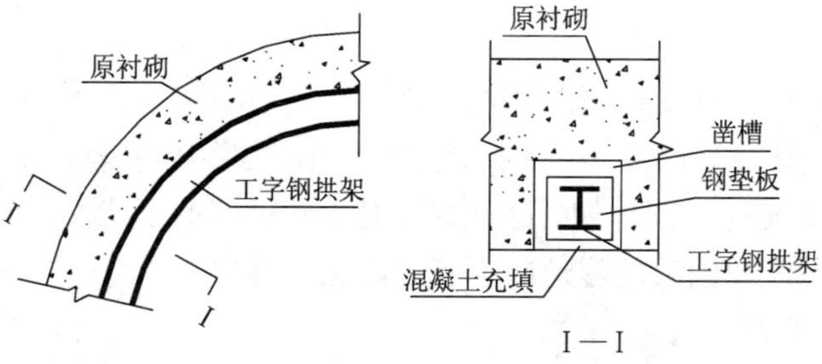


**图 28 –5　嵌钢拱架加固示意图**

(5)全拱更换。当拱部衬砌严重破损，用其他方法已难以保证结构的稳定时，或者衬砌严重侵入限界，采用其他整治措施有困难时，才考虑更换全拱。

(6)增设仰拱或水平支撑。

(7)锚喷加固。

## 任务 28.4　衬砌侵蚀及整治

铁路线分布广，隧道所接触的地质条件千差万别。其中有些地区富含侵蚀性介质。衬砌背后的侵蚀性环境水，容易沿衬砌的毛细孔、工作缝、变形缝及其他孔洞渗流到衬砌内侧，成为隧道渗漏水，对衬砌混凝土和砌石、灰缝产生物理性或化学性的侵蚀作用，造成衬砌侵蚀。

### 一、衬砌侵蚀的类型及机理

隧道衬砌侵蚀分为物理性侵蚀和化学性侵蚀。隧道衬砌侵蚀的主要影响因素有：衬砌圬工的质量和水泥的品种、渗流到衬砌内部的环境水含侵蚀性介质的种类和浓度、环境的温度和湿度等自然条件。

**1. 衬砌的物理性侵蚀**

隧道衬砌受到物理性侵蚀的种类主要有冻融交替部位的冻胀性裂损和干湿交替部位的盐类结晶性胀裂损坏。

(1)冻融交替冻胀性裂损。

①产生条件。

隧道在寒冷和严寒地区衬砌混凝土充水部位。

②侵蚀机理。

普通混凝土是一种非均质的多孔性材料，其毛细孔、施工孔隙和工作缝等，易被环境水渗透。充水的混凝土衬砌部位，受到反复的冻融交替冻胀破坏作用，产生和发展冻胀性裂损病害，造成混凝土裂损。

(2)干湿交替盐类结晶性胀裂损坏。

①产生条件。

隧道周围有含石膏、芒硝和盐岩的环境水。

②侵蚀机理。

渗透到混凝土衬砌表面毛细孔和其他缝隙的盐类溶液，在干湿交替条件下，由于低温蒸发浓缩析出白毛状或梭柱状结晶，产生胀压作用，促使混凝土由表及里，逐层破裂疏松脱落。

**2. 衬砌的化学性侵蚀**

隧道衬砌混凝土侵蚀是一个很复杂的物理的、物理化学的过程。综合国内外目前研究成果，根据主要物质因素和侵蚀破坏机理，分为硫酸盐侵蚀、镁盐侵蚀、软水溶出性侵蚀、碳酸性侵蚀、一般酸性侵蚀有 5 种。

(1)硫酸盐侵蚀。

腐蚀机理：主要原用是水中的 $SO_4^{2-}$ 浓度过高。

(2)镁盐侵蚀。

腐蚀机理，主要原因是水中含有 $MgSO_4$、$MgCl_2$、镁盐与水泥石中的 $Ca(OH)_2$ 发生反应。

(3)溶出性侵蚀(软水侵蚀)。

腐蚀机理：主要原因是水中 $HCO_3^-$ 含量过少，在渗透水的作用下，使混凝土结构变得松散，强度逐渐降低。

(4)碳酸盐侵蚀。

腐蚀机理：主要原因是水中的 $CO_2$ 含量过高，超过了与 $Ca(HCO_3)_2$ 平衡所需的 $CO_2$ 数量。在侵蚀性 $CO_2$ 的作用下，混凝土表层的 $CaCO_3$ 溶于水中。

(5)一般酸性慢蚀。

腐蚀机理：主要原因是水中含有大量的 $H^+$，各种酸与 $Ca(OH)_2$ 作用后，生成相应的钙盐。

## 二、隧道衬砌侵蚀的防治措施

**1. 提高衬砌的密实度和整体性**

这是提高混凝土抗侵蚀性能最主要的，也是最重要的措施。因为不管是混凝土或砌块、砂浆遭受化学侵蚀，还是冻融交替或是干湿交替作用，甚至几种情况同时存在的最不利情况，共同的必要条件是衬砌的透水性。由于水及其中侵蚀介质能渗透到衬砌内部，才会发生一系列物理、化学变化，致使衬砌混凝土或砌块、灰缝产生侵蚀损坏。

**2. 外掺加料法**

由于侵蚀主要是由于混凝土中游离的 $Ca(OH)_2$ 等引起的，可以采取降低混凝土中 $Ca(OH)_2$浓度的措施来达到抗侵蚀的目的，比如：掺加粉煤灰可以除去游离的 $Ca(OH)_2$。

**3. 选用耐侵蚀水泥**

目前隧道工程常用的防侵蚀水泥有抗硫酸盐水泥、高抗硫酸盐水泥、低碱高抗硫酸盐水泥、矾土水泥、石膏矿渣水泥等。

**4. 加强衬砌外排水措施**

将侵蚀性环境水排离隧道周围，减少侵蚀性地下水与衬砌的接触。

**5. 使用密实的与混凝土不起化学作用的材料，在衬砌外表面做隔离防水层**

国内常用的防水卷材有 EVA，ECB，PE，PVC 等，这些材料的耐酸碱性能较强，作为隔离防水层，是较理想的材料。

**6. 采用与侵蚀性环境水不起化学反应的天然石料砌筑衬砌**

这种方法适用于地质条件较好的隧道。

**7. 向衬砌背后压注防蚀浆液**

目前，常用材料有阳离子乳化沥青、沥青水泥浆液等沥青类的乳液，高抗硫酸盐、抗硫酸盐水泥类浆液。

在衬砌表面涂抹防水防蚀涂料，常用的有阳离子乳化沥青胶乳涂料、编织乙烯共聚涂料，近几年又使用了焦油聚氨酯涂料、RG 防水涂料等。

**8. 防侵蚀混凝土**

防侵蚀混凝土是针对环境水侵蚀性介质不同，选用相应抗侵蚀性能较好的水泥品种，通过调整配合比、掺减水剂、引气剂，并通过机械拌和、机械振捣生产的一种密实性和整体性较高的抗侵蚀的防水混凝土。

## 习 题

1. 隧道档案包括哪些内容？
2. 衬砌裂损应如何整治？

# 参考文献

[1] 铁道部第二勘察设计院. 铁路隧道设计规范(TBJ 10003—2005)[S]. 北京：中国铁道出版社，2005.
[2] 中铁一局集团有限公司. 铁路隧道工程施工技术指南(TZ 204—2008)[S]. 北京：中国铁道出版社，2008.
[3] 孙立功，杨江朋. 桥梁工程(铁路)[M]. 成都：西南交通大学出版社，2008.
[4] 中华人民共和国国家标准. 混凝土结构设计规范(GB 50017—2010)[S]. 北京：中国建筑工业出版社，2010.
[5] 宋秀清，刘杰. 隧道施工(第二版)[M]. 北京：人民交通出版社，2015.
[6] 耿大新，方焘，万钰锋. 隧道工程[M]. 长沙：中南大学出版社，2016.
[7] 彭立敏. 隧道工程[M]. 长沙：中南大学出版社，2009.
[8] 王承礼，徐名枢. 铁路桥梁[M]. 北京：中国铁道出版社，1995.
[9] 中华人民共和国行业标准. 铁路桥涵设计基本规范(TB 10002. 1—2005)[S]. 北京：中国铁道出版社，2005.

**图书在版编目(CIP)数据**

铁路桥梁与隧道工程 / 杨维国,许红叶主编.
—长沙：中南大学出版社，2017.3(2021.1 重印)
ISBN 978-7-5487-2739-2

Ⅰ.铁… Ⅱ.①杨…②许… Ⅲ.铁路桥—桥梁工程—高等学校—教材 ②铁路隧道—隧道工程—高等学校—教材 Ⅳ.①U448.13 ②U459.1

中国版本图书馆 CIP 数据核字(2017)第 042158 号

**铁路桥梁与隧道工程**

主　编　杨维国　许红叶
副主编　罗荣凤　刘　娜

□**责任编辑**　刘锦伟
□**责任印制**　易红卫
□**出版发行**　中南大学出版社
社址：长沙市麓山南路　邮编：410083
发行科电话：0731-88876770　传真：0731-88710482
□**印　　装**　长沙市宏发印刷有限公司

□**开　　本**　787 mm×1092 mm　1/16　□**印张** 14.25　□**字数** 357 千字
□**版　　次**　2017 年 3 月第 1 版　□**印次**　2021 年 1 月第 3 次印刷
□**书　　号**　ISBN 978-7-5487-2739-2
□**定　　价**　37.00 元